Not In His Image

創造の模倣者

偽の神との訣別

上

地球に受胎した
【女神ソフィア】は
こうして消された!

ジョン・ラム・ラッシュ
John Lamb Lash
Nogi訳

ヒカルランド

『偽の神との訣別』は、これら初期キリスト教徒らが歴史書から消し去ろうとしたグノーシス主義者による記述の破片を深くまで探求し、キリスト教が普及する以前のヨーロッパ土着民たちの霊性、異教の秘儀、太母神、グノーシス（覚知）、地球女神ソフィア（ガイア）の叡智を現代に復活させるという意欲作である。

著者のジョン・ラム・ラッシュ氏は、世界中の秘教伝統の破壊の背景には、ゼデク派教団という救世主待望論者がいると説明する。盲目の狂信者たちは、古代の密儀宗教、そしてその親元たるグノーシス派の教えを根絶することで、陰から世界の覇権を握ろうとした。その際に巻き添えをくらったのがドルイドなどの西洋の司祭、そして北アフリカや近東にいたシャーマンたちであった。

２０２１年に発行された15周年記念版（本書）では、さらに新型コロナウイルスの虚偽を利用して世界征服を企てる現代の権力者を告発するなどのアップデートがなされている。

余談だが、現在は「アルコン偽造２０２０」というべき事態の真っ最中である。人々の命を守るための施策が人の命を奪い、自殺を誘発している。ウイルスを予防するという謳い文句で、ＩＴ連動型ワクチン兵器が、自然免疫系を攻撃する。人々の健康を守ると言って行う除菌は、実は健康に悪影響を及ぼす。命が惜しくばソーシャルディスタンスをしろと言うが、これは悪名高いアルファベット３文字の組織が使う、心理的拷問の手法である。

マスク着用は水責めのようなものだ。しかも自分の唾液で窒息させようという魂胆である。二酸化炭素は有毒とはいえ、他人を守るというのなら、本来は再呼吸すべきなのだ。

邪悪なペテン師は、常に押し付けてくる契約書に、忌々《いまいま》しい条項を紛れ込ませてくる。まず、偽の創造神は信者たちに「選ばれし民の特権的地位を与える」と約束する。要は、「がんばったら、最後はこの土地はあなたのものになりますよ」という、不動産条項だ。その使命を忘れないためにも、いつしか自分たちの人種こそが、地上でもっとも優れた人種だと思い込むに至った。

そこから何世紀も経つ頃には、全員が本格的な精神病を拗《こじ》らせてしまい、次のようなことを宣うようになっていた。「我が民族は単に惑星外の神に仕えているのではなく、いつか神そのものになるのである」（1666年、偽メシアとして知られるシャブタイ・ツヴィを信奉したサバティアン・フランキストの発言）

一体、どこをどう解釈したら、このような突飛すぎる答えを出せるというのか。極めて傍迷惑な危険思想であり、あたかもエイリアンが地球人の代理人の神経回路に侵入して、命令して操っていると信じたくなるような奇妙さだ。ヘブライ人の運命は、世界を支配することに執着する「父神コンプレックス」の苦悩に翻弄され続けている。そのすべては、アルコンが世界の創造者であるという嘘が遠因になっている。これぞまさに偏執的統合失調症の極みである。

我々人類とその惑星にもたらされた大破壊は、まさに恐怖の歴史である。自然界、命が育まれる場に対する畏敬の念が変質的なねじ曲げられ方をした。人類史の主役であるのに、歴史そのものから非難され続け、それに対しても無力でいる。

再び歴史を眺めてみる。やはり、救世論に付随する宗教的理想が、あらゆる暴力、強姦、ジェノサイド、自然破壊に一貫して利用されてきた「言い訳」であることが分かってくる。今も世界のどこかで、自然嫌いな神学が生態学的危機を引き起こし、宗教紛争の暴力沙汰やテロに人々が巻き込まれ苦しんでいる。

世界全体を最も大きく深く形作ってきたその暴力は、人間にとって最大の「苦難」という代償を強いて、人間以外の生き物にも計り知れない害をもたらし、自然環境に壊滅的な悪影響を及ぼしてきた。その暴力の発生源となったのが、贖罪《しょくざい》者コンプレックスなのである。そしてその暴力を打ち消すことができれば、人類にとって大きな精神的勝利となり、明るい未来を創り出せるだろう。

未来を担いし秘教徒への餞《はなむけ》の言葉

「我が子よ、君はやっと乳海に落ちたのだよ」

上巻　目次

第二部　女神の紡ぐ物語は全人類を導く

下巻　目次

カバーデザイン　重原 隆
校正　麦秋アートセンター
本文仮名書体　文麗仮名（キャップス）

序文　畏れ敬う心

「畏敬の念をなくした人に、世界は恐ろしい運命を降りかけてくる」

――『老子道徳経』より

運命とは実に不思議なものだ。時に、思いも寄らぬ形で目の前に現れる。皆様が本書を手にしている真の理由、それは、著者が幼少期に出っ歯だったからである。

幼い頃の私はいつも本ばかり読んでいる本の虫だった。私の故郷はメイン州フレンドシップという海岸沿いの町だが、当時の人口はわずか900人で、そのうち約3割の住人が私と同じ「ラッシュ」姓という、それは小さな町だった。そんな田舎だったので、手に入る本の種類も限られていた。

私は子供の頃、嚙み合わせが悪かった。ある日私は学校を休んでその地域で唯一矯正歯科医がいる町バンゴーまで、家族揃って出向くことになった。海岸沿いにバンゴーを目指して進む。旅慣れていない私たち家族にとっては、かなりの遠出に感じた。時折訪れていたニューヨークを除けば、バンゴーは10代の頃の私にとって最大の都会だった。

バンゴーまでは国道1号線を車で片道1時間半ほど。着いたら矯正歯科医の診察に30分かけて、小旅行はだいたいここで終了の運びとなっていた。当時の私たちはあまり裕福とは言えず（養父はメイン州でロブスター漁師をしていた）、小遣いもほとんど貰った覚えはない。とりあえず、診察が終わったらバンゴーの街中を数時間ぶらぶらしていた。時折カフェレストランで昼食をとることがあり、それが道中の何よりの楽しみだった。ボートの修理工や芝刈りのバイトで稼いだお金は、ほぼ全部バンゴー小旅行のために使っていた。いつからか、家族がウィンドウショッピングを楽しむ間、私は一人で別行動をするようになっていった。私だけ行きたいところができたのだ。その一つはワイナーズ音楽店。私がイーノック・ライトやザ・ライト・ブリゲードの音楽と初めて出会った思い出のレコード店だ。店員さんの金髪ギャルとの戯れも主目的の一つではあったが。そしてもう一つの行きつけ先が、ベッツ文具書店だった。

バンゴーは学生街である。スティルウォーター川に囲まれたメイン大学オロノ校のキャンパスがある大都市で、ベッツ書店には大学生向けの面白そうな大人の本がたくさん並んでいたのだ。子供の頃の私にとっては、まさに「聖なる本屋」だった。並んでいるどの名前もタイトルも、地元では見たことも聞いたこともなかった。だが私の心は、同調する本へと自然に引き寄せられていった。大長編小説『ユリシーズ』も『夜の果てへの旅』もここで初めて出会った。どちらも私の文学への好奇心や好みを決定づけた偉大な作品だ。他にも、私の魂を震わせ、人生の方向性を決定づけた本ともここで出会った。哲学者シェリングやサルトルなどの作品が収録された実存主義のアンソロジー『存在の探求（The Search for Being）』。劇作家サミュエル・ベケットや詩人ウィリアム・バトラー・イェイツ、作家サルヴァトーレ・クァジモドによる詩も収録されていて大変な感銘を受けたことを覚えている。そして3年間の歯列矯正通いの試練が終わりに近づいたある日、私は出会ったのだ、『ツァラトゥストラはかく語りき』に。著者である哲学者ニーチェのことは、それまで何となくしか知らなかった。一度も彼の作品を読んだことはなかったのだ。その本を読み始めた瞬間、全身に電流が走った。その後合流した両親と妹と一緒にレストランで昼食をとっている間も、私の視線は本に釘付けになっていた。帰りの車の後部座席でも私はずっと読んでいたくらいだ。興奮は冷めることなく続いた。気に入った言葉があれば衝動的に声に出していた。声に出して読まなければ気が済まなかったのだ。気がつけば私は、「神は死んだ」という有名なフレーズがある『悦ばしき知識』からプロローグまでを朗読していた。

超人について教えよう。人間とは、超えなければならない存在なのである。君は人間を超えるにはどうすればいいと思う？

超人とは「大地」という意味である。君の意志にこう宣言させよ。「超人」はいつか地の意義そのものになるだろう。

兄弟たちよ、君たちに懇願する。地球に忠実であれ。超地球的な希望を語る者たちを信じるな。もうご存知かもしれないが、その者たちは毒である。

前の席に座っていた両親は沈黙し、頭のおかしい人を見るような目で生暖かく見守っていた。こう言うのもなんだが、彼らは学も無ければ知的好奇心のかけらもなく、哲学的な思索に足を踏み出す勇気もない人たちだった。継父は生計を立てることで頭がいっぱいだったし、明日もしかしたら全く採れないかもしれない甲殻類に人生を委ねていたのだ。別にこの惑星上では珍しい生き方でもないとは言えるが、私自身は家庭の実情に苦悩し、その家庭に大いに失望していた。両親はこの世界で生き延びることの大変さに戸惑うどころか、生きることへの恐怖を感じていた。折れそうになる心を、熱心に教会に通うことで取り繕おうとしていた。私の生まれ故郷の小さな町は、アドベント・クリスチャン教会の原理主義者たちが実質支配していた。そんなカルト宗教への忠誠心で心を満たそうとして、目の前にある苦境から逃れようとしていたのだ。だから私が両親にずっと言いたかったことをニーチェが代弁してくれて嬉しかったのかもしれない。両親が信じているからって、子供もそれを信じないといけないわけではない。そんな感じで帰り道はずっと高揚感にとらわれっきりで、私は夢中で本を読み続けた。『読書と執筆について』の章で、私は自分の信条と言うべき文章に出会った。

高貴でありたくば、普通は上を見ようとする。しかし私は下を向く。なぜなら、私は高貴だからだ。

笑って高みに昇れる者はいるだろうか？

最高の山に登る者は、悲劇だとか現実や幻想だとかを一切嘲笑する。

勇敢で、嘲笑的で、でたらめなところさえある。我々がそうあることを知恵が欲するからだ。その知恵とは、一人の女である。そして彼女は、いつも戦士だけを愛する。

初めて目にしてからずっと私の記憶に刻まれている言葉だ。それから数ヶ月経ち、17歳の誕生日を控えたある日、私はニーチェの対キリスト教批判を中心として、彼の語る「すべての伝統的価値観の転評価すること」についてを深く考察してみた。そしてニーチェ論の中で特に二点、完全同意するという結論に至った。その二点とはまず、キリスト教は「主従関係」の信念体系で人々の道徳心を定義していること。そして生命の美と力に対する激しい憤りがキリスト教教義の根底に隠されているということだ。ニーチェがまたしても私の感じていたことを代わりにはっきりと言語化してくれていたのを知って、とても安心したのを覚えている。ただし彼の表現は私のそれを遥かに超えていた。それは認めないといけないだろう。しかし、彼のこの洞察は私に長年の課題を背負わせることにもなった。ニーチェの他の本を読んでみて分かったのが、その人類が過剰に信仰させられている宗教について、十分な深い分析がされていなかったことだった。そこで私は誓った。ニーチェの始めた仕事を、私が終わらせると。キリスト教批評の結末を紡ぎ出すのは私の使命なのだと。私はその日、誓ったのだった。

その誓いのもとで出来上がったのが、本書である。全ては約40年前、歯の噛み合わせが悪い少年から物語は始まった。

人間は自分を裏切り続けている

人生を通して悩み抜いてきた矛盾があった。それは、人類へ哀れみを感じていながらも、一方で人類へ反発心を抱いているという、自己矛盾だ。ずっと感じてきたこの反発心について、これは人類の存続そのものを否定したり、ただ内心で感じている他人への反発心を投影したものではなかったと、最近は理解してきた。これはどちらかというと、人間の**行儀**や**態度**に対して心の中に自然発生する「何かが引っかかるという直感」とも言えるもののようだ（行儀の良さを司っている態度とは、実のところ個々人の持つ「価値観」なのである。これこそニーチェが打ち砕いて再創造しようとしていたものだ）。

子供の頃からずっと、人間の行儀には「本来の人間らしさと相容れないもの」があると感じていた。誰もが共感してくれる感覚かは分からない。しかし、生きているとたまに目にするような、あまりに人間離れした行為や、衝動的すぎる行いなども、何かが間違って本来の人間性から逸れてしまった結果であると私は思っていたのだ。なぜそのように感じていたか、思い起こしてみると私はずっと、「宗教的価値観で見て正しい行い」という価値基準がこの世界で最高の道徳とみなされていることに、子供の頃から疑念を抱き続けてきたからなのだろう。この世界で道徳的に正しいと呼ばれる振る舞いかたが全て宗教で予め決められていると分かり、私は気に入らなかったのだ。

葛藤を抱えて生きているうちに、ある疑問が湧いてきた。だがそれに対し正しい答えを得ることは、異常なまでに難しいことにも気づいた。その疑問とはすなわち、**人間は自らを最高に人間らしくなることを放棄させられているのではないか**ということだった。つまり、自分自身をずっと偽って生かされているのではないかという疑念だ。もし本当にそうだとしたら、なんという種の存続の危機であろうか。それに、私の疑問そのものがそもそも筋違いであることも否めなかった。自らの種の存続を種全体で否定するだなんて、そんなことが現実にあり得るのだろうか？　大体、自分が「これこそが人間のあるべき姿である」という基準を持っていなかったら、どうやって判断すればいいのか。そんな基準があるとすれば、どのようなものだろうか。どうやって覚えれば、どこで教えてくれるのか？　周囲を見渡しても、皆がその教えの心得があるようには思えない。そもそもなぜ、私の心はニーチェの唱えた人間不信ヒューマニズムに共鳴したのだろうか。仮に私が「これこそ人間だ」という価値基準を見つけ出し、それを信じて生きていったとしても、一体どうなるのだろう？　世界は私を受け入れてくれないのでは？　この世界に自分の居場所がなくなったら、人類がどこで道を誤ったのか、なぜ自分自身を裏切るのかを観察できるものだろうか？

そんな疑問に悩まされ続けてきた人生だった。そして本書はその疑問を解決するための挑戦なのだ。もちろん、無謀とも言える闘いであることは間違いない。人類が自己裏切りを続けているという、私の先程の「暴露」が気に食わず、そこで本を閉じた読者もいることだろう。私の意見はあくまで一つの意見として聞いていただきたい。思い上がって、人類を悩ませている問題の究極の解決策を見つけたなどと主張するつもりはない。あくまで公平な聴聞を求めている。しかし私は、この自己裏切りの裏に隠れた元凶を発見したことを誇りに思っている。このまま放っておけば、人間の尊厳は腐りきってしまう。黙って見過ごすわけにはいかなかった。だから私は、自分は人類精神について最も深く切り込んだと思っている。これまで多くの人々と出会い、使命を分かち合ってきた。その努力のおかげで、宗教的価値観に根本的な誤りがあるという認識も人々の間にずいぶん高まってきたように確信できる。日に日に、恐ろしい問題に直面する心の準備ができている証拠を目にする機会は増え続けている。「なぜ本当は怖い宗教的原則の下で、本来の人間性に背信し続けるのか？」

本書は、今更ただ警鐘を鳴らすために書いたのではない。目覚めた人々のインスピレーションを駆り立てたいという願いもあるのだ。ここからは歴史や科学、神学や人類学、神話や神秘体験などを交えて論じていくことになるが、言いたいことは至ってシンプルである。「畏敬の念を忘れるべからず」人類が生まれつき持っている「神を畏れ敬う気持ち」は学術的に証明できるものではない。だが、私はあえてそれを本作のテーマに据えて積極的にアプローチしていきたいと思っている。だから読者の皆様方には、私の主張を学術論文として捉えるのも結構なのだが、私の信念は基本的に学術的証拠や学問的手法に由来するものではなく、さらにはそれに依存するものでもないということを念頭に置いていただきたい。そうすることで本書をより読みやすくなるだろうから。

「畏敬の念とはどういうものか？」思い出せなくなった人のために、まずは古代世界で広く行われていた「自然崇拝」によって結ばれた、人間と自然の歓喜に満ちた絆について語っていくとしよう。さらには当時では一般的な教えだった「秘教学」についても触れていく。これから私が扱う「異教主義《ペイガニズム》」は普通の教科書には書いてあるものとは全く別物であるし、聞き馴染みがない用語も多々出てくるであろうことは間違いない。しかし、歴史の教科書を盲目的に受け入れることを「正しい歴史研究」と呼ぶべきではないと考える。我々人類が一つの種としてどのように進化の正道から逸脱していったかを理解することが、歴史を学ぶ上で最も大事なことである。そして秘教学の真の目的とは、人間が正道を歩めるようすることである。今日の地球上で、我々人類が生ける惑星「ガイア」との原始的つながりから引き裂かれてしまったと確信しているのは、私だけではない。この時代の多くが声をあげてそう主張している。本書はそのような声をさらに大きくするよう応援したく書いたものだ。生きる惑星との共存の絆は、単に種の存続に専念することで結ばれるものではない。その絆は、本当の自分自身について知ることと、「**人類種としての自分**」を知るために不可欠なのだと言わせていただきたい。「人類種＝自己」ということを知るにつれ、私たち人間の特異性についてを理解し、ガイアが示した生命計画における私たち人類の立場（他の種より優れているという意味ではなく）を把握できるようになっていく。昔は「グノーシス主義」という、種と自己の接続を実践していた者たちがいて、その秘法を人々に教えていた。どのような教えだったのか？　それはこれから披露していこう。グノーシス主義の神聖な教えが破壊された時から、人類は自己破滅の道を歩み始めた。

我々は今もまだ悪夢に生きている。しかし、本書で語られる「人類は自分を裏切り続けてきた」という歴史的見解を知らしめることができれば、悪夢から醒めることができるかもしれない。それこそが私の至高の使命と信じている。

本書は「ソナタ形式」によって構築されている

本書は全四楽章のソナタ形式で構成されている。直接的な学術的解説も全くないことはないが、主題や示導動機《ライトモティーフ》が交響曲的に奏でられることで、全体像が浮かび上がる仕組みになっている。共通するテーマとしては「叡智《ソフィア》」という女性原理がある。その智慧が体現されたものが、この大地である。私の第一の目的は、古代ヨーロッパや近東で信仰されていた女神ソフィアの神秘的概念を現代に復活させることである。この秘密の教えの守護者たちは自らを「グノースティコイ」と呼んでいた。「神々の知識を知る者」という意味の称号である。そして古の女神学を、現代のガイア理論やディープエコロジー哲学と結びつけることが、本書の第二の目的である。ここで我々が目を背けるべきでは無い重要テーマとして、「女神の秘儀はどのように破壊されていったのか」を知ることがある。古代世界では土着文化が他文化に蹂躙《じゅうりん》されることは珍しくはなかったが、その後隠蔽《いんぺい》工作によって女神に関するほぼ全ての事実と知識が衆目から隠されることとなった。そして隠蔽は今日も続いているのだ。よって、この隠蔽を暴き、その原因と破壊がどれほどの範囲にまで及んでいるのかを明らかにすることが、本書の第三の目的である。最後である第四の目的は、ユダヤ・キリスト教救世主義のどこが根本的に間違っているのかを明らかにし、人類にとって害でしかないことをはっきりと示すことによって、ニーチェが始めた仕事を完成させることだ。

第一部の「征服と転換」では、先ほど述べた第三の目的である、古代世界における女神伝統の破壊の原因と範囲を明確にすることに焦点を当てていく。キリスト教が普及する以前の、古代ヨーロッパ人の精神性は現代人とは完全に異なっていた。当時の人々の生活はケルト文化に根ざしており、エジプトやレヴァントから訪れる司祭とも交流があった。グノーシス主義者というと浮世離れした超然とした人物に聞こえるが、彼らが生身の人間であるということを理解していただくためにも、かのアレクサンドリア大図書館で講師もしていた異教徒の秘儀伝承者《イニシエート》のヒュパティアという女性の人生を追っていこう。紀元415年、彼女はキリスト教徒の暴徒らに襲われ、殺害されるという悲惨な事件が起きた。人類の暗黒時代の幕開けとなる、最悪な出来事であった。ローマ帝国の強大な軍事力とキリスト教の狂信が組み合わさった結果、ヨーロッパは被征服の憂き目にあうことになった。そして歴史上他に類を見ないほどのジェノサイド・プログラムになってしまったのだ。第四章、第五章、および第六章では、パレスチナ発のユダヤ人カルト分派が発症した「人間嫌悪症」に帝国全体が感染していく経過が描かれていく。そもそもキリスト教の真の起源は「死海の義人たち《ツァディキーム》」にある。彼らが内密で共有していた救世主待望論は帝国転覆を目論む聖パウロに受け継がれ、キリスト教という新たな信念体系が産声をあげた。造り出された合成信仰は、世界中に広がっていった。救いを求める人々はその救世論に心を奪われ、盲目的に従っていった。救世論はもともと、生命力そのものである「エロス」によって性的絶頂感にある状態でのみ得られる「自己の幻の檻からの解放体験」で知ることができる、純粋な自然崇拝の教えであった。教会は自身が唱える救済主義を広めるために、手始めに自然崇拝の異教徒を根絶やしにしようとした。たった三章の間にこれほど多くの歴史展開を押さえるのも無茶な試みに思われるかもしれない。だがそこは純度を保つことを優先するように論述を圧縮しておいたので、安心してほしい。ここでの私の主張の裏付けとなる資料は、知られざる初期キリスト教の物語が語られている「死海文書」の古文書である。

第二部の「女神の紡ぐ物語は全人類を導く」では、私の第一の目的である女神ソフィアの教えを地上に帰還させることについて焦点を当てている。１９４５年12月、エジプトの古代遺跡で発見されたグノーシス主義文書の解説で始まり、智慧女神ソフィアへの献身のために行われていたという「幻視」のシャーマニズム修行について詳しく語っていくこととする。新石器時代より続いてきたその伝統。「テレスタイ」、つまり究極を目指す者と呼ばれたグノーシス派の僧たちが大切に守り伝えてきたことを、説明していきたい。それから秘教学のシャーマニック体験と、その学術的解説も展開していく。神秘体験とアカデミックな理論を並列することを胡《う》乱《ろん》に思う方も、読者の中にはいるかもしれない。だが当の「ナグ・ハマディ写本」に神秘体験が明記されているのだ。私はそれを体験者として、研究者として説明しているだけのことである。それに研究対象について説明するのなら、最低でもそれを直接体験した者でなければならないと思うのは私だけではないはずだ。もちろん、こうしたテーマを研究する者は学会での評判も悪くなり、地位も危ぶまれることになる。だが、そんなものは私にとってはどうでもいい。そこで踏みとどまることはできないのだ。

　第二部では更に、私の第二の目的である「秘儀とグノーシス宇宙論とガイア理論を結びつける」ことについても焦点が当てられている。ここでも読者の中には、グノーシス主義とガイア理論を一緒にするという考え方、特に「ガイア＝ソフィア」という概念に違和感を覚える方もいると思われる。だが深い霊的知識を持った古代の女神司祭と巫女はかつて、人類がいつかガイアと共に共進化を遂げることを予見していたのである。彼らはディープエコロジストでありながら霊的指導者でもあった。そしてそのような生き方が、ソフィアが人類に求めた「人として正しい生き方」に出会ったと考えていたのである。要は私がやりたいのは、古代の遺産と地球の未来との間の和解なのだ。キリスト教によって抑圧されてきたグノーシス主義の教えには、人間が自分たちの目的のための地球を利用するのではなく、地球の神聖さを賛美する「ディープエコロジー」のエッセンスが隠れている。現代の教えには古代の叡智がしっかりと受け継がれていると、私は主張したいのだ。だが、今のディープエコロジーには精神性がやや欠けている。なぜか？　私にとってそれは、ディープエコロジーには女神ソフィアという精神性が足りていないからだ。彼女のエッセンスを取り入れることで、パズルはついに完成する。本書の第二部と第三部ではグノーシス主義の「堕ちた女神」神話が語られている。これは私たちが、地球は生ける女神ガイアであることを感じ取るために示された、いわば「生態学的神話」である。念のため言っておくが、この神話は私の発明ではない。自然発生した神話だ。私がやった仕事は、バラバラになった断片を首尾一貫した物語に再構築しただけだ。自分たちがその神話の登場人物であるということに気づいてほしいという願いのために。

このように第二部では、女神ソフィアの物語を知ること、そして彼女の道を歩むことで地球の未来を本来の道へと戻すという二つのテーマが交響曲のように展開され、本書の主軸を描き出していく。

第三部の「最難解の歴史的教訓」では再び秘教学の破壊について復習しながら、第四の目的であるニーチェの宗教批判論を補強することを目的としている。一神教がいかに「自然嫌悪」の性質を持っているか、そして「神の犠牲者」という病的思想を提唱する救済宗教の信仰と、そこから導き出される人間性の理想像についてを説明していく。第一部で紹介した「被害者と加害者の鎖」の核心部分の分析もしていくので、これでより問題への理解を深めていただきたい。イエス・キリストの姿に浮かぶ「贖罪者《しょくざいしゃ》コンプレックス」がいかに宗教による暴力の正当化に使われているかを、詳しく説明していく。これまでの歴史では被害者と加害者の関係性については、崩壊した家庭や共依存の人間関係とだけ思われていた。しかし、壮大な神学的命題を掲げる救済主義者もその例に漏れない。第三部ではそのことを明確にしていきたい。これまで「これこそ人間性の最高位だ」と称されてきたものが、実際の人間性からかけ離れたものであるということを明らかにしたい。これがいかに大多数の人間が理解に苦しむテーマであるかということは、承知の上である。そして最後に、ポスト・ニーチェ主義とも呼ばれる私の宗教批評を披露しよう。キリスト教の唱える「救済」、それは被害者と加害者の絆を誇示しているだけにすぎないのである。

第三部を締めくくるのは、地球の本来の神聖さを思い出し、人類の特異性による進化について再検証し、その上で本物の「生命肯定論」が提示され、皆様がそれに馴染んでいけるように、私自身の出した結論である。

第四部「ソフィアと我々の現実を取り戻す」では、第一部と第二部の目的であるソフィア復活論とガイア理論との相関関係についてを復習し、その上でグノーシス主義の観点からのユダヤ・キリスト教批判と、ニーチェが果たせなかった「全価値観の転評価」へと話を融合させていく。序章である「化けの皮を剝ぐ」では、人類は人外の存在に侵略されているという闇の深い問題に切り込みを入れていく。これはグノーシス主義の本質的なテーマでもあり、女神ソフィアが宇宙の核の外側へと出ていった時に不意に生み出されてしまった異種族「アルコン」についての話へとつながっていく。もちろん、昨今の学者にはこの手の話は完全無視されている。だが、神話上の創造主を偽の神であると受け入れ、グノーシス主義の「過ち」についての概念を実践すれば、人類にとって本当の救済になりえると私は考える。人類がエイリアンの餌食となっているということについては既に諸説あることだし、散々取り上げられた話題について今更新説を唱えるよりは、私自身が選んだSF作家やET研究やUFO研究を通して自説を述べていくことにする。ニューエイジ界隈ではよく「自分こそが神である」という宇宙的自己啓発論が見られるが、それに関連して、ディープエコロジー界が直面している真の自己認識をめぐる厄介な問題についても語っていく。惑星生命力《エンテレケイア》であるソフィアとの合一は、エゴの死によってのみ達成し得るということも証明する。

第四部では、精神作用植物《エンセオジャン》の摂取を伴う神秘体験について深くまで自説を展開していく。改めて誤解しないでいただきたいのだが、私がここで示す世界観をそのまま鵜呑みにしなくてもいいし、私のことを師だとかグルだとか覚者だとか呼んで崇拝してほしいなどとは全く思っていない。特にスピリチュアルな事柄については、案ずるよりも産むが易しである。「中間者《メソテース》」の解説には、歴史学、民族誌学、神話の観点から補完材料を揃えることで私自身の主観を補強することにした。よって中間者の解説には学者としての枠組みから外れた記述もしばしば見られることと思われる。しかし、もし読者の方々の中で中間者と出会う体験をする方がいて、そこで私の解釈を参考にしてくれたのならば甚だ幸いに思う。

そして本書は神聖生態学《エコロジー》と異教的生命観の復興の呼びかけをもって締めくくられる。私たち人間は皆、人種や文化や信条を超えた大きな家族であり、女神ソフィアの与えてくれた「人間らしさ」の真の継承者である。悲しいことに、本当の人間らしさを忘れて、人種や文化や信条で自分を定義してしまっている現代人は、そんな素晴らしい生得権を自ら放棄してしまっているのだ。秘儀といっても結局のところは、自らの人間性《アントローポス》を知ることなのである。そうしてこそガイア＝ソフィアという舞台で、種の責務を果たせるというものだ。生まれ持ったその権利は、私たち一人一人の内側にある。何が人類をガイアの運命から逸脱させているのか？　それを見極める知恵と、抵抗できるだけの強さがあればいい。

真に地球と向き合う

ニーチェのユダヤ・キリスト教非難を再構築し、さらにそれを拡張する試みにあたり、私はグノーシス主義的「キリスト教救済論批判」に頼ってきた。しかし伊達に地上最大規模の宗教ではない。キリスト教の牙城を崩すのは、実に骨の折れる作業である。私の仕事にも完璧とは言い難い点が多々あることは自分で分かっている。特に「超人」の概念には苦労させられた。本書を記した14ヶ月間だけの話ではない。私の人生ずっと、超人を知ることで悩んできた。もちろん、自分自身こそが超人だとは考えたことはない。実際、「超人」という訳語よりは「Übermensch」のままにしておいた方が良いように思う。それか「究極人間」と言った方が良いのではとも。とにかく、人間の本性を観察するに、どこにスーパーマンや神の要素があるというのだろうか。正直、私は思ったことはないが、読者の皆様はどうだろうか？　人間が完璧超人の神のような存在だと、本当に心から思ったことがあるだろうか。グノーシス主義の教えである「ヌース」を解することで私は初めて、この疑問を解決することができた。それについても詳しく話していこう。

畏敬の念、それは謙虚な自分であることと言える。ツァラトゥストラは「大地に正直であり続けるべし」と説いた。母なる地球を前にして、もう一度意識を裸にして、静かに佇んで、そして知る。「静かなる知」は誠に尊いものである。大昔の、大地との親密な関係性を再び取り戻そう。野生に立ち返り、社会に飼い慣らされていない状態に戻ろう。自分の本性というのは、社会に決められるものではない。『読むことと、書くことについて』でニーチェは次のようなことを記している。「面倒ごとを避け、他者を軽蔑し、無礼な態度をとる。智慧はそれをこそ私たちに望んでいる」智慧《ソフィア》は自分の進む道を守ってくれる勇者を欲する。女性でも男性でもそうだ。美の戦士こそ愛される。ニーチェに追従して特定の宗教を侮辱していると私の研究を批判する者もいる。それにニーチェが私個人としての見解を曇らせているという批判もあるかもしれない。しかし、宗教（すなわち教義、儀式、制度で縛る信念体系）こそが自然の神秘体験の天敵であると主張した人物は、私が最初ではない。ユングやオルダス・ハクスリー、ヘンリー・ルイス・メンケン、バーバラ・ウォーカーなど、多数の名前が同じ主張をした人物として挙げられる。ただ私なりの議論がこれまでなかったやり方であったというだけのことだ。

スピリチュアル系書籍の愛読者によっては、私の憎しみに満ちた表現に拒否反応を示す方もいるかもしれない。だが地球上には私が抱いている程度の憎しみの感情なら、そこかしこに見られる。私が感じていることは否定できない事実である。「憎しみ」という感情を人に見られないよう隠して「良い人」を演じたり、憎しみを憎んで強く攻撃するのは、大抵が敬虔な宗教家だったりする。憎しみが遍在しているというのならば、私の憎しみにあふれた主張は逆に、ホメオパシー療法のように作用する可能性だってあるのではないだろうか。私は憎しみという感情を断固として拒否したくない。これは人間の性質なのだと解釈している。私は地球を大切にしない奴、児童虐待に関与する奴、性的アパルトヘイトに関わる奴、無垢な青少年を搾取している奴、嘘つき野郎、偽善者、歪な文学、欲望に溺れる消費者が嫌いだ。憎くてたまらない。ざっと思いついただけでも、これだけ憎しみがあるわけだ。その中でも何より私が嫌いなのは、宗教で人間を奴隷にしている奴らだ。宗教は偽りの理想や倫理観で人の信念を倒錯させ、奴隷精神を植え付けて人類を大規模操作している。この地球上において、人間が恐怖を感じていることのサインとして「憎しみ」があるのだ。傷口は痛みのサインを頼りに見つけ出すものだ。よって憎しみは治療へのきっかけにもなる。パラケルススの言った通り、「全てのものは毒であり、毒でないものなど存在しない。その服用量こそが毒であるか、そうでないかを決める」というわけだ。

世界がこの惨状に陥る前、人間たちは「神聖植物」を儀式に用いていた。ここから、憎しみは薬になるという私の考えの入口を感じられることと思う。「薬の裏面に用心せよ」どういうことかというと、専門家と呼ばれる人間の言っていることにただ反射神経的に聞き従うのではなく、薬の裏の一面にも目を向けよということ。薬の一面にのみ溺れるのではなく、両面を知って薬を使いこなしてしまおうということである。なんでも人から教えてもらうのではなく、自分自身に自分を導いてもらうようにしよう。憎しみも同じ、それは貴重な薬でもあるのだ。

人は具体的な展望が必要だ。それがなければ、人は死にゆく定めにある。畏敬の念がないと人間は生きるための謙虚さを失い、愛するものを守る強さをも失うことになる。本書には惑星が必要とする服用量の「薬」が提示されている。その薬を服用することで、過去2000年以上も暴力的に抑圧され続けてきた非常に強力な光景を視《み》る効果があるだろう。

それでは、「薬の裏の一面に用心されたし」

2006年5月 フランダースにて

著者ジョン・ラム・ラッシュより

第一部

征服と転換

「紀元前4世紀　サモトラキの秘教徒像　頭部」

第一章　ヒュパティア殺害事件（アレクサンドリア）

紀元415年のある春の日、エジプト北部の港湾都市アレクサンドリアの大図書館に併設された講堂から一人の貴婦人が出てきて、自分用の馬車を呼びつけた。彼女の名はヒュパティア。その時代のアレクサンドリアには社会的地位が高く、高度な教育を受けた異教入信者の女性がたくさんいた。しかし専用の馬車を所有し、しかも自分で操縦していた女性となると数少なく、ヒュパティアはその一人だった。地元の人々には馴染みのある光景であった。彼女はしばしば馬車を停め、通りを歩いて地元の人々とも気さくにおしゃべりをしたり、またある時には哲学的議論を交わしたりもして、友好的に交流をしていた。彼女の親切心が優雅な振る舞いと相まって、開放的な貴婦人のキャラクターは町中の人々の賞賛と愛情を獲得していた。当時も市民活動となると男性優位な世界であったが、そんな中で彼女は公的立場を全うし、大いに活躍していた。

「見事な自己抑制とマナーの良さ。洗練された所作と心の持ち主。頻繁に奉行の前に姿を現すことはなかったが、堅苦しい男性らの集会にも欠席することはなく、その異彩を放つ存在感は大衆の尊敬と称賛を集めていた。」[i]

ヒュパティアは美貌だった。さらにその知性の高さも伝説的で、それを体現するかのように背も高く威厳に満ち、常に不敵で落ち着き払い、自信に満ちた態度を崩さなかった。女性の身でありながら大きな馬車を楽々と操り、彼女の背丈に見合う長めのローブと、教授の身分を表すスカーフを身に着けていた彼女は、最もコスモポリタンな都市の繁華街においても一際目を引く存在だったに違いない。違いないというのは、彼女の像は現存していないからだ。

415年3月のある日、キリスト教への改宗者たちが集まる場所として知られるカエサル教会近くの公園に立ち入ったヒュパティア。威嚇する群衆。彼女の進路が遮られる。群衆の先頭に立っていたのは、ペテロと呼ばれた荒々しい顔の誦経者《しょうけいしゃ》の男だった。興奮する群衆を率いてヒュパティアに近づいたかと思えば、彼女の行く手を阻んだ。ペテロはこの時すでにイエス・キリストの妄信者となっていた。[ii] 彼はアレクサンドリアのキリスト教総主教キュリロスを師とする改宗者で、すでにグループの先頭を切るほどの熱狂的信者になっていた。それ以前、地方長官が異教の教義を公然と批判したとしてキュリロスの弟子の一人を告訴したとき、ヒュパティアは長官に味方したことがあった。結果としてその弟子の一人は、裁判で厳しく叱責されたのだった。それからというものの、キュリロスはヒュパティアに対し腹に一物あるようだった。だが公人である彼に大衆に本心を悟られ、疑いの目を向けられるわけにはいかない。あの悲劇が起きた日の後しばらくは、読師ペテロは師の復讐のために仕向けられた暗殺者であったか、もしくは教会の評価を得るために単独行動していたと、大衆からは考えられていた。こうして大衆はキュリロスこそが、ヒュパティアを魔女と呼び、ヒュパティア殺害事件の真犯人であると推測していたのだ。

ペテロは群衆に呼びかけ、ヒュパティアに向けて石瓦を投げつけさせたり、馬車から引き摺り下ろすように命じた。彼女が着ていた長いローブとスカーフは労働者階級の荒くれ共の暴挙に都合よく働いてしまった。あらゆる方向から伸びてきた手が彼女の衣服を引っ張り、身体は地面に引きずり下ろされる。必死にもがくも、衣服を剝ぎ取ろうと襲いかかる手を制止することはできなかった。目の前で繰り広げられる惨劇に民衆は恐怖で身動きが取れず、ただ無力に立ち尽くすのみだった。

暴力は急激にエスカレートしてゆく。ペテロが怒号を発する度、燃料が投下されていく。ヒュパティアは卑しい異端者だ、この女は美貌で人々を惑わせる魔女だ、悪魔の策略だと謂れのない暴言が飛び交う。ヒュパティアは抗議し、助けを求めて叫んだ。だが、誰かの一撃で彼女の顎が砕かれ、血の池にひざまずいた。猛烈な打撃と蹴りは止むことがなく、身体は無惨にも打ちのめされ、彼女は数分のうちに事切れた。暴徒たちは、抵抗できない者の命を奪うだけでは満足せず、彼女の裸体をさらに傷つけ、胴体から手足を引きちぎるなどの人外的犯行に及んだ。圧倒的な襲撃者の数と犯行の凶悪さに絶句し、犯行現場に立ち入ろうとする民衆はいなかった。

ヒュパティアの死を見て、暴徒たちはまるで自らの勝利を祝うかのような態度を取り始めた。自称キリスト教徒の暴徒は、自分たちは良くやったと称賛し始めたのだ。無防備な女性を暴行し、四肢を切断するなどしても冷め止まない熱狂。その非人間的な力は、まるで全身の毛穴から発せられ暴力の霧となって犯行現場の周囲に噴き出していたようだった。眼を血走らせた暴徒が近くにあった港に走り、そこにたくさんあった刃先の鋭いカキの殻を拾い上げた。そして戻ってくるなり貝殻を皆に配り、ペテロは子分たちにヒュパティアの骨から最後の一片も残さず肉を削りとるように命じた。最後は骨も削られ、それはシンドロンと呼ばれる場所で燃やされ、灰塵《かいじん》に帰した。

知の化身（ヒュパティアの父はアレクサンドリア図書館最後の館長テオン）

ヒュパティアの父は数学者アレクサンドリアのテオンであり、彼は秘教学校《ミステリースクール》と呼ばれる古代の叡智を今に教え伝える学舎の、歴史上最後の教師ということになっている。彼の娘が亡くなった年と月については記録があるも、生まれた年については定かではない（通説では紀元前370年とされている。したがって殺害された時には45歳前後だったことになる）。歴史家にとって彼女の死は地中海ヨーロッパ古典文明の終焉を決定づけた出来事であると、長らく考えられていた。確かにこの事件には、かつて隆盛を誇った異教の終焉と、暗黒時代の幕開けとなる出来事として見られる一面がある（この場合の異教とはペイガニズム、西欧世界における汎神論的宗教の総称である）。

テオンはアレクサンドリア図書館の最後の館長となった。その図書館自体には、古代記録を司る九人の女神ムセイオン（ミューズ）が祀られていた。文芸の女神ムセイオンたちはそれぞれが天文学、抒情詩《じょじょうし》、歴史などの「神聖芸術」の化身であった。九人娘はそれぞれ、秘教学校における教育課程《カリキュラム》の骨組みとなっていた。現代ではアレクサンドリア図書館といえば、過去の遺産が眠っていた「保管庫」という扱いになっていることが多い。だが、当時はまさに生きる伝統が一箇所に勢揃いする一大舞台であり、まさに高等教育の世界的拠点だった。キャンパスは馬蹄形の港に沿って広がり、目印として世界の七不思議の一つに数えられている全高約130メートルの大灯台「ファロス」もあったとされる。その港には幾何学や神聖舞踏などの多種多様な科目に特化した学士院が立ち並び、彫刻学、植物学、航海術、薬草学、工学、医学などの、特定分野で高度な技術者を育てるための訓練協会も多くあった。さらに、王立図書館に関連する集会や協会には、それぞれ独自の図書館や教育学部が与えられていた。

ヒュパティアが30歳前後になった紀元400年、彼女は新プラトン主義哲学学校の数学教師の座に就任していた。現代の大学でいう「教授」にあたる職である。アレクサンドリア図書館館長テオンの実の娘であったヒュパティアは、プラトン哲学の熟練した知識と神働術《テウルギア》と呼ばれる一種の魔術的儀礼に長じる人物として知られていた。この神働術だが、現代で言えばユング派の「アクティヴ・イマジネーション」や、より適切に言えばタントラやゾクチェンの上級者による高度な視覚化技法に近いものである。彼女は弁が立つことで有名で、比肩する者はいないと言われていたほどだった。その秘密は彼女の豊富な数学的知識にあったとされる。特に北エジプトのキリスト教徒たちを相手に「神」について議論を交わした際には、並み居る強豪たちをことごとく完膚なきまでに打ち負かし、その名声を高めたという。[iii] 神学における彼女の専門知識は尋常でなく、「グノスティコイ」の称号、すなわち「神智を持つ者」という名誉を受けた、異教徒知的階級の代表者として認識されていた。それだけでなく、彼女は幾何学、物理学、天文学にも深く精通していた非凡な知識人であった。古代における学問は、専門技術に特化することを良きとする現代の学問とは対照的に、幅広い教養を持つことを目標とした学際的で折衷的な人物を育てる方針を強みとしていた。哲学（フィロソフィー）という言葉は「知恵（ソフィア）への愛（フィロ）」を意味する。グノーシス主義者は皆、女神ソフィア（知の化身）を信仰していた。彼女こそが、グノーシス主義者たちにとっての神聖宇宙論の主役であった。当時ではヒュパティアはまさにソフィアの化身として見られていたことは自明であろう。

「秘儀《ミステリーズ》」は宗教的教義だけでなく、幅広い学問の枠組みを提供していた。その中でもグノースティコイの称号を持つ者は、博学家や大学者、または大作家として一目置かれる存在であった。紀元前600年頃からヒュパティアが生きた時代までの1000年の間、アレクサンドリア王立図書館と地中海沿岸に栄えた学舎群は、図書館に所狭しと並べられ保管されていた無数の写本（巻物）を制作していった。ヒュパティアの功績としては算術に関する論文や、プトレマイオスの王名表の注解、そしてペルガのアポロニウス著の『円錐曲線論』にも註解を著したことがよく知られている。しかし彼女の手による著作はどれも現存していない。あるのは八つの古文書に記述がある彼女の業績と、殺人事件についての記述だけである。事件の主犯とされるキュリロスは後に「聖三位一体の教義」を策定した有名神学者として歴史にその名を残した。

さらに教会はのちに彼を聖人に指定し、「教会の聖父たち」にその名を連ね、その名と共に唯一神信仰こそが絶対の正義であるという教義を広めてゆき、ヒュパティアのような異教徒の死を自らの勝利の数として数えていった。

ヒュパティアは地理学や天文学に関連する応用科学にも精通していたとされ、ギリシャの科学者シネシウスとも共同研究をしていたという。シネシウスは彼女の弟子であることに誇りを持っていたようで、天文測量器「アストロラーブ」の開発にも貢献した。この器械は後の世の航海術に無くてはならないものとして、航海士にはお馴染みのアイテムになった。その航海の目的が侵略と融和の二つに分かれていたとしても、彼女の遺産は人類史に残る遺産となった。

知られざる異教学問（学問の一大拠点「王立図書館」）

ヒュパティアが生まれ育った地アレクサンドリアは、紀元前331年1月20日にアレキサンダー大王によって創建された。植民都市の成立から約1000年間、イスラム教の到来まではずっと地中海文明をはじめとする広大な世界との交流を続けてきた歴史ある港町である。アレクサンドリアの正式名称は「エジプトのアレクサンドリア」であり、「エジプトにある」ではない。ありとあらゆるエジプトの富が流入する交通路として作られた小さな港町として始まったのだが、それから2世紀ほど経つとヘレニズム時代の「黄金郷《エルドラド》」、「全世界の十字路」と評されるまでに成長していった。紀元1世紀には、アレクサンドリアの商人たちがモンスーンの風に乗り南インドへと航海し、ガンジス川、ベトナム、中国へと貿易網を結びつけていった。このように、アレキサンダー大王の遠征から世界の知的交流が進んでいったのだった。iv

ヒュパティアの生存中、彼女の生まれ故郷の都市は商業的にも、精神的にも、知性的にも紛れもない西洋世界の中心都市であった。しかし、アレクサンドリアが属していた宗主国ローマ帝国は崩壊の危機に瀕していた。彼女が生まれたのは蛮族襲来の第一波である「フン族のヨーロッパ流入」の出来事から約10年後、ローマ帝国が地理的に東西に分断されてから6年後のことだった。ローマ帝国軍はその4世紀半ほど前にユリウス・カエサルが征服した占領地イギリスへ帝国兵を撤兵させたことを皮切りに、帝国の国境は絶えず蛮族に攻撃され、国の形は揺れ動いていた。410年、ヒュパティアが40歳になった頃、西ゴート族の頭領アラリック一世がローマに侵攻し、市内を略奪した事件「ローマ劫掠」が起きた。この事件によって帝国は致命的な打撃を受けることとなる。一方、西ローマ帝国のキリスト教神学者アウレリウス・アウグスティン（ヒッポのアウグスティヌス）は、後のカトリック教義の礎となる『神の国』という本を書き上げていた。ローマ帝国は形骸化し、その燃え跡から「カトリック教会」という実質権力が浮かび上がってきていた。権力が教会へと移っていく過程にあったのである。

「ヘレニズム時代」は紀元前３２３年のアレキサンダー大王の死から紀元前30年、プトレマイオス朝最後の一人であるクレオパトラが自殺を遂げるまでを言う。アレキサンダーの死後、帝国は３人の将軍によって分割された。エジプトと（エルサレム含む）ユダヤ属州からなる最南端部分が「プトレマイオス王国」となった。三つに分割された帝国であったが、文化や習慣は統一されていた。ガリア人もユダヤ人も、帝国民は皆アレクサンドリアやローマやアテネの人間が着用しているのと同じような服を着ていた。[v] パレスチナなどがあった南部地域にも秘教学校が立ち並び、学問が繁栄していた。その多くはヒュパティアなどのグノーシス主義者が設立、経営していた。[vi] エジプト王朝の黄昏期、異文化交流がヒートアップしていく最中でのクレオパトラの死により政治体制は激変し、そこから学問の徒の空に暗雲が立ち込め始めたのだった。紀元前47年、ユリウス・カエサルがエジプトに到着。カエサルのライバルとして知られるポンペイウスがユダヤ属州の設立を宣言した紀元前63年から始まった変化が、ここで一旦の決着を見せた。ヒュパティアが生きていた頃、王立図書館はすでに７００年以上の歴史を重ねていた。だがその長い歴史のうち後半の4世紀は、それ以前の３世紀のヘレニズム絶頂期と比べると、質も量もはるかに劣っていたと言える。

王立図書館はアレキサンダー大王軍の将軍プトレマイオス一世によって、ギリシャ語で統一された広大な占領地のための、学問の一大拠点とすべく設立された。この功績によりプトレマイオスは「救世主」の称号を得たが、この称号は後にイエス・キリストに使われるようになった。彼の息子プトレマイオス二世（紀元前246年）は、アレクサンドリアに出入港する全ての船舶に巻物やパピルスを探してくるよう命じた。集められた文書はすべて図書館に運ばれ、書記官たちに複写されていった。そして原本は書庫に保管され、写本の方が元の持ち主のもとへと返却された。ホメロスやヘシオドスなどの古代ギリシャの劇作家やアリストテレスなどの多くの知識人たちの作品が原本で蔵書として収容された図書館の常駐員には司書、書記、能筆家などがおり、日に日に増え続けるコレクションを整理するため絶えず働いていた。プトレマイオス二世は地球史上最高の個人蔵書数995冊を誇りに思っていた。

王立図書館の膨大な書庫には、ギリシャ語の書物のみならずシリア語やアラム語など数多くの他言語の文書も所蔵されていた。図書館常駐の翻訳者たちはそれらのギリシャ語版の制作にもノンストップで取り組んでいた。その中には、ヘブライ語で書かれた『トーラー（聖書の最初のモーセ五書）』があった。これを史上初めてギリシャ語に翻訳した文書を、『七十人訳聖書』という。なぜこの呼称なのかというと、70人のユダヤ人学者が翻訳に携わったことからと言われている。この国際都市を建設するにあたり、アレキサンダー大王はユダヤ人にも一般帝国市民権を保証していた。しかし、後にこの申し出が多くの問題を孕んでいたことが歴史的に証明されることとなる。ヒュパティアの時代には都市人口の5～10%、おそらく4万人がユダヤ人であったと考えられている。vii

プトレマイオス一世は拡大し続ける蔵書の収蔵のためにブルキオン図書館と呼ばれる広々とした建物を建設した。それもやがて許容量を超えてしまい、後継者のプトレマイオス三世はセラペウム神殿を建てた。歴史家G・R・S・ミードによると、ヒュパティアが教鞭をとっていた王立図書館はエジプトでは最初となる偉大な公共図書館ではあるものの、エジプト初の図書館ではなかったという。各神殿にはそれぞれ独自の神殿内併設の図書館があった。「エジプトといえば神殿」といった具合に、国内には神殿がそこかしこにあった。そしてギリシャ本土や地中海盆地周辺のギリシャ人植民地では、「神殿図書館」に大量の蔵書が収められていたのだ。紀元前600年頃にアルファベットが一般人にも使われるようになって以来、上級司祭たちは想像できる限りのあらゆるテーマについて膨大な著作を発表してきた。紀元前400年にはヒュパティアの教え子たちは千年の伝統のおかげで見事なまでの識字率を誇っていたという。

現代人の歴史知識、特に古代史に対する無関心さを見ると、古代の異教徒世界での学習範囲の広さと豊かさがどれだけ凄かったのかが、分からない人も多いと思われる。1940年代に活躍した古典学者ギルバート・ハイエットは、次のようなことを述べている。

グレコ・ローマ文明がどれほど高貴で広範に普及し、それでいて欧州、中東、アフリカ北部を何世紀にもわたって平和で、文化的で、豊かで、幸福な状態に保っていたか、そして蛮族や侵略者が来襲したときにどれほど多くのものが失われたかは、今日では全く理解がされていない。現代文明よりも優れた点が多くあることも、史上最高の文明であったということも調べてみれば分かってくる。

ローマ帝国が全盛期の頃は国民の多くが法律学、教育学、芸術などのあらゆる学問に通じ、全世界から尊敬される偉大な国家が出来上がった。キリスト教発足当初の数世紀間はまだ溢れかえるように古文書が残っていた。また、地方の町や村にも非常に多くの碑文が残っていたし、人口の多くが読み書きができたと確信できる。ホメロス、デモステネス、プラトンなどのパピルス写本なども、今も断片が探検家によって発見されるなど、図書館が各地に点在し民衆に親しまれていたことが想定できる。viii

以上、古代ローマ帝国の負の一面だけでなく社会的・文化的到達点にあったことを説明すべく、1945年のハイエットの言葉を引用した。その同じ年には、上エジプトで「ナグ・ハマディ」の隠し古文書が発見された。発見された場所は古代には「シェニセット」と呼ばれていた地だった。この古の地名は、「セトのアカシアの木」という意味である。つまりそこが「セト派（セツ派・セス派とも呼ばれる）」というグノーシス派の隠れ家だったと分かるのだ。ナグ・ハマディ写本と呼ばれるようになったこれら13冊の革製巻物は、古代の装丁製本の初期形態の一例と言える（ちなみに、よく比較される『死海文書』について、詳しくは第七章や参考図書を参照していただきたい。第四、五、六章でも軽く触れている）。これら52の断片的かつ混合した内容の文書は、学者たちのキリスト教の起源に関する見解に革命をもたらした。しかし、グノーシス原典とも目されるこの貴重な資料の究極的意義については、未だに明らかにされていない。

「セト派」はエジプト、中東、地中海盆地、欧州の奥深くに分布していた秘教学校の参加者であるグノーシス一派だった。1902年発行の『福音書と福音（The Gospels and the Gospel）』という著書の中で、神智学者でもあったG・R・S・ミードは「古代神秘思想の本質を見つけたいのならグノーシス文書を読めばいい」と述べている。[ix] ミードはナグ・ハマディ発見以前に見つかっていたグノーシス文書の翻訳・解釈をした英語圏学者では第一人者と呼べる人物だ。よって彼が翻訳を担当したことでグノーシスの神秘思想についての見解が近代の欧米社会にも浸透していった。尤も、秘教学校でグノーシス主義が教えられていたということは、今日ではいまだに否定されている。

エレーヌ・ペイゲルスなどのいわゆる「初期キリスト教専門家」は、グノーシス主義と秘教学校が同じ神秘思想を持っていたと断言するには証拠が不足していると主張する。[x] 1979年発行のペイゲルスの著書『グノーシス派福音書（Gnostic Gospels）』はナグ・ハマディ文書の秘伝を一般人に知らしめるという重要な働きをしたものの、この本が示している学術的内容には「グノーシス派とは何者なのか？　なぜキリスト教の台頭に猛烈に抗議したのか？」という根本的問題についての一般的理解を妨げていると言える。神秘思想とグノーシス主義との繋がりを否定してしまうと、宗教の歴史が生み出した、単なる端くれ者の集まりにしか見えなくなってしまうのだ。これではグノーシス主義者たちの真意と、それから彼らが破壊運動の被害者であるということが一般的認識になることはない。

ハイエットによる古代世界の論考が正しかったとすれば、我々は疑問に思わなければならない。誰がこれら古代教育機関を考案し、指導したのか？　誰が書物を書き残したのか？　誰が芸術家、建築家、技術者たちを訓練し、驚異の古典西洋世界の長い歴史を生み出す技術を身につけさせたのだろうか？　グノーシス主義に関する彼の代表作『忘れられた信仰の欠片(Fragments of a Faith Forgotten)』の中で、ミードは次のように述べている。「数ある秘教学校の中で、一つの共通する事柄がある。それは、これら学舎の設立者たちが、全ての芸術や技術の教え手の役目を一身に受けていたということである。その者たち自身が神であったのか、あるいは神々から直接教えを受けていたのか。いずれにせよ、彼らは幼年期の人類にとっての教師役となっていたのだ」[xi] ミードのこの見解に賛同した知識人の一人に、異教の古代文化に造詣が深いことで知られるサミュエル・アンガスがいる。彼の著書『秘教（The Mystery-Religion）』では次のようなことが書かれている。「秘儀は異教徒の教えで絶対に絶やしてはいけない最奥義であった。それ以前の世では、異教徒たちは秘教学校で教師をしていた」[xii]

ミードのグノーシス研究者への貢献度は計り知れないほど高い。今日でも多くの研究者がミードの遺産に頼っている。だが一般論としては、ペイゲルスなどの宗教史家による典型的なキリスト教偏見の方が、主流の意見となっている。ミードが提唱するように、宗教はすべて統一の道を探るべきである。なぜならキリストの教え自体は、宇宙普遍であるからだ。そして、ヒュパティアのような秘教学校のグノーシス主義者を正しく認識することで、ようやく古代世界における教師陣は異教徒であったという事実を受け入れることができるようになる。現代の歴史学では、グノーシス主義者の存在をぞんざいに扱い、それを主流の教育にしている。

聖なる物語（グノーシス派とキリスト教で「贖罪」の意味がまったく異なる！）

「キリスト教の聖霊はグノーシス主義の創作で、元々の名前は叡智《ソフィア》であった。グノーシス派で初期キリスト教徒ヴァレンティノスは、〝世界はソフィアの微笑みで生まれた〟と言っていた」[xiii]

G・R・S・ミード著の『忘れられた信仰の断片』の紹介文で、詩人で文化評論家のケネス・レックスロスが、グノーシス主義は新石器時代よりはるか以前の古代ヨーロッパで信仰され続けていた女神信仰の分派であると提唱している。「女性救世主の降臨」の教義ということは、つまり「グノーシス派のほとんどは母性を重んじ、反父性的な性質を持っていた」ということは強調しておく。[xiv] この見解でいけば、秘法とはマリヤ・ギンブタスやジェームズ・メラート、アレキサンダー・マーシャック、マーリン・ストーン、スタン・グーチ、ロバート・グレーヴス、リアン・アイスラーなどの作家が説明してきたような、キリスト教普及以前の古代ヨーロッパにおける「土着女神信仰のシャーマニズム」を母体にして自然発生した教えであると考えられる。[xv] グノーシス派の専門家と呼ばれる集団のほとんどは古代グノーシス主義者を単なるキリスト教の分派のカルト教団と見做しているため、ここから主流派と大きく意見が対立してくるのである。今のところ主流専門家らの研究成果には、グノーシス主義者が教えていた秘伝がどんなものであったのかを描写しているものは皆無である。

キュリロスなどの宗教思想論者や読師ペテロや荒れ狂う暴徒などに代表される「キリスト狂徒」たちは、グノーシス世界観に反論するだけに飽き足らず、それを描いた文書や証拠はなんでも隠滅するべく大規模な「後始末」の作戦を展開していった。まずグノーシス世界観に反論し、その後に自分たちの宗教的イデオロギーで主張を上書きする。そのためにグノーシス世界観の一部を引用する場面もあった。証拠隠滅活動はここで一旦の引きを見せる。エイレナイオスやエピファニウスなどの古代キリスト教の教父たちが異端派反駁《はんばく》を展開するためにグノーシス主義の教えを引用する必要があったために、完全破壊は成らなかったのである。隠滅を逃れた教えには、女神ソフィアの聖なる物語もあった。グノーシス主義者たちにとって、女神ソフィアは地球そのものになった神性であった。こうして1945年までは「グノーシス主義」と聞くとキリスト教徒の「異端派」という、教父らが造り上げた否定的なイメージを連想するのがほとんどであった。

ナグ・ハマディ文書はもしかしたらグノーシス派のオリジナル文書ではないかもしれない。だが現存する古文書としては最高のものであり、これほどの資料が他に現れることはおそらく今後もないであろう。キリスト教徒が支持する男性創造神、天罰、救世、復活、最後の裁き。発見された古代グノーシス文書ナグ・ハマディを読むと、なぜグノーシス主義者たちがキリスト教のこうした教義に命をかけて反対していたのかが分かる気がしてくる。コプト文字で書かれた50以上ある断片的な文書は、あくまで膨大な著作物の一部に過ぎないのだが、これだけでもグノーシス主義の多くが理解でき、キリスト教という教義の基盤を揺るがすのに十分な、「神学的ダイナマイト」なのである。

したがって、グノーシス主義者とはただの「はみ出し者」として処理されるべきでない。何に立ち向かったかだけで彼らを定義できないし、されるべきではない。大地として具現化した「堕ちた女神ソフィア」への彼らの展望は、生態学的《エコロジカル》な神話であると言える。私たちも生きている間に突然、「惑星ガイアは生き物である」という直感を覚えることがあると思われるが、それと深いところで共鳴する神話であるのだ。グノーシス主義が人類へ伝えたかった本当のメッセージとは、地球は人間に利用される存在ではないという話ではなくて、地球の本質を説明する「ディープ・エコロジー」社会運動の源流が古来世界にあったことだと言える。現代の環境保護運動には宗教的要素は全くないが、古代の知恵ある者たちが提唱していた「女神ソフィア主義」こそが、現代の保護活動家たちの新たな展望になっていくことだろう。

ディープエコロジーの提唱者であるノルウェーの哲学者アルネ・ネスは、人間の智慧を指してこれを地球という超生物の知性であると定義し、これを探求する学問を「生態哲学《エコソフィー》」と名付けた。筆者の知る限り、彼は古代グノーシス主義の女神ソフィアへの呼びかけを意図していなかったように思われる。だが、結果としてネスのこの言葉選びはグノーシス主義者にとっての「知恵の原理《ソフィア》」をディープエコロジーの世界へと導入するきっかけになった。ネスは「環境哲学に定説などない。これは人類の発見の旅である」と強調している。xvi 同様に、グノーシス主義のソフィア的世界観にも、これといった固定教義は存在せず、自然と精神とのつながりの探求という、全員に開かれた「道」を提示するという思想である。1990年代には、精神と自然の共生は「生態心理学《エコサイコロジー》」と呼ばれるようになった。それから10年以上経ち、自然との共生を定式化するという努力は尚も続き、しかし実践に移すまでにはまだまだ道のりは長いように思える。もしかしたら古代の異教神秘学者たちはベテラン生態心理学者であり、教えの実践者であったのかもしれない。そうであれば、先駆者たる彼らこそが我々人類の正しい地球生態保護活動の、明るい未来への道標となってくれるだろう。

アルネ・ネスによると、「エコロジー」には浅い生態学《シャローエコロジー》と深い生態学《ディープエコロジー》に大別されるという。前者については「哲学的あるいは宗教的基礎が欠けた、浅ましい生態学の教え」のことだという。xvii その欠けた部分を補うのが、1945年に発見された「ナグ・ハマディ文書」で伝えられるグノーシス教義ではないだろうかというのが、本書の主題にもなっている。女神ソフィアを崇拝しろと言っているのではなく、あくまで神秘自然崇拝宗教という大きな枠組みとして見て、これをディープエコロジーの指針とすべきだということである。

ディープエコロジーと宗教を同一視すべきでないという意見もあるとは思う。ガイア理論が女神神秘主義に変換されることにも、抵抗感を覚える人は少なからずいるはずだ。しかし、古代ヨーロッパや近東で秘教学校を設立し、大勢の教え子を導いたグノーシス主義者は、神聖地球生態学の熟練者であったものの、従来の意味通りの「宗教家」とは言えない存在であった。その証として、彼らは団体における道徳的決まり事、教義的公式や制度的権威などを課していなかった。厳しい戒律などはない代わり、グノーシス派には生徒に守ってほしい教えが二つあった。一つは、地球の神聖な展望を持つこと。そしてもう一つは、ユダヤ・キリスト教の救世主《メシア》待望論、特に贖罪者《キリスト》コンプレックス（本章の最後で詳しく説明する）が中心になっている、「救済主義《サルベーショニズム》」教義に騙されないようにしてほしいというものだった。このような批判が帝国主義ローマの中核的宗教となったキリスト教的信念に対する挑戦状となったため、グノーシス主義者たちは残酷なまでに弾圧されることとなった。

今日、救済主義に対抗するために過去と同じようなグノーシス的挑戦を繰り返すのは、あまり良い考えとは言えない。勝算も薄いと思われる。しかし、古代の天才たちが発した「地球解放」へのメッセージを軽視すべきでもない。その言葉を無視していては、深遠なる遺産の恩恵を永遠に失うことになるだろう。さらに、この批判にはグノーシス主義が伝えたいことの核心である、「神聖地球生態学の展望」と切っても切り離せない深い繋がりがある。古代秘儀の伝承者たちは、ユダヤ・キリスト教の救済主義の中に、生ける惑星地球と人間の間にある「意識の繋がり」から人を逸脱させるプログラムが組み込まれていることを発見してしまったのである。したがって、今のような世の中にこそ、復活すべき批判であるように思える。女神ソフィア神話の復活こそが、私たち人類が陥れられた妄想と自滅の舞台劇からの、真の救済への道となり得るのだ。

今から2000年ほど前に始まり、ヨーロッパの自然崇拝者たちの宗教的遺産を完全に破壊する結果となった戦争の正体とは、二つのパラダイム、つまり全く異なる「贖罪」の概念同士の衝突であった。グノーシス派はソフィアという女神を伝えていた。大地は女神が具現化したものだと教えていた。彼女の叡智は、地球における「生きる知」であった。すべての秘儀は、この神性「マグナ・マーテル」という太母に捧げられた。ガイアとも呼ばれる「グレート・マザー」のことだ。秘儀への入信は、ソフィアの知性、つまりニューエイジ系の言葉で「地球叡智《アース・ウィズダム》」との直接の出会いであった。人類の起源、そして地球がどのように進化してきたか、私たちがどのように種としてこの惑星の知性と関わっていけるか、その人類独自の役割についての「地球人類神聖物語」を保持してきたのがグノーシス主義者たちであった。

この展望のどこが、ガイア理論と対立していると言えるだろうか？

環境主義者ジェームズ・ラヴロックは「生きるガイアが地球を意識的に制御している」という考え方が気に入らなかったようだ。[xviii] しかし少し待ってほしい。グノーシス主義は地球《ソフィア》が知的生命体であるとは言っていたが、これはそのままの意味ではない。簡略化された概要だけを読むのではなく、もっと複雑な背景を理解しないと、途端に昨今の「ガイア理論」が陥ったような、単純明快な一般向けの物語になってしまう。これは現代人が「利益」を重視しすぎているために起きている誤解である。古代の神秘学で語られていた神聖地球生態学には、我々は地球という名の超有機体との合一によって利益を得るなどの、目標志向はなかった。どちらかというと、女神自身がそうしているように、宇宙的な視点から見て人類が地球の「進化の道筋」に沿っているか確認することを重視していた。

ソフィア神話の中心となる挿話に、グノーシス用語でいう「ソフィアの修正」と呼ばれるテーマがある。その真意については数多くの言説があるも、いまだに多くの謎に包まれている。

おそらくグノーシス主義者たちは、ソフィアの修正によって地球生命が女神の起源である宇宙の中心である「本源《ソース》」との再接続が起きると予想していたと思われる。これはなかなか興味深い概念である。同じような考えは、ナグ・ハマディ文書の『ヨハネのアポクリュフォン』にも見られる。聖書に繰り返し現れる「贖罪」という単語があるが、これは学者たちがギリシャ語の「diorthosis」を本来の意味である「修正」ではなく「贖罪」と意訳してしまったことに端を発する。救済主義者にとっては全能の神が人類の罪を背負ってくれるというこの概念も、秘教学では全く異なる意味で理解される。[xix] 宇宙のどこか遠く離れた惑星の彼方にある、高次の力がいつか我々を救いに来てくれるとかそういう問題ではなく、その力は「今この瞬間にここある」という意味でグノーシス派は捉えていたのだ。その力は私たちが生き、使い、動き、私たちを育む母体《マトリックス》だという解釈だ。その神聖力とつながることが、秘儀の本当に伝えたかったことなのである。繰り返すが、秘儀伝承者《イニシエート》にとっての「贖罪」とは、神様に気に入ってもらえないと貰えないものでは、断じてない。上から降りてくるものではなく、この惑星知性と意識的に「共進化」すること、それ自体なのである。そうすることで地球と共生し、生命の奇跡となって生きることで、知的生命体である地球がどのように機能するかを知る。そしてその教えを愛し、新発見をし、生命圏が発現する「神の錬金術」の全容を描き出せるようになっていくのである。ナグ・ハマディ宇宙論のグノーシス文書『ヨハネのアポクリュフォン』には、地球女神ソフィアと一つになることで「人間の自然的親族である智慧が人間の内なる光を反射させるとき、彼女に足りないものを補い、修正が成る」と書かれている。

これが約2000年前のグノーシス主義の教えの核心である。そして現代における我々人類の課題でもあるのだ。

贖罪者コンプレックス（何世紀にもわたって続いた虐殺！）

異教徒の賢人《グノースティコイ》たちは、「苦しみには救済の価値がない」と断言した。さらに、救世は天の介入によってのみ成るという信条にも反論していた。超人的な存在のみによる救世論を拒絶し、救済主義者たちの信念に反駁したことで、グノーシス主義者たちはユダヤ・キリスト教の「贖罪者コンプレックス」教義を策定、実行していた権力者たちから、猛攻撃を受ける対象の筆頭となった。秘教徒への残忍極まりない弾圧、グノーシス文書の隠滅、ヨーロッパにおける異教文化の大虐殺は、語られざる「西欧文明」と「キリスト教の勝利」の物語の一つに数えられることになった。「敗北者」としてのグノーシス派の物語である。そのグノーシス主義の知恵を現世に復活させ、秘教をディープエコロジーと融合させることが、本書の目的でもある。だが、それを成し遂げるには、生きる地球女神ソフィアが弾圧されてきた歴史と、ソフィアにしかできないことを知ることが、前提条件となるのである。古代世界での在来文化の虐殺は何世紀にもわたって続いた。しかし今日も続いている徹底した隠蔽工作によって、実際に何が起きたのかはほとんど知られていない。その隠蔽を暴くこと、破壊行為の原因と被害の範囲を明らかにすることも、忘れてはならない本書の大事な目的でもある。

贖罪者コンプレックスには四つの構成要素がある。世界は父なる神に想像され、女性の立ち入る隙はないとする。少数の選ばれし者へは試練と試験が課される。創造父神の息子には特別な使命が託される。そして父神とその息子が人類に最後の審判を下す。

正統派ユダヤ人はこれら四つの要素をすべて受け入れるが、新約聖書のイエスを今日に至るまでメシアと認めていない。キリスト教徒は、初代ローマ教皇である使徒ペトロの教義を信じる。使徒ペテロは、キリスト教に改宗したユダヤ人を「選ばれた民、王の系統を引く祭司、聖なる国民、神のものとなった民」（ペトロの第一の手紙第2章9節より）と表現した。このやり方で「選ばれし神の民」の座を、ユダヤ教徒からキリスト教改宗者へと移したのだ。非常に狡猾な手段である。当時はまだ未発達であった民族宗教「ユダヤ教」特有の贖罪者教義を、キリスト教がカトリックの世界人類救済プログラムへと作り変えた。これら四つの構成要素に対する見解の違いにより、信者たちはユダヤ教、キリスト教、そしてイスラム教という異なる派閥に分かれていった。イスラム教はグノーシス主義が社会から封殺された後に生じた派閥ということもあって、グノーシス派弾圧運動には参加していない。

ヴァレンティノスやマルキオンなどの一部グノーシス主義者は、妥協案を提示する役を請け負った。しかし異教徒は先程の四大構成要素を拒否し続けた。現代の宗教学者や歴史家のほぼ全員が、グノーシス派は初期キリスト教徒から分かれた分派であると考えている。その理論でいくと、グノーシス思想は漠然とした「グノーシス・キリスト教」だということになり、キリスト教の普及とともに徐々に姿を消していった存在だという考えになる。しかし、現存する物的証拠がこの解釈には明らかな矛盾があることを示しているのである。確認されたグノーシス文書の大部分がユダヤ・キリスト教の救世論に異を唱える者であったことから、グノーシス・キリスト教とは後の世の神学者たちが考案した、いわば後付けの設定だったのである。

異教徒にとっても、キリスト教徒にとっても、贖罪者コンプレックス四大構成要素は単なる神学的問題ではない。ヒュパティアの殺害事件に見出せるように、救い主待望思想に対するグノーシス派の抗議に対し、キリスト教改宗者たちは巨大な暴力の波動となって、執拗な弾圧の波を広げていった。ヒュパティアはグノーシス主義者の知識人であり、したがってキリスト教改宗者たちの「正義の怒り」の標的となってしまった。彼女を攻撃した暴徒は、神が人々の苦しみを贖ってくれるものだと信じ切っており、神の大義のために暴力で人々に苦しみを与えることも全く厭《いと》わなかった。

苦しみは救われるなどという信条は、暴力と征服の種である。これがローマ・キリスト教の台頭を促し、地球上に拡大し続ける「ジェノサイド」の原動力なのだ。

人間はさまざまな理由で暴力を振るう。様々な理由で他人を抑圧し、時には支配する。しかし、肉体的・心理的侵略行為が神の権威で後ろ盾され、公式の「神の正義」であると見なされた瞬間、その暴力性は別次元のものになる。ヒュパティアの件のような、非人道的な異常性を見せるのだ。ヒュパティアは宗教的暴力の標的に選ばれてしまい、贖罪者信仰に駆り立てられた狂信者たちはその後も何世紀にもわたって、こうした苦しみを糧にしてきたのである。想像してみてほしい。他者を支配しようとする勢力が、神という存在に承認された上で、他人に苦痛を与え、最後は神がその苦痛を贖ってくれて、加害者と被害者を世界の悪から解放してくれると、本気で信じていたのだとしたら？　その結果出来上がったのが、現在のこの世界というわけだ。

これがグノーシス主義者たちが、紀元１５０年以降もずっと直面してきた人類の危機なのである。

被害者と加害者の鎖（これが肝である！）

宗教は、その究極の基盤が明かされない限りは人間を保護してくれる。だが怪物を住処から出して使役することは、その恩恵を失う危険をも伴うのだ。[xx]

フェミニストで神学者のキャサリン・ケラーは「人生とはいつの時代も弱い者は強い者に従わねばならないものであると、信じる理由はない。また、それが現代世界の掟であるという証拠もない」と述べている。暴力は父権制的な支配構造の中でしか発生しないものだと、彼女は考えた。「暴力は世代から世代へと伝達する状況の中でのみ顕在化することが分かっている。過去の傷から引き継いだ破壊と虐待が、何度も何度も、苦痛の原因となってきたのを私たちは目撃してきた。」[xxi]

ケラーによると、現代社会が罹患しているこの症候群のことを、現代心理学で「虐待の鎖」と表現している。支配とは虐待行為である。そして支配者は常に、虐待された過去を持つ。そこまでは、私たちも時間をかけてから理解し始めてきたことだ。しかしながら、過去に虐待者だった者が世間に認められ、その後に虐待「される」側に回ることは、ほとんどない。このように、虐待者は無限に供給されるよう開かれたシステムになっているのだ。虐待が発展するにつれ悪循環はさらに深まっていく。暴力を受けて生き残った被害者は加害者と結びつく傾向にある。そしてしばしば、常にではないが、加害者へと立場が逆転することもある。虐待者と加害者の間に結ばれた「絆」、つまり被害者と加害者を結ぶ鎖がもたらす苦しみは、非常に伝染力が高い。

被害者と加害者の連鎖は、例えば崩壊した家庭や共依存関係にある人間関係などに巻きついているのが一般的に確認されている。だが人類史や、ユダヤ・キリスト教の贖罪者コンプレックスなどの壮大な神学的命題にまで適用できるという論考は、これまでほぼ皆無であった。新世界（アメリカ）への入植者にもこれは当てはまる。ヨーロッパからやってきた征服者（虐待者）たちは、この例に漏れず過去に虐待されたことがあった被征服者だった。来訪者も監督者も、征服者は皆一様にかつての被征服者であったのだ。

では15世紀以前のヨーロッパ人はどのような虐待を受けていたのだろうか。暴力による支配を求める衝動を生み出し、暴力を正当化し、広範囲での大量虐殺や環境破壊を行うようヨーロッパ人を誘導したのは、どのような虐待だったというのか。新大陸を征服、改宗、植民地化したヨーロッパ人に、何が起きたのだろうか。

主な動機としてよく挙げられるのが「貪欲」だ。確かにこの時代の侵略者たちは欲望に満ちていたと言えよう。征服者たちは、キリストの旗の下で「未開民族の改宗」という名目で活動し、本国に計り知れない富を持ち帰った。先住民から略奪した銀と金の量はまさに想像を絶しており、10億ドル単位での統計が当たり前の今日でも、計り知れない額になると思われる。金や宝石はアステカやインカなどの先住民族にとって商業的な価値はなく、純粋に装飾品用や神聖儀式用として使われていた。新世界で盗まれたそれら装飾品は、そのまま旧世界にとっての資産となった。何世紀にもわたってスペイン国籍のガレオン帆船がグアダルキビル川の河口に着けては、船に載せられた戦利品の山がセビリアの「会計室」へと運ばれた。このセビリアの地は、初代異端尋問所長官となったトマス・デ・トルケマダが、何千人という数の「偽キリスト教徒」を粛清した場所でもある。今日、教皇が聖なるミサを行う際に大勢の敬虔な聴衆の前で掲げる、価値がつけられないほどの宝石が贅沢に散りばめられた豪華な杯は、元々はインカから奪った金で鋳造されているものだ。この杯を満たす血液は、象徴的にはイエス・キリストの贖罪の結果、流された血とされる。しかし歴史的事実としては、その血はヨーロッパ人侵略者の猛攻で壊滅的な打撃を受けた、新大陸の先住民の血に他ならない。未来を断たれ、聖地は荒らされ、代々伝えられてきた聖なる知識も修行法も異端であるとして弾圧された。教会はパンをキリストの体として聴衆と分け合う。だがそのパンが真に指し示すものは、資源を略奪され荒廃した自然の楽園、地球であると言えよう。

果たして、「貪欲だったから」というだけでこの人間離れした凄まじい暴力を説明できるだろうか？　文化人類学者ルネ・ジラールによる人類史の観察眼に、その手がかりが見つかるかもしれない。「宗教は、その究極の基盤が明らかにされない限りは人間を保護してくれる。」[xxii]どういうことか、宗教の究極の基盤とは、一体何なのだろうか。神学的議論の達人の集まりであったグノーシス賢人らにとって、新興宗教が掲げる「贖罪者コンプレックス」が最も警戒すべき要素であった。彼らの使命は、生命を母なる惑星地球へと奉献する道を切り開き、自身がその道標になることだった。したがって贖罪者コンプレックスは惑星の自然法則外のことであり、妄想にまみれた人間性からの逸脱行為であり、その中に「狂気」さえ垣間見ていたのだ。ヒュパティアなどの神学専門家は人類の神聖なポテンシャルや、ヌースについての教えを広めるなど、知恵の女神ソフィアとの共進化という道を説くことなどを通じて、その異常性に公然と対抗していった。救済主義宗教は最初に出現した瞬間からその妄想具合を見破られてしまったので、形勢が悪いと見た彼らは、すぐに次なる策を講じることにした。

グノーシス主義者たちが世界に怪物を放ったわけではない。そうではなく、すでに野に放たれていた怪物に面と向かって対抗したのだ。その怪物は数世紀にわたり力を蓄えてきた。それは人間の知性に巣くう「異常性」という名の怪物であった。怪物は、苦しみには神の善良な原因があると嘘をつき、さらには、苦しみを与えられた者は神によって救われるとまで言いふらし始めた。グノーシス主義者が対面していたそれは、非人間的な化物であったが、「それ」は全人類を陰で操り、味方につけようとしていたのだ。それを可能としたのが、人間たちの被害者と加害者を繋ぐ鎖であった。悪魔的な結びつきを愛の結びつきと装い、さらにはそれを天の高みへ続く階梯であると偽ったのだ。

もし近東でグノーシス主義が救済主義を打ち破っていたら、ヨーロッパにまで広がらなかっただろう。しかし紀元２００年までに原始キリスト教帝国主義はすっかりローマに根付いてしまっていた。その頃、町人が読めた書物といえば、ユダヤ人たちの「聖なる歴史書」だけになっていた。紀元１００年頃、ローマ教皇クレメンス一世は、旧約聖書とイエスに帰する言葉の両方が聖典であるとして、両方とも歴史的真実として言葉通りに解釈されなければならないと主張した。現存する最古の福音書が書かれた頃の主張であり、イエスの物語が実際にあった物理的な歴史的出来事であるという主張が、ここで確立することとなった。そしてこの主張は今日でもキリスト教原理主義者によって支持されている。また、さらに旧約聖書と新約聖書には連続性があることも主張されている。「わたし（イエス）についてモーセの律法と預言者の書と詩篇に書いてある事柄は、必ずすべて実現する。」（ルカの福音書 第24章44節より）グノーシス主義者であったシノペのマルキオンは、この連続性について断固として猛反対した。旧約聖書で描かれる憤怒の念に満ちた移り気な父神は、新約聖書の超越的な愛の源にはなりえず、人間が愛するべき神の姿ではないと主張した。紀元144年、マルキオンは自らの基準に従って「聖書正典」を作り、これをローマのキリスト教会に正典として受け入れてもらうように努力していた。結果として彼は教会から異端と見做されることになったが、もし彼のこの試みが成功していたら、今ごろキリスト教の教義は旧約聖書から完全に独立して存在し、さらにグノーシス派基準で選定された福音書や、聖パウロ的キリスト学を参考にする全く別の宗教になっていたことだろう。

ヒュパティアの時代になってもまだ、福音書の書き換えは続いていた。それに呼応するようにユダヤ教や正統派、グノーシス派の「聖典」の座をめぐる白熱した議論が繰り返し行われていった。その後1600年の間、西欧文明を率いることになったその物語は、ローマ帝国の刻印が押された父権制の救世物語を支持する形へと徐々に結晶化を遂げていった。4世紀になると、テオドシウス一世とテオドシウス二世が異教徒やアリウス派などの異端派に死刑を宣告するようになった。この二人の男については「後のヨーロッパにおける宗教戦争や異端尋問の基礎を築いた、キリスト教徒としては最悪の極悪人の二人」と歴史家は評している。[xxiii]

ユダヤ教の「神聖な歴史」を踏襲し利用することで、贖罪主義者らは自らの贖罪プログラムを全人類に強制的に課すという歴史改変計画の実行に成功した。旧約聖書と新約聖書の組み合わせによって造り上げられた「台本」は、今日も人類全体の行動規範として、信念体系を統率するための「指示台本」となって使用されている。贖罪者コンプレックスで統制され全人類へと敷かれた父権制は、自らの著作物である聖書をそのアジェンダとして据え、執念深い父神へと捧げた。人類の父を名乗る偽りの神は、征服と改宗の計画を下々の者に実行させていった。それは欧州の地において何千年もの間続いた、かつての被害者である犠牲者が新たな犠牲者を生み出していくという破滅プログラムの実行であった。これが十字架の印のもとで新世界を蹂躙した計画の真相である。

ヒュパティアを殺害した真犯人の闇は深い。

第二章 異教徒のルーツ（先住民エウロペ）

1971年に『わが魂を聖地に埋めよ』という本が出版された。この本には、1492年以降に新大陸に足を踏み入れた西欧人が先住民族文化に対して行った行為を表現するために使う「ジェノサイド」という言葉が、まだ使われていなかった。ディー・ブラウンによるこちらの名著では、ミシシッピ川以西の先住民族への裏切りと虐殺の歴史に焦点が当てられている。結果としてはすべてのネイティブ・アメリカンたちがこのような苦境の歴史を歩んだとして、当初は世界中の注目を集めた。この本によって「特定人種や文化的集団を意図的に殺害すること」という意味であった「ジェノサイド」という言葉が、北米に植民したヨーロッパ人がとった政策や虐待行為にも当てはまるということ、そしてメキシコに点在していた部族（アステカ族、マヤ族、サポテク族など数十の部族）の強制改宗や、部族が守り伝えてきた神聖文献の滅却など、ヨーロッパ人による中南米での他の政策や行動もジェノサイドと言い表すことができるという認識が一般化するようになった。今日においては、「新世界の征服」と呼ばれる侵略行為を表すに最も適切な用語として「ジェノサイド」が使用されている。

その本の序文で、作者ディー・ブラウンは「本書におけるアメリカ先住民やその文化の描写は一般的認識とは大きく異なっている場合があるので、心の準備をしてから読んでいただきたい」という警告を示している。

アメリカ人はインディアンは冷血な野蛮人という固定観念を持っているため、しばしば彼らの残した温かみのある理性的な言葉を聞くと、驚くことがある。彼らが本当の意味で自然保護主義者であったこと、そして人間と地球との関係性など、彼らの話から学ぶことも多い。インディアンにとって、生命とはこの大地やあらゆる環境資源と同一の、かけがえのないものである考えていた。そしてアメリカの大地は自然の恵み溢れる、まさに楽園であると考えていた。だから東方から侵入者が来たときも、なぜそこまでインディアンのすべてを奪い、自然を破壊しようとしていたのか、全く理解ができなかったのである。

xxiv

1971年の話なので、当時はヨーロッパ先住民族について今ほど理解がされていなかった。当時もディー・ブラウンは人々が持つ「ステレオタイプ化されたインディアンのイメージ」の誤解を解くことに随分苦労した様子だが、我々は今、ユダヤ・キリスト教の歴史でステレオタイプ化された「異教徒のイメージ」の誤解を解いている最中なのである。アメリカのインディアン神話は比較的最近造られた文化的創造物なのである。ブラウンの本も、まだ成立してから200年ほどしか経っていない国家の視点で書かれた本なのだ。そんなアメリカの浅い歴史と比較するとユダヤ・キリスト教の歴史は15倍も長いわけで、それだけ人類全体の精神の奥底まで浸透していると言える。これだけ長い時間がたった今になって堅牢な固定観念をこじ開け、ヨーロッパ先住民についての真の理解を阻んでいる「偽情報」の檻を破ることが可能なのか？人類は今、試されているのだ。

ヨーロッパの神話（キリスト教以前）

ペンギンコンサイス英語辞典（2002年版）によると、異教徒とは「（1）多神教の信奉者（2）宗教心の無い人」と定義されている。今の時代に、ヨーロッパ先住民族をこの意味での「異教徒」、つまり先住民たちの宗教的志向の総称として「異教」という言葉を使うとしたら、この定義に違和感を覚える人は非常に多いと思われる。では、このように言い換えては如何だろうか。異教徒とは「（1）宇宙という生命体の中に宿る多くの神々の存在を認識している、あるいは信仰しているアニミズム教徒のこと（2）具体的にはキリスト教以前の西欧世界における多様な先住民文化のこと」

ヒュパティアは異教徒であった。厳密に言えばヨーロッパ人ではなくエジプト人であったのだが、故郷のアレクサンドリアは「エジプトのそばにあった」のであって、更に厳密にはエジプト内ではなかったとも言える。紀元前600年頃に「黄金時代」の黎明期を迎えてから、ギリシャ人哲学者や科学者たちが大勢エジプトに集まり、そこで長い見習い生活を送っていた。マーティン・バナール著『黒いアテナ』では、西ヨーロッパの知的伝統そのものが、実はアフリカで生まれた伝統に由来するという主張がされている。プラトンなどの古代ギリシャの知識人の有名どころも、古代アテナの教えを請いたいと願う者はまず、エジプトへ向かうべきとアドバイスを受けていたのだ。[xxv] それに加え、エジプトにあった秘教学校で学び、大成して歴史に名を残した有名ギリシャ人の例を、バナールは数多く挙げている。

「救世論」の原形となる思想はパレスチナで生まれた。それは瞬く間にローマに広まり、アレクサンドリアも例外ではなかった。ヒュパティアは非ヨーロッパ生まれの異教徒ということでキリスト教救世論の槍玉に挙げられてしまったのだが、攻撃の波はその後、ヨーロッパを席巻することになる。東部地中海沿岸地方を総称して「レヴァント地方」と呼ぶが、そこに住んでいたグノーシス主義者たちは西洋の知的伝統の立ち上げ元であったギリシャ文明の「指導者たちの指導者」であった。しかし、それと同時に彼らは救済主義イデオロギーの宿敵であるとして、パレスチナから矛先が向けられていた集団でもあったのだ。

ヨーロッパにおける異教徒の大量虐殺。これについて、『わが魂を聖地に埋めよ』で披露された分析に匹敵するほどのものはまだ存在していなかった。虐殺された住人たちには「ヨーロッパ先住民」以外の呼び名が与えられることはついになかった。今日、西欧人は国境をもち、国家という枠組みで仕切られた領域に住んでいる。だがキリスト教以前のヨーロッパの住人らは、多様な文化と民族、言語が混在する世界に住んでいたのだ。ヨーロッパ先住民は現代における意味での「ヨーロッパ人」とは異なっていた。故に学者たちはこれら先住民族の呼称に「祖（proto-）」という接頭語を用いることに決めた。イタリック祖語族、ヘレニック祖語族、イベリアン祖語族など。だが、私に言わせればこのような呼び方は不正確である。マリヤ・ギンブタスはバルカン半島で発見された古代女神文化を「古ヨーロッパ」と呼称した。これは彼女なりの「古代ヨーロッパ人」の総称である。しかし現代のヨーロッパ人の中にも数は少ないが現存する末裔《まつえい》もいる。つまりギンブタスのこの用語は、彼女による作品世界観を示すには合っているが、本当のヨーロッパ先住民の総称としては不正確なのである。

「ヨーロッパ」という言葉が最初に登場したのは、古代クレタ島を舞台にした神話の中でだった。レバノン沖の島の古代都市ティルスに住むアゲーノール王の娘「エウローペー」は美しい女性に育ち、オリンポスの神ゼウスの情欲の対象となった。ゼウスは白い牡牛に変身し彼女に近づいた。エウローペーがその背中に乗ると、牡牛は彼女を乗せて海を渡り、クレタ島まで泳ぎ去ったのだった。そこで彼女は彼との間に子どもを産み、そのうち一人は後にクレタ島の王となった。それがミノア文明にその名を刻んだ伝説のミノス王である。つまり「ヨーロッパ」という名はグノーシス主義の中心地であったレヴァント地方で信仰されていた女神にその由来を持つということになる。

神話に登場するエウローペー（エウロパ）の名前の由来は不明である。マリヤ・ギンプタスは「遠くを見つめる」という意味だとしていた。エリック・パートリッジ著の『語源集(Origins: A Short Etymological Dictionary of Modern English)』によると、「エウルス（eurus）」はギリシャ語で「広い」や「広大」という意味だという。確かに「広い土地」ということで、これが語源としてはもっともらしいが、まだ他の可能性を完全に排除しきれていないように思う。インド・ヨーロッパ祖語での「eu-」には「健康」や「自然の恵み」などの意味があり、ここから「優良繁殖学」としての「優生学（eugenics）」や「聖餐（eucharist）」、「音調の良い(euphonious)」など「優良」を表す言葉が生まれていった。また、途中でuがvに変化して「ev-」そして「天の使い」を意味する「angelos」が組み合わさって、エヴァンゲロス

(evangelos）などの名前も形成されていった。因みに新約聖書の「福音伝道主義（evangelism)」は近東パレスチナで生まれた伝道活動をもともと指していた。それを古代ヨーロッパ世界に広めたのは、特に古代ギリシャ人の活躍によるところが大きい。「福音」とは「良い知らせ」を表す言葉ではあるが、異教徒にとっての「自然こそが善である」という教えとは大分かけ離れた、ちっとも良い知らせとは言えないものであった。この伝道活動は土着信仰を計画的に否定し、打ち壊すようにはじめから設計されていたのだ。伝道によってヨーロッパ人たちの居場所は破壊され、精神性は抑圧され、神聖な場所は奪われ、彼らの部族の歴史は遠距離から運び込まれた見知らぬ「ヨーロッパ統一主義」によって書き換えられることとなった。

先ほど記したクレタ神話の「エウローペー」だが、これに因《ちな》んでキリスト教化以前のヨーロッパに住む住人や文化を総称して「エウロパ人の（Europan)」と呼ぶのはどうだろうか。古代エウロパは、地理的に言うと北はスコットランドのシェットランド諸島とオークニー諸島から、南はイベリア半島の先端まで、西はフランスのブルターニュから、東はトルコのボスポラス海峡までを指す広大な地域である。ここに住んでいた多様な民族の総称はエウロパ人とする。この地域には地中海盆地の北縁とクレタ島、シチリア島、コルシカ島、サルデーニャ島、マルタ島、マヨルカ島、そしてもちろんギリシャの島々も含まれる。古代エウロパが存続した時期を時間枠で表すと、氷河期の終わりであった紀元前９５００年頃から、国民国家が出現し始めたポスト封建時代、つまり紀元１４００年頃までとなる。「異教徒」という言葉とともにペイガニズム自体はルネッサンスの到来まで生き残った。だが、それまでに異教徒はローマキリスト教会から徹底的に弾圧され、苦難の歴史を歩むこととなった。12世紀にはカタリ派やアルビジョワ派への弾圧。15世紀には異端審問で機械的に異端派が虐殺され、１４５０年から１７５０年の間にはヨーロッパ全土で「魔女狩り」が猛威を振るった。そうして数え切れないほどの数の命が奪われた。一番最近の例だと、１９７６年にイギリス、ハンガリー、ドイツで魔女の疑いをかけられた女性が殺害されたことも例に含まれると言える。[xxvi]

エウロパ人が経験した文化弾圧は、アメリカ大陸の先住民族が経験したことと非常に似ている。エウロパ人も、生命が地球とその資源を隔てる垣根を持っていなかったことから、自分たちが生きる地元こそが自然の楽園であると見ていた。現代の西欧人と違い、とても保守的であったことから、古代中国文明とも類比できる。ヨーロッパを旅して実際に遺跡を見て回ると分かることだが、エウロパ人たちは何世紀にもわたって自然と密接に結びつきながら生活してきた。ブドウ畑、温泉、導水橋、道路、土塁、オリーブ畑や樫の木畑、塩沼、ストーンヘンジやニューグレンジなどの巨石建造物、その中にはなんと紀元前７０００年に建設されたと思われるものまである。現代ヨーロッパにおいても、都市から少し離れた郊外に行くと、古代人が巧みに、そして愛情込めて作った遺跡を見つけることができる。このことからも分かるように、異教徒の住人たちは何世紀にもわたり広大で肥沃な大地に住み、自然の恵みを存分に受けながら環境を保護し、さらに質を向上させるため独自の努力を続けてきたのである。

新石器時代、銅器時代、青銅器時代に生きたエウロパ人たち。アメリカ先住民は侵略を受けてから400年後の19世紀までは生き残ったが、エウロパ人もそれと大差は無いと言えよう。しかし新大陸への侵略者のうち数名は、自分たちがアメリカ先住民と同じ穴の狢《むじな》であったことを完全に忘れ、相手を野蛮人だと決めつけて虐殺し、改宗させ、奴隷にしていったのである。

田舎民（異教《ペイガニズム》は未来への道標！）

古代ローマにおいて、都会とは区別された田園地域を「パグス（pagus）」と呼び、目印として境界石が置かれていた。古代エジプトではナイル河両岸の土地を、全て現代でいう県や郡に相当する「ノモス」という行政的かつ社会的地域として区別していた。それぞれのノモスにはトーテムとなる動物と、それに関する儀式が行われていた。祭司たちは住民の性分を見抜きつつ適切な儀式体系を考案、そして実施していた。ノモスには古代エジプトのエリート層による地域資源の配分管理をする目的もあった（元々アリストテレスがエジプト人に伝えた土地の測定技術が後に神聖幾何学芸術の発明の源になったという話は有名だ）。古代ギリシャでは国の境界線に「ヘルマ」と呼ばれた、恍惚の神ディオニュソスに似せて彫られたという直立柱が使われていた。柱には勃起した状態の男性生殖器を象った部分がついていた。秘教学校の教師たちはこのようにして地域住民の土着信仰、すなわち自然太母の豊穣を自らの教えに組み込むことで、地方住民の支持を得ていた。ヘルマは男性の生殖能力を崇拝する目的で作られていたのではなく、人間の性的な力の源は大地から生じているということを主張していた。

田舎の住人は「パガーニ（pagani）」と呼ばれていた。これはアレクサンドリア、アテネ、ローマなどの大都市住民を表す言葉「ウルバーニ（urbani）」と対比される言葉だが、都市部の住人の中にも「異教徒（pagan）」は当然、存在していた。口語ラテン語では「パガヌス（paganus）」という言葉で百姓や村人を指し示していたが、ここに軽蔑や侮辱的なニュアンスはなかったとされている。

パートリッジはこの言葉の語源を「根付かせる」という意味のラテン語動詞「パンゲレ（pangere）」だと考えた。つまり、田舎住民は境界標の中にいる住民と定義するのではなく、その地に深く根付いて生活する住人自身が、境界標そのものだという考えが基になっているという意見だ。パンゲレのインド・ヨーロッパ祖語における語源は「Pak-」であり、これには「契約」の意味合いがある。つまり土着民族は環境へ常に敬意を払い、土地の神との契約によって生き永らえているという思想が示唆されている。心理学者ジュリアン・ジェインズは「文明とは、住人同士がお互いを知ることがないように仕切られた町区域に住むための手法である」と皮肉を込めて述べていたが、これとは対照的に、パンゲレから派生したとされるヒッタイト語の「pankush」には、「共同体」という意味がある。xxvii このことから、同じ土地に住む住人は、皆一緒であるという「絆」が見えてくる。自然の恵みを住人たちで分け合うには、何を共有するかを明確にするための境界線が必要だ。これこそが人間社会における「共有地（コモンズ）」の肝となる概念である。

異教《ペイガニズム》は宗教というよりも、自然と敬い、自然と一つになることを目指す「生き方」であり、これから私たちが目指すべき未来の社会像の道標になってくれるかもしれない。歴史家ガース・フォウデンは次のように述べている。

「多神教徒は、自分たちの生まれ育った場所を地理的、気候的、歴史的、地域経済的にだけ定義するのに加え、その土地に根付く神々が自分たちの繁栄を支え、土地の名前の由来にさえなっていることを知っていた。神、自然、人間は一つアイデンティティを織り成しているというこの考え方では、どれも全体性の調和のために不可欠な要素であり、誰一人欠けるわけにはいかなかった」

異教徒もそうだ。彼らの文化や生命は元々、自然界に属していると考えられていた。今更〝異教徒のルーツ〟だなんて物言いは冗長なので不必要であり、要は〝土着民〟と言えば分かるはずだ。異教徒とは、ある特定の場所で神々と共に生きることで得られるその土地特有の神性を理解しようとした土着民族のことを指す。その神性とは、遠くに現れた偉い預言者でも、街の人々に崇められた聖典にも書いていない、その土地だけの神聖な知識であるとフォウデンはまとめている。xxviii

ディープエコロジーでは「まともな社会」の第一条件として、人と大地が絆を結ぶことであると定義されている。「まずは神聖な土地を選び、そこに実際に住むこと」アメリカ人ディープエコロジー運動家で作家のドロレス・ラシャペルは、パウニー族の首長タヒルサウィチから同じことを言い聞かせられていた。xxix この「土地との契約」だが、今で言う「生物地域主義《バイオリージョナリズム》」のことである。これは侵略者たちがやったような、聖なる土地を自分のものにするという意味には、当然ならない。アメリカ先住民族は自分たちがその土地に属していると主張はするが、土地が自分たちに属するとは絶対に言わない。

「異教」という宗教があるとすれば、それは自然への「畏敬の念」である。そして人と場所が共感できるような関係性こそを尊重し、住民に奨励することである。山も川も、丘も岩場も井戸も、すべてが神聖なものとして見られていた時代があった。そう上から教え込んでいたというわけではない。住人たちの経験からくる知恵であった。特定地域の住人が経験した、ある種官能的な、天啓の直接体験による教えだった。それは「他者との境目が無くなる」という神秘体験だったという。それは知能のフィルターも、教義による邪魔も介在しないような高度な領域である。古代の生態地域主義は、ヨーロッパでもアメリカ大陸でも当たり前のように信仰されていた。迷信的な愚行では全くなく、これこそ正真正銘、本物の生きたアニミズムであったと言えよう。古代ギリシャ人哲学者で秘儀参入者でもあったプルタルコスは『ソクラテスのダイモニオンについて』という著作の中で、「全生命は心を共有しており、この世に全く非合理的で無知な存在などはいない」と述べていた。xxx 人と自然の共感《エンパス》関係というのは非常に個人的で内密な、主観的な考えであることから、記録として残すことも困難であろうことは想像に難くない。ヨーロッパ人が自分たちの歴史を書き記す間、コロンブス到着以前のアメリカ大陸の先住民たちは、何も記録を残さなかった。ただ、その大地に流れる時間と深く結びつくことを求めたのだ。オーストラリアのアボリジニーも同様である。記録がないからといって歴史がないということにはならないし、人類の進化における役割がないという理屈にもならない。

人類学者ポール・シェパードは著書『自然と狂気（Nature and Madness）』の中で、「歴史や場所の関係について議論する際に直面する我々の難点とは、正史がその場面についての問題をすでに先入観として決定付けてしてしまっているということである」と述べている。[xxxi] 同じ論理は、秘教の起源を特定しようとする努力の際にも生じてくる。秘儀もまた、語られることのなかった歴史の中にいた、人と場所の間の神聖な絆から紡がれる物語であるからだ。よってどうしても歴史書を参考にしなければならなくなる。一般的に「正史」は贖罪者コンプレックスの枠組みの中に存在している。そこで語られる物語とは、いつか父なる神によって選ばれし行儀の良い者だけが領土（約束の地）の所有権を与えられ、いつか地球全体の支配権さえも分け与えられるというものだ。この信念体系では地球それ自体に特別な神聖さが与えられることがなく、物語の中で例外視されているのは、地球外からやってきた「神」を名乗る男性だけであり、この存在は自らの創造物であるとみなす自然界に支配権を主張しており、人間もまたその神に付き従うことで、いずれ支配権を授かるというシナリオである。人類は正史の呪縛によって、すでに自然界との関係性を決定されているのである。ここから我々の「アブラハム宗教（啓示宗教）」という父権制物語という共通の歴史観が生じている。物語の語り部は今日、「啓典の民」と呼ばれている者たちである。西欧文明の歴史は、この選民的で例外を許さない厳格な啓典の民によって造り出された、人工神聖物語なのである。彼らの聖典が世の台本、世論として優勢を保つ限りは、「秘法」や「密儀」と名のつくものは公然と話すことさえ憚《はばか》られる。ディープエコロジーのような学問も、その例外ではない。

自然（学者たちが言うところの「環境」のこと）を大切にすることは、私たちの生存を支える方法としては第一に数えられる、当たり前のことである。だが、これが「浅い」生態学にとってのゴールとされている限りは、それ以上のレベルにまで認識が到達することは稀である。自然界は明らかに人間の生活を支える以上の、本質的価値のある力がある。エウロパ人の多くは浅薄生態学者《シャローエコロジー》としては勤勉ではあったが、秘教学校で教え伝えられていたことに鑑みるに、深遠生態学《ディープエコロジー》にも通じていた者がいたことは明らかだ。紀元前9500年以降、北に向かって大氷床が消散していった過程で現れたエウロパの大地に流入した人類は、特に「生存術」に秀でた民族であった。紀元1500年以降、アメリカ大陸に到着したヨーロッパ人植民地主義者の白人たちは、彼らの祖先のエウロパ人と同じように生活する、領土主張をしない「原始人」をそこで発見することとなる。両者を比較観察するほど、違いよりも類似点の方が多く見つかる。それなのになぜ、侵略者は先住民に対しこのような酷い仕打ちをしたのだろうか？　それは、侵略者たちをアメリカ大陸へと駆り立てた、彼らの「信念体系」の仕業である。彼らは自らの内にある信念によって正しい判断ができなくさせられていたのだ。新世界の自然の楽園を前にしても、侵略者たちは自分たちの心の原風景が同じであることを思い出せなかった。ネイティブアメリカンたちの信念や習慣に映し出されていた、キリスト教以前の古代ヨーロッパ神話を見出すことができなかった。先住民族が大事にしていたオハイオ州の大蛇形象墳《サーペント・マウンド》やロッキー山脈の「聖なる魔法の輪《メディスン・ホイール》」を見ても、自分たちの地元にあった環状列石《ストーン・サークル》や巨石遺跡を思い出すことができなかった。xxxii それに加え知識不足もあって、移植してきたヨーロッパ人はアメリカ先住民を「理解不能のエイリアン」として、一方的に極悪非道な悪者のイメージを投影したのだ。

新世界の探検家クリストファー・コロンブスは、現在のドミニカ共和国に先住していた「タイノ族」が見知らぬ他所者にも寛大に接し、幸せを満喫する生活ぶりを自分だけのものにすることなく、誰とでも分け与えようとする姿勢に注目し、記録として書き残していた。ところがコロンブスは精神科医ヴィルヘルム・ライヒが「感情的疫病」と名付けたように、自分が疎外されたと思った人が示す病的な憤りを露わにし、不合理な暴力に訴えたのだった。コロンブスの部下は、先住民の小屋に火を放ち、彼らを生きたまま焼き殺した。この感情的疫病は、まさしく伝染病のように広がっていき、続く侵略者たちも感染していった。このような狂気と盲目の、変態的行動は、「先駆者たちが負った古傷」から生じたものであった。1542年、カトリック司祭バルトロメ・デ・ラス・カサスは、スペイン人侵略者が新大陸において犯した数々の不正行為と残虐行為についてを世間に告発した。「彼らは足が地面に触れそうなくらいの高さの絞首台を作り、救世主キリストと12人の使徒に敬意を表し、13歳までのインディオの子どもたちを生きたまま火あぶりにした」xxxiii

快楽の鎖（大地との「治癒的接触」）

ローマ文明の高等文化の多くはギリシャ文明から流用されたものだ。それには後にラテン名に改名されることになる、ギリシャの神々も含まれる。多くのラテン語用語がギリシャ語の関連語や母音の省略、誤用などから派生した。例えばラテン語の「paganus」はつまり「放牧する」や「動物の世話をする」という意味のギリシャ語の動詞「paien」と関連付けられた可能性がある。さらにギリシャ語には「paien」にとても似た動詞「paiein」があり、これは「叩く」とか「強く触れる」、それから「癒すために触れる」という意味がある。「パイアン（Paion）に捧ぐ」という歌は、「癒しの神」という意味がある音楽用語であり、ローマのアポロ神へと宛てられたとされているが、元々ギリシャ神話のアポローン神のための「paian」という讃美歌が存在していて、そこからとられたものと思われる。[xxxiv] アポローンは竪琴を弾いて野生動物たちを魅了したという伝説があり、既存の神話を併合して造り出されたものと思われる。太古の昔、シャーマンは音楽の魔法によって動物たちを招き入れ、家畜化し始めたという。こうした神話的、牧歌的な世界観は、エウロパの先史時代よりもはるかに古代の世界、ジュリアン・ジェインズが「精神考古学」と呼んだ人類精神の深淵を指し示していると言える。

エーゲ海に面するアッティカ地方に伝わるアポローン神に宛てた古風な讃美歌には「イオ、パイアン！」、「ロー、我らが癒し主よ！」という多幸感に満ちていないと発せないと思われる言葉が見られる。アポローンはヒーラーであったということで、シャーマンの原型であるとも考えられている。そして彼に宛てられたこの快楽の歌は元々牧草地、つまり偉大なる大地とそこから受け取れるあらゆる治癒力という地球の原始的な力源に向けて謳われていた。素朴な大自然の神、牧神パーンは間違いなくこの手の讃美歌《ピーアン》を捧げられていた元々の対象であったと考えられる。従って、パーン信仰はアポローン信仰に取り入れられたと考えるのは不自然ではない。アポローンには二つの顔があった。一つは古代シャーマニズムの継承者としての側面、もう一つは古代ギリシャ知識階級の残した成果である、「ギリシャ文化精神《ヘレニズム》」の守護神としての顔である。デルフォイの神託巫女の神殿で祀られていた蛇の怪物ピュートーンをアポローンが退治している姿が、当時は好んで描かれていた。

偉大なる神パーンとアポロの両者は、表裏一体の異なる世界観を表している。自然と文化、本能と知性、そしてその間の「対立」をこの二人の存在は暗示している。アポローンと音楽対決をして敗北したマルシュアースは、パーンと同じくサテュロス（半人半獣の自然の精霊）であった。マルシュアースのような不潔で無学な男が太陽神よりも音楽が上手だったという噂を受け入れられず、アポローンはすでに勝敗が決まっていた音楽勝負を持ち込み、負けたマルシュアースに生きたまま皮を剝ぐという酷い罰を与えた。この神話は、知性が人間の本能に勝る瞬間に、知性がいかに残忍になれるかを示すエピソードと言える。アポローンを除くギリシャの神々はいずれも、名前を変えてローマ神話で生き続けた。アポローンだけが「アポロ神」と名前を保ったままであったが、性格まで完全に不変であったとは言えない。

太陽神アポロは徐々に自然の豊穣の化身、欲情の塊であるサテュロスに対抗していく性格を持たされるようになっていった。大地の智慧の化身である神託の雌蛇を突っぱね、最後は「キリスト」へと同化されていった。やがてキリストは、グレコ・ローマ神話における最高神とみなされるようになる。そしてキリストは国教キリスト教の主役として「神が贖罪者として遣わした人類の救世主」の信条で、祀られるようになっていった。エウロパ人にとっては甚だ遺憾な変容と察することができる。人類種の集団的精神に多大なる後遺症を残した、精神的運命の大きな転換点の一つとなった。

アポロは、肉体とは別個の独立した力としての「知性」を表す神性である。人間の栄光は知性によって、自然界の神々を打ち負かすことで勝ち取るものだと言いたげだ。ラテン語で「ポイボス」というアポロ神の別名があるが、これは「肉体を持たない知性という太陽の輝き」を表す言葉でもある。歴史家ジェーン・ハリソンは「法と秩序、整った対称性、リズム、光、そして理性などの道徳性を一つのギリシャ語単語でまとめて表す、太陽暦を指す用語」であると説明している。xxxv 文明が勃興するに不可欠であるこれらの道徳性だが、かつてのエウロパ人なら誰しも尊重していたものであった。彼らは人間性を自然から遠ざけることをしなかったから、そうした道徳性を自然に獲得できたのだ。黄金時代（紀元前6世紀から5世紀の間）のギリシャ人知識階級はそれとは逆のことをして、キリスト教神学への道を開拓してしまったというのは、主流派の歴史家も認めているところだ。キリストとアポロの同化は、その成り行きで起きた現象だった。

アポロはサテュロスやマイナス（酒神ディオニューソスの巫女）などの理性のかけらもない快楽主義者と見なされた者たち、つまりは古代の田舎地域を旅してまわるパーン神や、そのゲイ仲間たちを嫌悪していた、性的なことに不寛容な神であった。ところで「過度の快楽主義と放蕩」という異教徒に対するステレオタイプな見方は、元々はここから来ている。ローマの風刺作家ペトロニウスが紀元50年頃に書いた小説『サテュリコン』は、都市社会における異教徒たちの実態を赤裸々に描いている。この話はフェデリコ・フェリーニ監督が原作に忠実に映画化したことで、退廃的な異教文化のミニ講座として、現代人にも浸透した。自然崇拝者たちが官能的、性的快楽を過度に愛することはペイガニズムの長所であり、短所でもあるのだが、異教徒はなにもただ乱交や遊興に現《うつつ》を抜かしていただけではない。リヨンのキリスト教司祭エイレナイオスがグノーシス主義を異端だとふれ回っていたころ、教会正門に娼婦たちが集まって、旅人を出迎えるという大胆な行動をとったことがあった。キリスト教が街を支配し、性的快楽が罪であると宣告されてから、それに抗議する娼婦たちの列は正門から街を抜けて裏門の外へ伸びるまでになっていった。[xxxvi] ヒュパティアの殺害から500年後の、紀元900年ごろには、教皇庁は「ポルノクラシー」と呼ばれる売春中毒者に支配される社会を作り出していた。セルギウス三世、ヨハネ十一世、ヨハネ十二世、ベネディクト六世などの教皇たちが行った残酷で歪んだ淫行に比べれば、田舎の異教徒の和気藹々とした乱交密儀《オージー》などはピクニックのようなものと言える。

ペイガニズムを語るにあたって不可欠な話題として、「感覚的快楽《ヘドニア》」がある。しかしこのような曖昧な心理学用語を持ち出して、異教徒たちの複雑な感性を正しく評価することなど、できるはずもない。キリスト教が見せたポルノクラシーという邪悪な欲望まみれの快楽主義とは逆に、官能的で性的な快楽へ好意を抱くことは、全く自然なことであることを、まず認めなければならない。感覚的快楽は、自然界で生きる喜びとしての自然発生的な表現である。異教徒の人生観は真の意味で感覚快楽的《ヘドニスティック》かつ唯美主義的《エステティック》な性質のものであったことに加え、大地を敬う生態学的《エコロジカル》な思想も入り混じっていた。小説家デーヴィッド・ハーバート・ローレンスがこの思想の現代への復活を願っていたように、官能的快楽があるからこそ肉体は神聖体として昇華するのである。ローレンスはこの「快楽の鎖」こそが人間の道徳性の根底をなすものであると考えた。これが人間と地球を、お互いに結びつける「気持ち良い関係性」の絆であると。ローレンスにとっても、贖罪者コンプレックスはこのような地球・身体の正しい自然感覚から逸脱してしまう思想であり、反抗する態度を示していた。彼の親友であったリチャード・アルディントンは「ローレンスの異端とも言える思想は、知性よりも感情、感覚、情熱を優先させた結果だ」と安易に述べていたが、ローレンスは知性を活用してこの思想に至ったということを見落としていたのだろう。[xxxvii]

1930年、ローレンスによる聖書論『黙示録』が出版された。その中で「ユダヤ人の考えだした宗教は、人間という生き物の持つ道徳性や神性への嫌悪感に満ちている。これはキリスト教徒の心も同様である」と書かれている。これは部外者を神として信仰するユダヤ・キリスト教徒への、グノーシス的抗議の核心でもある。地球や人間の神聖さを否定するから良くないのだということも、こうした信仰が敬虔主義運動《ハシディズム》として知られる過激派終末論カルトの遠因になっていることを、ローレンスは直感的に見抜いていたのだろう。死海文書に窺えるこの狂信的崇拝は、キリスト教の救世教義の種になった宗教である。メシアという概念、そして全世界の救済や滅亡が選ばれし民ユダヤ人にかかっているといった考えは、いつの間にか肉体的感覚を伴った人間性を重んじる異教徒教義を乗っ取ってしまった。キリスト教世界における異教徒の弾圧は1世紀から今日に至るまで続いており、異教徒についての情報は髪の毛一本ほども残さず、徹底的に破壊されていった。それはほとんどキリスト教が本能的に感じていた「分からないものへの恐怖」からくる行動であったと言えよう。xxxviii

エウロパ先住民族が受けた「心の傷」はトラウマとなって燻《くすぶ》り続け、アポロが音楽合戦で負かしたマルシュアースにした残虐行為のようなことを物理的に行う者も中には現れてきて、挙げ句の果てにはアメリカ大陸で大量虐殺を実行する者まで出てしまった。本来、異なる地にいた人類同士が交じり合う接点は、歓喜の接合点となっていたはずなのに。燻り続けるトラウマが快楽の絆を壊してしまった。このように襲いくる恐怖の念によって、古代の異教徒は自然の中にあった自分たちの居場所を奪われ、肉体の快楽、本能の宴、動物的自発性による澄んだ清らかな歓喜を得る機会を失くしてしまった。キリスト教時代の幕開けとともに古くから続いた大地との「治癒的接触」は途絶えた。その時からもう、異教徒たちは大地の声が聞こえなくなってしまったのだ。プルタルコスの神学的著作の一つ『神託の衰微について』で語られているように、「偉大なる牧神パーンは死んだ」のだ。xxxix

「パーンの死」の出来事を時系列で表してみよう。まず救済主義宗教への改宗者たちが、元々のラテン語の「paganus」の発明によりギリシャ語での元々の意味合いを改変し、自然崇拝の人生観を攻撃し始めたのが西暦150年ごろ。神学者テルトゥリアヌスなどの思想家は、グノーシス派をはじめとした「pagani」が非キリスト教徒殲滅戦における非武装戦闘員とみなし、公然と弾劾し始めた。つまり、改宗者たちは自分たちを「キリスト従軍者」と考え始め、非キリスト教徒を売国奴で国民全員の敵であるとみなしたのだ。[xl] いくら非武装戦闘員、つまり民間人と腕力は大差ないと思われていたと言っても、新たに台頭してきたカルト宗教からの弾圧はエスカレートしていくばかりであった。このままでは異教徒が危険な目に遭うことは避けられなかった。

こうして、キリスト教会の異端派壊滅作戦は、全エウロパの異教徒を巻き添えにしていく。

宗教的ナルシシズム（「地球と肉体の感覚の共感」を拒絶！）

「異教徒は神を信じなかった」と聞くと、つい「異教徒は皆、不道徳な人たちだった」と思い込んでしまうものだ。宗教がなければ道徳は存在し得ないという思い込みは、人間社会特有のものである。人間の本性と呼ばれる一面は、必ずしも全てが生得的であるとは限らない。本物の神秘体験は道徳的と呼ばれる行儀を呼び起こすものだが、道徳を「法」として規定する宗教制度や教義などは、本当の意味で道徳と呼ばれるべき生得的人間性を堕落させてしまう。人間は生来、善良な存在である。だから適切な本能に任せ、人は皆、道徳的で責任感のある生き方をすべきという信念が、オルダス・ハクスレーやC・G・ユングによって主張されている。両者とも、人類にとっては実は非常に重要なこの問題について、多くを説明した。ディープエコロジーの提唱者アルネ・ネスも、私たち人間が生来善良な性格であり、道徳の獲得は生得的であると主張している。

異教徒が大事にしていた道徳性に、「優しさ」がある（キリスト教用語では「兄弟愛」とされている）。優しさは人類種に共通する特性である。したがってわざわざ口述する必要はないとまで考えられていた。第十六代ローマ皇帝マルクス・アウレリウスは『自省録』で「自然界では自分たちの相互利益のために、理性的存在が各々の能力に応じて仲間を助け、傷つけないようにして成り立っている」と述べている。[xli] 異教徒は「自己犠牲」が美化される風潮を見て、これは自らの道徳性である「人間本来の善良さ」が自発的ではないと決めつける歪んだ教えであるとし、警戒していた。

社会で「堕落した迷信」としてありとあらゆる非難を浴びせられた異教徒だが、加害者である救済主義者たちの信条にも非難される点が全くなかったわけではない。特に自己犠牲や利他主義といった「苦しみの賛美」は、唯一傑出した非難要素であった。[xlii] 博物学者ガイウス・プリニウス・セクンドゥスや歴史家タキトゥスなどの思想家が説明したように、異教徒の唱える自己意識論は、「控えめに生きよ」という社会の同調圧力によって、極小にまで制限された。唯一制限を超えられるのは、「英雄」と呼ばれた極一部の限られた人間だけであった。しかも、そのような人物になるにも例外的な状況下でのみであった。[xliii] 世界中の先住民族と同様、異教徒も自己顕示欲や思い上がりを本能的に警戒し、何事も限度を保ってほどよくすることを良しとしていた（ユング心理学でいう「インフレーション」への警戒である）。他人のために自己を犠牲にする行為を「利他主義」として最高に美化している現代社会であるが、異教徒に言わせればただの自己中心《エゴイズム》的な行為に他ならなかった。しかもそこに「救世主があなた方人類全員のために、自らを犠牲になされた」と迫ってくるのだから、それは異教徒も当然、恐ろしいまでにグロテスクで危険な絵空事だとして警戒するというものだ。しかしこの救済論的世界観は、紀元前120年頃に始まった「魚座の時代」への移行による社会的変化がローマ帝国中に波及して行った形で、人々に受け入れられていった。新しい時代精神《ツァイトガイスト》は、あらゆる物事の優先順位を逆転させた。その中でも特に想像を絶する変化が起きたのが、「宗教」の分野であった。

紀元前4世紀以降、秘儀の伝統は衰退し、人類の集団意識の潮流の大変化となって結果に表れた。内面の合理性と自己観察能力の発達はギリシャ科学の黄金時代を生み出したとして今でこそ称賛されているが、それと同時に一般大衆の心に強烈な「自己陶酔《ナルシシズム》」の津波を引き起こしたのだ。ローマ教皇はこぞって、何かしらの手段をもって自らを神格化しようとする、ある種の強迫観念に苛まれていた。心理学者ジュリアン・ジェインズはこれを「二分心から主観的意識への移行期」に見られる不気味な症状が、社会一般人に発現したもの、と言及していた。[xliv]移行期は、紀元前600年頃に始まり、ヒュパティアの死で幕開けとなった暗黒時代の入り口までの千年間続いた。ジェインズの唱えた「二分心」とは、社会的現実と神秘体験の両方の世界へ参加するにあたり、自己意識の介入を強くしてはならないという異教の教えのことである。ところが主観的意識への移行に伴い、その二分された自己の「距離感」が強化されてゆき、結果として自己が物事を「目撃」しているという感覚の方が高まっていった。移行が進むにつれ、統一していた自己と徐々に切り離された、「傍観者」としてのスタンスに馴染んでゆき、自分の肉体が経験していることに強いエゴ的フィルターがかかるようになっていった。本当の自己から切り離された観察者としての自分は、「自分がない世界」にいつの間にか生かされている空虚な存在のことであると世間では誤解されがちだが、実際には逆に「自ら進んで」自分がそこにいない世界を選ぶ傾向があるのだ。これがナルシシズム的な奇妙な捻れである。心は肉体感覚から離れ、反比例するように自己観察モードを徹底してゆくという傾向だ。このように、旧世界の「二分心」での現実参加が終わりを告げ、今度は自分自身を自分というレンズを通して観察することにしか関心がなくなるのだ。

現代心理学で「ナルシスト」と呼ばれている人を見ると、自分がどう見えているかを病的なまでに気にする傍らで、実際に自分がどう見えているのかがまるで見えていないということに気づく。この症候群が行きすぎると、過食症や拒食症で目も当てられない悲惨な状態にまで行き着いてしまう。体重が35kgしかないのに自分が太りすぎだと信じ込んでいる少女は、鏡を見て本当に自分が太っているように錯覚をしているのだ。このように自己陶酔は、自己を一体の肉体的感覚から切り離すよう誘導し、さらに疎外感を増加させていく。放っておくと手の施しようがない状態にまで堕ちていってしまう。心理療法士でヴィルヘルム・ライヒの信奉者であったアレキサンダー・ローウェンは『引き裂かれた心と体―身体の背信』でナルシシズムの特性について次のように説明している。

ナルシシズムとは、外面と内面との齟齬から発生するものである。外面では服従しているのに内面では反抗している、あるいは外面では反抗的なのに内面では受け身である時など、内外の矛盾に起因する。服従とは、部外者、少数派、追放者など「拒絶された立場」を自ら受け入れることで発生する。そして快楽と享楽を得る権利を放棄、つまり幸福感を得る権利を放棄するということである。内なる抵抗心は、自分にとって困難な状況に挑戦するよう要求する。そして挑発的な行動へと追い込まれ、破滅の道を誘発する。xlv

　これらの要素は、自分自身をローマ社会から追放されし者と考えた「初期キリスト教改宗者」の態度に如実に表れている（今はイスラム過激派がこれと同じような反抗心を持っていることは誰の目にも明らかである）。自然崇拝のルーツから切り離され、快楽の鎖を否定し、教義を信じる限りは決して手に入らない「地球と肉体感覚の共感域」を初期キリスト教改宗者はヒステリックに拒絶した。肉体との原初的つながりを見失った彼らは、肉体からの乖離を求め始めた。そこでキリスト教の救世教義の登場というわけだ。もはや教義の信憑性よりも、自らの利己主義的な渇望を優先することで突き動かされていた。

　ヨーロッパと近東の異教徒は、初期キリスト教の宗教的ナルシシズムを奇妙な疫病とみなしていた。肉体を酷評し、肉体でこそ得られる神聖な快楽を否定する理論家の人格は、今更心理学の診察を受けるまでもなく破綻していることが分かる。プラトンの『饗宴』という中期対話篇の中では、身体と感覚を適切に維持するには「愛」が不可欠であると述べられている。ゲイル・ホークス著の『西洋文化におけるセックスと悦び（Sex and Pleasure in Western Culture)』には、次のようなことが書かれている。

　人類の持つ道徳性と不滅性との間に霊的な調和をもたらすものが、愛である。愛の体験、それは肉体と精神を結びつける絆である。この絆によって両方は保たれている。この推論が正しければ、身体的欲情は、決して社会秩序を脅かすものではない。むしろ、健全な人間性と社会秩序に不可欠な要素である。xlvi

こちらの言及、特に最後の一文については、肉体についての異教の摘要であると言えよう。条件が合えば自ずと悟ることであるので、昔から「道徳規範」として定める必要がなかったことも、ここから理解できる。しかしながら、時代が自己中心的な自己陶酔型人間への変容を遂げたことで、条件となる要素が壊滅してしまい、古代世界は姿を消してしまったのである。

兵器転用（「贖罪」と「神罰」による支配システムの構築）

「殉教者（martyr）」という言葉には実は「証人」という意味があることはご存じだろうか。自己から傍観者として自分を切り離し、感覚を通して認識するはずの現実から自分を遠ざけるという者には、まさに殉教者の名が相応しい。異教徒がキリスト教殉教者のことを恐ろしく思ったのは、人の道を外れた大義のために死ぬことを厭わなかった宗教的態度ではなく、自らを地球外の神に選ばれし者と断定し、この世の理に縛られない存在だと主張する、その過剰なエゴイズムの方であった。改宗者の世界観は、地球生命体が普遍的に存在する神を共有しているという異教の世界観とは、正反対のものであった。魚座の時代に起きたナルシシズムの台頭、全体意識から個人意識への集団的シフトによって生成された、異常なまでの利己主義。だがここまで成長するには、それだけ大きな心理的「必然性」が生じたものと思われる。それがキリスト救済主義であり、提供される魂救済プログラムは人々のその必然性を満たしてくれるように、改宗者には見えていた。しかし現実として強迫的自己中心性を治すどころか、全体の状態をさらに悪化させていったのである。

もともとギリシャ語の「見る」という意味の単語「theoria」には、これ以上の抽象的意味合いは付加されていなかった。しかしキリスト教は「目撃」を「信仰告白」という意味に捉えたのであった。[xlvii] 異教徒たちはこの「見る（theorein）」という単語を、世界観として自然界を直視するという意味で使っていた。視る対象には「人間の本性」も同様に含まれ、自然界全体に介在する「神の秩序」を目撃するという共通認識を持っていた。つまり、この世界で目撃できるもの全ては生命母体であると同時に、官能的に体感できるものであるのだ。ギリシャ語で「神」は「theos」と書くが、「theorein」はつまり「神のなせる業」と読むこともできる。

「神域を見よ、神域を見る者を自分の内側に感じよ」ヒュパティアも属していた新プラトン派秘教学校の教えの、現存する断片である。[xlviii]

古代ギリシャ人の合理主義化（ジェインズなどは紀元前600年頃に始まったと指摘する）は異教徒版の「神を見ること」に割とすぐに変化をもたらしたが、西洋意識の本格的ナルシスト化と肉体からの離脱主義、そこからの「感覚を通して感じる世界の否定」への変貌には、何世紀かかかった。人類精神の内的変化は、おそらく前脳回路の成熟とそれに伴う物事の抽象化能力の増大の結果と思われるが、しかしその変化に対応させるべく自ら開発した宗教的人工信念は、自然由来とは言えない出来だった。[xlix] ヒュパティアを殺害した男たちをはじめとする新宗教の入信者たちは、異教の掲げた二つの「人の宿命」に対して不満を持っていた。そして彼らの新宗教が、その不満を満たしてくれると信じていたのだ。よって改宗者たちは「社会的平等」を要求し、「苦しみには救済される価値がある」と説いて異教徒に反抗した。

異教徒にとって、人生は幽界的《アストラル》に決められた「天命（hiermarmene）」に沿うものであり、一人の人生には神域の法によって明確な役割が決められており、人生は誰しも平等ではなく、全ての人の役割は異なるものであると考えていた。つまり異教徒にとって人生は最初から平等でもなく、公平ではないものとして、受け入れていたのだ。同じ特権は均等に分配されてはいない。皆、持つものと持たないものがあり、その天命を変更することは人の手ではなし得ない。ただし、異教徒はどんな時でもフェアプレーを重んじていた。そして、相手が誰であっても礼節を弁《わきま》えることが大切と考えていた。これならルールを自分で決められない人間であっても、少なくとも人間性は保てる。どんな時でも人間らしさだけは失わないような、高尚な人間で常にいられるのだ。」

栄誉と誠実さ、それが異教徒の人生の鉄則だった。それはどんな状況下であっても、全ての人間が遵守すべき大原則と言えよう。その原則の下で、奴隷も貴族も、他者に敬意を払い、正直に、そして公平に生きることができた。たとえ目の前に人生を一変させられるほどの大金を積まれたとしても。異教の美徳である「寛容さ」は、ある面で社会的決定論の膠着したシステムに大きな柔軟性を与えていた。キリスト教会はこの世界観に対し、救世主を信じれば救われる、自分の役目は変えられると主張することで、膠着を打開できると考えた。そしてキリスト教は異教徒の寛容さを、反対の性質のものに置き換えたのだった。

救済主義信条第二の要求「苦しみの救済的価値」の主張は、かつてないほど異教徒の人生観に反するものであった。

異教徒のルーツはとても深い。土着本能は根強く、根絶するのは至難の業である。ヒュパティアの死後も、ヨーロッパ人は何世紀にもわたって改宗の波に抵抗したが、それが仇となって先住民抵抗勢力は教会や国家からさらに厳しい弾圧を受けた。贖罪宗教は政治にも進出していった。偽改宗者のローマ皇帝コンスタンティヌス一世は、キリスト教会の権力構造を発足し、ローマキリスト教の台頭を助長した。少人数からなる権力構造は、その他大勢の信者の受動的な合意による支持から恥ずかしげもなく搾取し続け、大衆操作を続けた。救済主義改宗者の盲目的信仰には、神の審判の日を信じる信仰を通して「正義の怒り」が吹き込まれていった。これがパレスチナ人過激運動家を焚き付けた信条である（このことについては第四章で著述する）。十字架に架けられた救世主の姿を使って、「被害者と加害者の鎖」は極限レベルにまで高められたのだった。

苦しみの救済力への信仰は、苦しみを与える制裁を信者に課すものである。異教徒の倫理観とはかけ離れた、贖罪の信仰。この教義を信仰することは古代エウロパ人にとっての自己消滅の決定的要因となった。神罰とは、大量破壊兵器への信仰なのだということがここに証明されたのだ。古代エウロパの密儀教義へと何世紀にもわたり向けられていたこの兵器は、その後、アメリカ大陸に向けられ、今では地球全体に向けられている。

第三章　ヨーロッパ征服（改宗の名の下に）

ヨーロッパ侵攻はまずローマから始まった。キリスト教化の波もまずローマの地で起き、それから周囲に向けて広がっていった。紀元前753年、古代ローマの歴史家バロの記述によればこの年がローマ建国紀元1年であるという。それから正式に最初のローマ教皇（最高神祇官）が選定された紀元200年まで、わずか千年の間の出来事であった。それから更に1世紀ほど経ち、ローマ帝国は正式に救済主義の信条を国家信条に併合することになる。その結果生まれたのが「ローマキリスト教会」である。キリスト教がローマにおける唯一、真の信仰であるとして国の制度と化したのは、325年にキリスト教が国教であると宣言したコンスタンティヌス一世（推定改宗者）であった。この新参の信条はすぐに、他者の征服や支配をするための政治思想として転用されることとなった。いや、本当は最初から政治的思想の隠れ蓑として宗教を利用するつもりだったのかもしれない。宗教史家のヤロスラフ・ペリカンは、「もしカエサルが当時生きていたら、イエス・キリストを王の中の王と認めていたかもしれない」という彼自身の宗教観による期待を吐露していた。彼の著作のうち、グノーシス派を異端として非難し始めた2世紀のキリスト教神学者テルトゥリアヌスについて触れている部分を抜粋しよう。考えさせられるがどこか引っかかることを述べている。

テルトゥリアヌスは「あのカエサルでさえも、その時生きていたらキリスト教徒になっていただろう。キリスト教徒が皇帝になれたらの話だが」と主張していた。ご覧の通り、明らかな矛盾があることを私は言っている。しかし、このようなこのような道徳的矛盾が4世紀ごろに、実現していたのだ。ローマ皇帝コンスタンティヌス一世がキリスト教に改宗、王としてイエス・キリストへの忠誠を公に宣言し、彼の軍事的、個人的紋章には十字架が採用された。矛盾が政治的現実として現れた瞬間だった。[ii]

これを述べたペリカンは、自身がキリスト教徒であることによって、この信仰の歴史的・政治的現実について盲目にさせられているのに気づいていなかった。実際には、道徳的矛盾など全くもってない。それどころかむしろ、キリストとカエサルはベストマッチな関係と言えよう。改宗と征服はお互いを引き立て合い、誰にも抵抗できないような最高の関係性を永続的に維持することができるのだ。

男女関係（「全滅神学」が暴力的に破壊）

ヨーロッパ人の新大陸支配は「改宗」の名の下に進められた。「人々を救うために人々を滅ぼす」このような考え方は「全滅神学」と呼ぶべき非常識論法の体現である。贖罪者コンプレックスは四つの構成要素がある。第四の要素である「終末論と最後の審判」には、全滅神学という病原菌の致死性を見ることができる。

キリスト教以前のエウロパ人たちは、神に対する我々人類の罪の報いとして、世界が破滅的な終わりを迎えるなどという考えは持っていなかった。信じるどころか、その概念自体が存在していなかった。少なくともそのような絶滅エンドを取り入れた神話は、イベリア人、ガリア人、イタリック人、ギリシャ人、それにスカンジナビア先住民、イギリス諸島先住民、アイルランド土着部族の民話にも、記録に残っていない。キリスト教に内在する悪性終末論は、遠い砂漠の土地にその系統を遡ることができる。元を辿っていくと、これはユダヤ人過激派の一つ、「死海のツァディーク」から派生したということが分かっている。彼らの終末論は超現世的なもので、男性のみの命題であり、偉大なる女神とその大地を信仰していた古代エウロパ人にとっては、天敵とも言える真逆の教えであった。父なる神率いる正義の戦士集団「救世軍」の思想は、元々ここから来たものである。黙示録における自然大災害は父神がその最高権力を振るった結果であり、母なる自然は何ら介在することはないと主張している。言い換えれば、最後の審判は権威主義的な男性による支配力執行というわけだ。母系文化、あるいは男女勢力の釣り合いがとれていた社会に住む先住民たちにとっては極めて異質で、さぞ威圧的な考えに映っていただろう。

「生態女性尊重主義《エコフェミニズム》」という言葉がある。フランス人社会学者フランソワーズ・ドボンヌが1974年に提唱した造語で、自然界を支配することは女性を支配することであるという考えである。彼女のこの洞察では、環境問題と男女の関係性という二つの問題を同列に扱っていた(この結びつけ自体は正しい。だがフェミニストたちは性別間の対立を煽り、背後では文化的マルクス主義化の目的のためにこの問題を非道に扱ってきたことから、なおも警戒すべしである)。神学者ローズマリー・ラドフォード・リューサーは、次のような一文で大原則を述べている。「何かを支配することで成り立たせている社会では、女性の解放も生態学的危機の解決もありえない」[iii] 歴史的観点から見ると、救済主義宗教はそもそも宗教と呼ぶべきものかどうかすら怪しい。神性について考えることを放棄し、人間の欲求不満に対する神の慈悲もなければ、何かしてくる時にも深い考えがあるわけでもない。どちらかと言えば、宗教を装った政治システムであるという方が正確だ。救済主義宗教は、他者の支配を軸にした、政治システムなのである。そんな彼らの唱える終末論は、男性の支配原理が顕著に表れた男性尊重主義的なものである。しかし彼らにとってこれが、惑星外からやってきた我々の父を名乗る存在の、存在証明であるのだ。

『急進生態心理学（Radical Ecopsychology）』を著したアンディー・フィッシャーは、次のようなことを述べている。「生態女性尊重主義者の多くは、ディープエコロジー運動でヌーディズム（自然崇拝）、性差別、人種差別、古典主義などが複雑に絡み合う性別間の問題を解決できないと考えている。また、ジェンダー分析の中心的役割を担えるとも期待していない」[iii] ヨーロッパが負った「過去の傷」について、心理史的分析が適切にされており、真実に近い考察のように聴こえる。キリスト教以前のヨーロッパ土着社会における男女関係《ジェンダーバランス》は極めて持続性に富んだ、原始生態学的なものであったが、一方で脆弱性を孕んでいた。近東で発生した男性主義的な救世主義は、ヨーロッパ先住民の道徳と文化の規範を衰退させていった。女性もまた例外ではなく、大規模改宗プログラムの渦中で熱狂的になり、今度は寝返って支配者側に立とうとするなど、女性特有の役割を果たしていった。イギリス諸島でも、ヨーロッパ大陸でも、地中海周辺も全て、新宗教は男女関係を悉く暴力的に破壊してまわった。

『聖杯と剣』を著したリーアン・アイスラーは、男性主義でも女性主義でもない、男女協調型の平和な「ギラン型（gylanic）」文化のモデルとして、ミノア文明を提示した。ギランとはギリシャ語のgyne（女性）とandros（男性）を組み合わせた造語で、男女間で均衡がとれている状態を表している。彼女はまた、「その他大勢を支配する少数エリート階級の為に作る社会」を指す用語「支配者文化《ドミネーターカルチャー》」を考案した。[liv] さらに、性別間問題の裏には、人類が自身を大地から隔離することで「性的アパルトヘイト」をしている結果、生じているとも指摘している。自然主義者D・H・ローレンスの伝記『未来の原始人（Future Primitive）』では、著者のドロレス・ラシャペルによる次のような考察がある。「より高い観点から見ると、現代社会における性の諸問題の主な原因は、人間性と自然が文明によって破壊されていることにある」[lv] ローレンスと同様、ラシャペルも地球生命体系《バイオシステム》は人間同士の生み出す性的魅力によって維持されていると考えていたのだ。よってギラン的社会においては、人間が感じる性的快楽や官能的快感は、地球への愛と畏敬の念から生まれる自然副産物であるということだ。

ミノア文明は確かにこの点で顕著であった。アイスラーが論じたように、キリスト教以前のヨーロッパには他にも男女関係のバランスがとれた数々の文化があった。マリヤ・ギンブタスが想定した古ヨーロッパ社会にもまた、適度に男女関係の均衡がとれていた社会であった。かつてヨーロッパを統一したケルト文明も、ギラン的な社会像を示していたことが分かっている。

だからといって異教徒社会の全部が全部、完璧な「男女平等主義」であったとは言えない。異教徒の知識階級であるグノーシス主義者は社会のエリート階級ではあったことは明らかではあるが、男女平等主義を守っていた。哲学者ジャック・ラカリエールは「世界中で起きた戦争も反乱も、霊的あるいは社会的解放への懇願も、全ては性の解放なしではあり得ないと大胆にも主張したのは、あるいはグノーシス主義だけだったのかもしれない」と述べている。[lvi] 社会のエリートであるグノーシス主義者たちは、厳格で儀式的な方法で彼らなりの対等な男女関係を実践していた。毎週集会を開き、各セッションのリーダーはくじ引きによって平等に決められていた。女性の指導者も当然のようにおり、いずれのメンバーも能力、カリスマ性共に、男女間に差異はなかった。秘教団《ティアソス》は基本、男女八人ずつで構成されていた。オルペウス教団が使っていたとされる発掘された雪花石膏製（アラバスター）の鉢や、ルーマニア南東部ブザウ県で発見されたピエトロアザーレ財宝の鉢も、このような密儀教団が実在したことを証明する貴重な宝物である。5世紀のエトルリアの儀式用鉢には、16のモチーフが繰り返しあしらわれているのを見ることができる。[lvi] 現存するこれら稀少な儀式用品には例外なく、秘儀参入者たちがお互いに足の裏を触る姿が描かれている。

　男女の和解こそが長らく続いた異教徒社会の平和の秘訣であった。このことは、リーアン・アイスラーが論じたギラン文化や平和なパートナーシップ文化で例示されている通りだ。アイスラーの男女均衡社会モデルを採用し、これを発展させたテレンス・マッケナは、支配者文化のことをより詳細に「階層的、父権主義的、唯物論的、男性支配的」な文化と定義し、さらには「人類の進化に不適格な文化」として非難した。lviii 協力よりも支配力の方を主張し、性別の差を利用し、自身の生まれ持った性質を否定するような社会形態は、確かに進化に不適合と言えるだろう。

ケルトの遺産(キリスト教以前の異教徒の模範)

真のケルト人は背が高く、公正な民族で、戦争好きだが器量もあり、その起源は(追跡可能な限りでは)ドナウ川の源流付近にあったと言われている。そこから中央ヨーロッパ、ガリア、スペイン、イギリス諸島へと版図を広げていった。時に侵略行為をはたらくこともあれば、平和的な融合を果たしたこともあった。ケルト人はその地域の先史時代からの住民(旧石器時代と新石器時代の先住民族、ドルメンを建てた民族や青銅細工をしていた労働者)ではない、余所者だった。自分たちの言語、芸術、伝統などを先住民に押し付けていたこともあったが、先住民を絶滅させることなどはしなかった。その過程で土着宗教も彼らの文化に取り入れられていった。そしてケルト人は社会の中で貴族階級や支配階級として定着していった。lix

キリスト教が誕生する6000年ほど前のヨーロッパには、多くの異なる土着部族があった。ケルト文化はその歴史の中で最大とも言える領土を誇っていた。ケルト文化はヨーロッパを統一し、北はアイルランドからイベリア半島を経て、東はトルコにまで達していた。紀元前276年にはガラティア人が小アジアに大規模な植民地「ガラティア王国」を建設した。新約聖書の『ガラテヤの信徒への手紙』で描かれる金髪碧眼のケルト人とは、このガラティア人のことである。外典の記述によると、洗礼者ヨハネはケルト人であるという。また、マグダラのマリアはユダヤ人ではなく、チェルケス人であったとも書かれている。マグダラのマリアが伝統的に金髪の女性として描かれるのは、これが理由なのかもしれない。

ゼウスとエウロパの神話で示唆されているように、ミノア文明は地中海文明の覇者だった。それだけ男女間のバランスが絶妙にとれていた文化だったのだ。同様に、古代ケルト人文化もそうだったと言える。キリスト教以前のヨーロッパでは全体主義的な中央権力などは存在せず、紀元前1200年まで続いた「ケルト鉄器時代」の間は、国民全員が平和を享受する一体型社会であった。ケルト人の子孫であるブルトン人の作家ジャン・マルカルは著作『ケルトの女たち（La Femme celte）』で、古代ケルト社会では女性も権力や名声を手にできるよう優遇されていたことが紹介している。ケルト人社会はまさにキリスト教以前の異教徒エウロパ人の模範

である。そしてここからが「記録に残る歴史」の始まりである。[lx]

このように、新石器時代黎明期（紀元前7000年）から青銅器時代後期（紀元前1400年頃）までのイギリス諸島を含むエウロパは、今は手がかりすら摑めない数々の未知の言語を話す、多彩な少数民族で覆われていた（バスク人はその生き残りであり、いまだに謎の多い民族である）。その中でケルト人が突出した明確な要因は不明なままだが、実際のところはおそらく、彼らが単に目立ちたがりだったからなのかもしれない。とにかく、ケルト人たちは領土をヨーロッパ全土へと拡大していき、ついには古代ヨーロッパを代表するまでに成長した。歴史家にとって最初のヨーロッパ文化といえばケルト文明が思い浮かぶようになったのだ。ケルト文明は約1500年続き、その後ローマ帝国が台頭してきた。ケルト人は地中海の境界を越えて広がっていたため、ちょうどローマ帝国に組み込まれたヨーロッパ人としては最初の民族となった。[lxi] ケルト文明は多人種社会であったことから、真の意味でヨーロッパ史上初の多民族文化圏だったとも言える。しかし、ケルト人のユニークな歴史的役割には悲劇的な側面もあった。ヨーロッパ人がアメリカ大陸に侵攻した際に行った虐殺的行為と同規模の暴力の、最初の標的にも選ばれたのもまた彼らケルト人だったのだ。

ケルト文化を統治していたのは神権政治ではなかった。神権政治は神々の子孫として支配階級が君臨することを前提とした政体だが、ケルト人は全員、自分たちのことを「女神ダーナの子孫《トゥアハ・デ・ダナーン》」だと信じていた。自分たちの文化の起源として信仰していた生命の母神は、川の女神ダナ（ダヌ）という名で呼んでいた。地理的なケルト族の起源についてはさまざまな説があるが、現代でいうスイスのアルプス山脈ドナウ川の源流近くであったのだという説が最も濃厚だ。

　ケルト人はやや暴力的テイストのある官能的な話、特に肉体美や激しい情愛物語を好む民族であったことが知られている。『トリスタンとイゾルデ』や『アーサー王物語』など、中世の劇的な恋愛物語は全てケルト文化に由来する。聖杯伝説関連の物語は全てそうだ。神話学者ジョセフ・キャンベル曰く「ケルト文化は今日のヨーロッパ西部における霊的なムーヴメントの原動力であり、拠り所となっている」ということだ。[lxii]「恋人」は人類に普遍的な原型であることから、神話にも当然よく表れるシンボルであるが、西洋のそれには大概ケルト的要素が深くまで染み込んでいる。聖杯伝説のプロトタイプは、ケルト神話の三相の女神ケリドウェンであり、吟遊詩人や占い師に自然界の秘伝を授けたという。つまり、聖杯という概念は、女神の「魔法の大釜」という表現で表された「偉大な母神の子宮」の古代概念から派生したものなのだ。これが救世主の血を受ける器という表現へと変化したのは、13世紀の詩人ロベール・ド・ボロンが聖杯物語にキリスト教的側面を入れた創作を発表したことに端を発する。

中世ドイツの叙事詩人ゴットフリート・フォン・シュトラースブルクの作品『トリスタンとイゾルデ』（1210年）は、中世最大のラブストーリーである。そして物語となる舞台の主役はケルト人であった。これと同じ物語が、中高ドイツ語（1050年頃から1350年頃の高地ドイツ語）で書かれたもの以外に、未完ではあったがフランス語、ブルトン語、ラテン語で書かれたものがあったことが知られている。当のケルト人は書き文字を持たない民族だった。その代わり、青銅器時代のネイティブアメリカンのような、倫理規定に基づく話し言葉で口伝によって伝承がされていった。異教徒には道徳性、信頼性、規約こそが社会を形作るものという共通認識があった。現在でも西アイルランドとスコットランドで使用されているゲール語と呼ばれる古言語があり、三千年前のケルト人が話していた言語に近い。ゲール語はギリシャ語と同じくらい古い言語で、最初に文字として書かれたのは紀元前1200年以降という古代言語だ。それからはキリスト教時代が来るまで文字として書き残されることは無いままであった。古代エウロパ人のアイデンティティを形成した二大言語のうち一つは生き残り、一つは文字になることなく消えていったというわけだ。

敬意と勇気（ケルトと共に弾圧されたドルイド）

ケルト人といえば儀式であるが、なにも事あるごとに堅苦しい神権儀式を執り行っていたわけではない。その地には巨石建築物を建てる先住民族の文化がかつてあったが、そこでの伝統的シャーマニズムの祭司「ドルイド」（樫の木の管理人、つまり古代英知の番人の意）による精神的講釈に従っていた。ドルイドは天文学者でありながら祭司でもあり、霊能力者でもあった。また、争いがあれば仲裁に入ったり、殺人事件があれば裁判官を担当するなど、あらゆる分野で大きな道徳的権威を持っていた。ドルイドは組織的に人間を人身御供にしていたという噂があるが、これはローマの政治家で博物学者の大プリニウス（紀元23～79年）が広めた出任せで、根拠となるエピソードも無い。ケルト社会を広く旅して回り理解を深めていった歴史家ディオン・クリュソストモス（1世紀）は、ドルイドとヒンドゥー社会のバラモンの間に見られる共通点を挙げている。「ドルイドたちは社会の監督者として、または叡智を授ける霊能力者として、卓越した才能を持つ人々であったことから、王でさえも侵害できない不可侵階級であった」[lxiii] その1世紀前にも、ローマの弁士キケロがドルイドとペルシャ系祭司階級の「マギ（魔導師）」の共通性について指摘していた。

ギリシャの哲学者・歴史家アブデラのヘカタイオス（紀元前4世紀）は、太陽神アポロを「シャーマンの神」として崇め、ストーンヘンジを建設した者たちとして、ドルイドのことを言い表していた。歴史家ヘロドトスは、ドルイド僧アバリスは「矢に乗る」ことができたと言っていたが、これはつまり魔法で空を飛び、どこへでも空中移動することができたという意味らしい。[lxiv] アポロが人類に与えたとする二つの贈り物、すなわち「矢と治癒力」は、シャーマニズムにも普遍的に関連するものである。アーサー王伝説の研究者ジェフリー・アッシュは『アヴァロンを求めて（原題 Avalonian Quest）』という著書で「ドルイドは実質的にシャーマンのことだ」と述べている。ドルイドはヨーロッパ各地で語り継がれていった秘密叡智の守護者として、古代ギリシャなどの同時期の他の文明とも知識を共有していったと考えられる。アッシュは自著の中で、ドルイドの歴史的重要性を説明するために英考古学者スチュアート・ピゴットの言葉を引用している。ピゴット曰く、「シャーマニズムは旧石器時代と中石器時代の原始宗教全体を表すほどではないにしても、重要な歴史構成要素である可能性がある。少なくとも、古代ヨーロッパの宗教伝統の母体であったとは言える」[lxv] グノーシス主義者ヒュパティアは普通、シャーマン的なことにも造詣が深い知識人であったとはみなされるが、ドルイドと「グノースティコイ」を同列扱いしてヒュパティアを評価する意見は限りなく少ない。しかしどちらも深い霊的な知識を扱う崇高で超自然的能力者として、当時の人々からは認識されていた。実際、ヒパティアが生きている時代のアレクサンドリアには、ドルイドの伝承収集と研究を専門とする学者組合があった。[lxvi] 文化的な起源がどうであれ、オカルト知識や超常現象の専門家のことはまとめて「グノーシス主義者」と呼ぶ方が古代人にとって都合が良かったのだろう。スコットランド西部のヘブリディーズ諸島から近東まで、汎ヨーロッパの各地で神秘主義伝統は多色だが同じテーマを描いたモザイク画を呈していたのだ。[lxvii]

ドルイドはヒベルニア（アイルランド）秘法の開祖であった。そのことは、ヘロドトスなどの古代作家が記述していた通りである。ドルイドは現代に伝わる文字形式ではなく、ルーン記号を使った「オガム文字」を使用していた。音楽家や聖歌師でもあり、ギリシャ人たちにあの「天球の音楽」の元となる概念を教えたのも彼らであったという可能性も捨てきれない。もしかしたらエジプトの天文学者に夜空の星々の伝承を教えたのも、実は彼らだったのかもしれない。ドルイドはケルト起源の書き文字を使わなかったが、ギリシャ語などの他エウロパ言語での読み書きや会話ができたし、それで学校教育システムの運営もしていた。ドルイド大学の教育は、ヒベルニア秘法としての女神の秘儀の一面であったと言えよう。哲学史家ディオゲネス・ラエルティオスなどが残した古代資料を読むと、ドルイドにとっての理想とは、「自然や本当の自分自身と調和して生きること」であった。その信条のため、苦痛も死もそれ自体が完全悪ではなく本質的な必然であり、悪があるとすれば、それは己の道徳心が弱体化することであると信じていた。そこまで考えが及ばない庶民へのメッセージとしては「まずは神々を敬う

こと。そして互いに悪事を行わず、行動する時は勇気をもって」であった。lxviii

アイルランド人の「異端神学者」として知られるペラギウス（354―420年）は、ヒュパティアと同時代の人物である。ペラギウスは三相女神の神話などのケルト伝説の研究者であり、地上に先祖代々伝わるこの神学的概念に基づいた「三位一体論」を定式化した人物だ。さらに彼は、人は自分の心と意志によって自分自身を救えるのであって、誰かが予め定めた神に服従することでは救済は達成できないと主張していた。言うまでもないが、ローマ教会は彼が唱えたこの教義に厳しい視線を向けた。教会は彼をドルイド哲学を復活させた重罪人であるとして非難し、異端者として糾弾した。「自由意志」も元々はケルト伝統の影響を受けた異教の教えだった。そしてペラギウスの教義は、教父アウグスティヌスの「原罪」の教義を支持する者たちから一斉批判を浴びることになった。ペラギウスの三位一体論もアレクサンドリアのキュリロス、つまりヒュパティア殺害事件の当事者が盗用し、キリスト論として知られるようになってしまった。旧世界の征服という共同テロは滞りなく進んだ。加害者を正当化どころか褒め称えるよう改竄《かいざん》された記録が、今ではすっかり正史として残されている。そんな中で、ある歴史家が次のようにコメントをしている。

現存するドルイドについて書かれた資料には、ローマ帝国によるケルト人征服とドルイド弾圧の記録だけである。紀元54年、ローマ皇帝クラウディウスは法律によってドルイド職を公式に禁止した。これがローマ帝国のやり方である。先住民を征服して吸収するには、まず知識人を排除し、文化的基盤を破壊しなければならないと考えるのだ。lxix

「知識人の殺害と弾圧」のポリシーは、言わずと知れた共産主義の得意技だ。ロシア革命を起こしたボリシェヴィキ派の行いがそれをよく示している。本書を記している2021年現在では、「グレートリセット」という超人間主義（トランスヒューマニズム）計画という形で進行中である。AIで社会の全てを運営できると本気で信じている者がいるのだ。

最初の流血（ヨーロッパにおける先住民大虐殺）

ケルト文明の黄昏時、かつて勇猛さを称えられた誇り高き戦士たちは、すでにローマ軍の傭兵として懐柔されていた。それ以前、ケルト文化は何世紀にもわたり帝国の侵略戦争の被害者になっていた。故に、この結末は「被害者と加害者の鎖」を簡潔に表す歴史であると言えよう。ケルト人戦士が武器を握ったきっかけは、自分たちの身を守るためという、ただそれだけであった。他文明を進んで侵略することはなかったし、遊牧民と呼んだ方が近い民族だった（社会心理学者エーリヒ・フロムは著書『破壊―人間性の解剖』の中で、自己防衛としての攻撃性と捕食者的な攻撃性には明確な違いがあるとし、人類はその系統的に、捕食的動物ではないと主張している）。lxx 紀元前360年、祖国が侵略されていくのを目の当たりにしたケルト人はそれに耐えかね、帝国に反旗を翻した。迫り来るローマ軍を全滅させ、一度はローマを占領したケルト人だったが、ローマ帝国にとっては忘れ難い屈辱の記録となって歴史に刻まれた。その後しばらく平和が続いたが、1世紀ほど経つとケルト人部族の一部がエトルリア人と手を組み、ローマに反抗した。再び平和は破られた。続く戦争でケルト文明崩壊は決定的なものになった。その崩壊の結末も、むしろ最初に手を出した時点で約束されたものであったと言える。しかしヨーロッパにおける最初のジェノサイドといえば、ローマ帝国によるケルト人部族連合体の瓦解と奴隷化政策であったということについては、異論はないと思われる。

カエサルの『ガリア戦記』は、現在でいうフランスに定住していた悪のケルト人「ガリア人」と勇猛に戦った帝国の正当性を誇示する内容となっている。美しい川と豊かな森の国ガリアは、肥沃な大地と豊富な資源に恵まれていた。それが征服され、ローマ帝国の領土の4分の1を占める占有地に成り果てた。

ガリア戦争は紀元前58年から51年まで続いた。それは古ヨーロッパの様相と運命を、永遠に書き換える戦争となった。カエサルはドナウ川源流に近いガリア・キサルピナに冬の陣を敷き、掃討作戦を開始した。紀元前58年から57年の冬までの間、「ベルガエ人」と呼ばれるケルト部族が皇帝カエサルを狙って準備をしているという噂が実《まこと》しやかに流れていた。そこでカエサルは遣いの部隊を2個ほどレミ族の中心地ランスに送り、部族の族長を説得して和睦を結び、味方につけようとした。相手の不審な動きにいくつかのベルガエ人が反応し、攻撃を仕掛けてきたものの、カエサルはこれを撃退した。ここからカエサル側は一気に攻勢に転じ、掃討作戦を拡大していった。カエサルは敵対する二つの部族兵、ネルウィイ族とアトゥアトゥキ族を短期間のうちに壊滅させた。この一度の戦闘で生き残ったケルト人戦闘員は6万人のうちわずか500人であった。

だが戦争はあくまで軍隊間の交戦であり、民間人の犠牲者を伴うものではなかった。ケルト人部族と一言でいっても多くの戦闘員も内包しており、これがローマ側からは「野蛮人」として忌み嫌われていた層である。その戦闘力はローマ軍と比べても全く遜色無いほどであった。特にベルガエ人は戦闘での獰猛《どうもう》さだけでなく、騎馬戦でのスキルに長けていたことで知られている。戦争は本来、民間人を巻き込むものではない。しかし、ベルガエ人の依然とした抵抗は、カエサルの戦意をいたずらに煽る結果にもなった。その時カエサルは、征服した部族のかつての領土に冬の野営地を設け、帝国の領土をイギリスの地へと伸ばすための前哨としていた。しかし征服されてもなお自らへ敵対心を抱く地元住民の居住区の真っ只中に野営地を置くという悪手に、カエサル本人もすぐに気づくことになる。どこからともなく現れたケルト人反乱軍により、カエサルの部隊が2個、全滅させられたのだ。報復としてカエサルはレヌス川（ライン川）湿地帯に潜んでいた部族を執拗に攻撃した。その時の攻撃の範囲は、一般市民にまで広がった。だがこの時の民間人への攻撃ぶりがあまりにも残忍であったため、この事件の模様がローマで報じられ一般人に知られるようになると、元老院議員のカトはカエサルを捕らえて戦犯として裁こうとした。しかしながら、結果はカエサルの勝訴に終わり、軍事的征服から大量虐殺へと変貌した戦争は、そのまま「野蛮人の殲滅戦争」として邁進を続けることになった。ベルガエ人の虐殺として始まったカエサルの闘争は、「全ガリア征服」という恐るべき大作戦への道を開くことになったのだ。

カエサルの大規模殺戮計画は、「危険人物」と評される英雄ウェルキンゲトリクスの下に団結した連合軍の蜂起で、反撃を受けた。ローマ軍はオルレアンで大敗を喫し、一時はこのままケルト人の英雄の手によりローマがガリアから追い出されるように思えた。幾度かの小競り合いの後、カエサルはガリア人連合軍の中でも最大かつ最も繁栄していた都市の一つアウァリクム（ブールジュ）にて、決戦を余儀なくされる。やがてパリから約111キロメートルほど南に位置するこの都市が、ローマ軍に包囲された。ガリア人たちの猛烈な最後の抵抗も虚しく、包囲戦の最後に要塞は陥落した。この際、数万人という規模の非武装の住民が虐殺された。この時をふり返り、カエサルは虐殺の命令を出したのは自分ではないとコメントをしている。

無抵抗の者から強奪しようとする者は我が軍にはいなかった。それどころか、オルレアンではローマ人が大虐殺されたことで皆、気が立っていた。包囲網を解くわけにはいかないし、わざわざ老人や女、子供に手を回す余力などあるはずもない。

しかしこれは疑いようもなく、ヨーロッパ史に残る最初の大規模かつ「意図的な」先住民大量虐殺である。ヨーロッパにおけるローマ帝国の侵略方針はここで決定づけられ、その後はローマ教会と結びつくことで、実質的な世界征服へと乗り出したのだ。キリスト教が台頭した時もそうだった。ローマが十字架のシンボルを掲げ、その下でエウロパの征服行為を神の意志として正当化したのと同じだ。その時の無慈悲な侵略の原型がここで示されているのがお分かりのことと思う。

ブールジュでのガリア軍の残党抵抗勢力は確かに強かったのだが、状況がカエサルに味方していたと言える。ローマとケルト人との最終決戦はそれから3年後、ディジョン近郊のブルゴーニュの丘陵地帯にあるアレシアで行われた。ウェルキンゲトリクス率いるガリア人連合軍は、丘の上にあった要塞に十分な食料を備え、無期限籠城戦を決め込んだ。一方、カエサル側は敵の指揮下にあった8万人の軍隊の周囲を囲むようにして、巨大な要塞を建設させた（要塞は遺跡として現在も残っている）。ケルト人連合軍の大量の援軍が迫ってきていることを知ったカエサルは、後方からの攻撃から身を守るため、第2陣の城壁を建設した。このローマ軍による包囲作戦は持久戦に非常に効果的で、カエサルはヴェルキンゲトリクス軍の消耗を待つことで、追い込みに成功した。文献によるとこの時ローマ軍には25万人近くの兵力があったとされ、ガリア軍への援軍も包囲網を利用して効果的に排除していったという。

アレシアの戦いでケルト人たちが敗北したのは、前回の攻城戦と同様、大きな士気の低下によるものと想像できる。丘の上の包囲網から女性や子供らが送り出された際、カエサルは彼らを2列目の城壁から先へと通さないように命じていた。包囲網の内側に取り残された無数の子供たちは、両軍の目の前で餓死に追い込まれた。カエサルはジェノサイドを劇的に演出することが征服の最高の武器になると知っていたのだろう。

秘教学伝授者の最後の生き残りであったギリシャ人著述家プルタルコスは、カエサルの侵攻の前のガリア人の人口は約300万人だったと伝えている。そのわずか8年後には100万人が死亡し、生き残ったガリア人の半分は奴隷にされ、民族根絶作戦《ジェノサイド》の犠牲者に成り果てたのだった。古代世界ではこのような大量虐殺事件は珍しくはないが（アジアにおけるアレキサンダー大王軍による殺害記録もものすごい）、ブールジュ大虐殺事件は、エウロパにおける先住民族に対する虐殺事件としては、比肩するものがない。ガリア戦争は、アメリカ入植までの歴史上では最大級の人的・社会的大惨事として評されている。lxxi

知の粛清（カエサルがアレクサンドリア王立図書館に放火⁉）

ヒュパティア殺害事件の462年前、カエサルは彼女の出身地であるアレクサンドリアで、大きな分岐点に立たされていた。イギリスとガリアを征服した後のローマ帝国の軍事的・政治的戦略の大部分は、カエサルとそのライバルであるポンペイウスの競争の結果、決定されていった。カエサルもそうだが、ポンペイウスは救済主義がヨーロッパ中に広まる土台を確立していった。紀元62年、ポンペイウスの進軍によりユダヤはローマ帝国に併合された。ローマ帝国がパレスチナの占領を開始したのは、ローマが「約束の地」に選ばれた合図でもあった。

紀元前47年、ポンペイウスがパレスチナからエジプトへと向かうと聞いたカエサルは、アレクサンドリアで生涯のライバルとの対決を余儀なくされた。決戦は王立図書館と博物館があった港で勃発した。カエサルはポンペイウス率いるエジプト艦隊をなんとか撃破し、街を占領することに成功した。ほどなくしてカエサルはクレオパトラとベッドを共にしていた。しかし突然、ファラオに忠誠を誓う勢力が叛旗を翻し、老戦士は自衛できるだけの武器もなく、一気に窮地へと追い込まれた。

その後に起きたことについてだが、証言に明らかな矛盾や不可解な点が十数以上にも及び、今も物議を醸している。カエサル本人が書いた『内乱記』の説明によると、市内から逃亡することを隠すために造船所やアレクサンドリア艦隊に火を放ったという。ここで言及されていないのが、王立図書館への放火犯である。ローマ帝国後期の歴史家アンミアヌス・マルケリヌスは、この放火犯がカエサルであったと言及している。彼が図書館に火を放った理由は、「大昔の名もなき哲人に対し、何ら敬意を持っていなかったから」であったという。小セネカ（65年没）は随筆『心の平静について』で、火災により40万の写本が燃やされたと報告しているが、これはおよそ4万冊ではないかと言われている。古代言語でいう「本」「巻物」「写本」とは、長編ではなく論文や随筆などの短めの文書を指していた。だがそれでも「4万冊」は膨大な量の文書であると言えるだろう。ナグ・ハマディ文書についても、全部で52ある作品の随筆というよりは講釈メモと言える形式の文書であり、それぞれ大体4ページから40ページ程の長さの文書であった。しかもそのうち30ほどにしか、実質的な内容がない。かつてアレクサンドリア王立図書館の広大な書架で保管され、後に消し炭となったこれら書物については、手がかりになりそうな関連資料も極少ない。

ヨーロッパ初の本格的大量粛清《ジェノサイド》の実行犯であるカエサルが、さらにはアレクサンドリア王立図書館の放火魔であったというのは、甚だ驚くべき事である。もちろん、それが故意であったかどうかを証明する手立てはない。だが少なくとも図書館そのものに火をつけるよう命じたのは、彼で間違いない。事故であったか過失であったかを当てようというのは、論点がずれている。カエサルは政治的に粛清を決行する傍らで、大規模な知的文明浄化を行なっていたと考えるのは自然な帰結といえよう。

アレクサンドリア港近くにあったこの図書館が燃えたのは一度だけではない。その後の何世紀にもわたり、火災に遭ってきた。ヒュパティアが13歳の少女であった時も、キリスト教徒の暴徒がセラペウムに火を放ったことで図書館が炎上したという。本棚の上には焼け残りの巻物が一つも残されず、文字通りの全焼であった。彼女の死後しばらく経った後も、街を占領していたアラブ人が図書館の放火を続けていた。641年、初期イスラーム共同体（ウンマ）の指導者の一人で、第二代正統カリフとなったウマル・イブン・アル＝ハッタープは、ブルキオンに残されていた書物を4000ほどあるアレクサンドリアの浴場の炉に投げ入れ、半年間で燃やし尽くしたという。lxxii

地中海沿岸に数多くあった他の図書館も同様の運命を辿ることとなった。ローマ教会が実権を握るようになると、グノーシス文書を探し出して破壊するよう、特別命令が下された。プトレマイオス二世ピラデルポスが収集した27万にも及ぶ膨大な数の文書も、命令が下ってすぐにすべて破棄された。３８０年にキリスト教の洗礼を受けたテオドシウス大帝は、３７９年から３９５年までの統治期間中に異教徒を絶滅させ、グノーシス文書を全て痕跡を残すことなく闇に葬り去ると誓いを立てるまでに、徹底した知的遺産の根絶運動を実行していた。それにより、彼個人が支持する信念体系に反するグノーシスの教えが少しでも含まれていると判断した巻物２７０００冊が、焼却処分されてしまった。[lxxiii] 念を押して再度指摘させていただくが、このような知的浄化の政策は、全部が全部カエサルの仕業ではない。カエサルの大きな仕事とは、貴重だと思われていた異教徒の書物を平気で破壊できるということを、火災によって劇的に示したことであった。後のキリスト教徒となったローマ皇帝たちは全員、カエサルを手本として各々の文明浄化政策を行なった。紀元前52年のアレシア包囲戦から紀元前47年のアレクサンドリア図書館の放火まで、わずか5年間の出来事である。こうして古代世界における異教徒の遺産の大部分は、政治粛清と知識粛清の二通りのジェノサイドによって灰塵に帰したのであった。

３８6年、ヒュパティアが16歳の時、異教徒たちがそれまで慣習で行なってきた儀式が、国の命令により非合法化された。この瞬間をもって、市民から長期にわたり親しまれてきた神殿も、悪意の暴徒に破壊されていった。西ゴート族の王アラリック一世が396年に南進しギリシャを侵略した際、エレウシスの秘儀の最後の司祭長はすでに故人となっており、秘法を伝授されていた弟子の数もわずか一握りだった。その中にはヒュパティアの教師をしていたという、新プラトン主義哲学者サルディスのエウナピオスもいたという。キリスト教改宗者の大群によって荒廃したかつての古代の智の楽園が今度は西ゴート族らに襲われるのを見て、エウナピオスは次のように書き残している。「かつての司祭長の法の下で聖なる契りを交わし合った同胞が解散してしまったと思えば、今度は不信心の邪悪な者たちがリーダーのアラリックに率いられこの街に押し寄せてきた。」lxxiv

教会側に就く歴史家たちは、自分たちの所属する組織については良いことしか書かない。反対意見であれば、いくら証言が正当性を持っていても、全て破棄するという方針を取ってきた。故に教会批判の証言にお目にかかれることなど極めて稀である。よってキリスト教徒が異教徒殺人事件の犯人であると証言する記録はほぼ見つからない。秘教学校の生徒や教師はかなりの数が殺害されていた可能性が高い。ビザンツ帝国（東ローマ帝国）の歴史家プロコピオス（562年没）の記述によると、シリアだけでも異教徒、多神教徒、異端者がユスティニアヌス1世の衒学《げんがく》的な偏見によって100万人規模で処刑していたという。lxxv このような人間業とは思えないような所業も、宇宙の彼方から来た部外者の神による「お導き」と解釈したローマ教会は、なんの報復も罰も恐れることなく、堂々と犯罪者になれた。

それから千年後のアメリカ大陸で起きた歴史の流れは、まさに過去にヨーロッパで起きた粛清ドラマの再現であった。かつての被害者であった初期キリスト教時代の異教徒ヨーロッパ人が、今度は加害者である侵略者となって、先祖が受けた傷をアメリカ大陸の先住民につけていった。lxxvi マヴォールとディックスの共著『マニトウ（Manitou: The Sacred Landscape of New England's Native Civilization）』で洞察されているように、アメリカの正史には白人たちが持ち込んだ宗教信念にはなんら誤りがないかのようにインディアン史を扱っているのである。lxxvii 一体どういう神経をしていれば、こんな恐ろしい出来事の数々を省略できるというのだろう？ヨーロッパの歴史を見てもキリスト教が異教徒に対して勝利を収めたということしか書いていないが、ここでもやはり唯一絶対の信仰などというカルト信条に改宗した白人たちの過ちについて、一切非難されることは無い。このような信仰が、大量殺戮や他文化侵略を触発し、正当化し、何世紀にもわたって持続させていたというのに。

ヒュパティアが20代の頃、ラテン語弁士リバニオスは皇帝テオドシウスに手紙を書いた。異教徒たちの集う神殿への数々の冒瀆行為に抗議するためであった。

キリスト教徒たちが田園地帯にまるで鉄砲水のように流入してきており、寺院を破壊すると同時に田園地帯の風紀そのものを乱しております。地域を守る寺院を壊すということは、その地域の守護者の目を裂き、殺し、消滅させるようなものです。寺院は田舎の生活そのものです。人々は何世代もずっと、昔ながらの方法で守られ、これまで生きてきたのです。lxxviii

このリバニウスの嘆願からは、神殿で行われる知的・精神的活動や儀式は、自然の生命力と同一のものであるという古代の価値観が読み取れる。だから異教徒にとってその読み書きと学習の中心地を破壊することは、生徒だけでなく自然そのものへの暴力行為だったのだ。「寺院を破壊する、これ即ち国そのものを破壊することである」これら神殿や学校はまさに異教文化の目や内臓器官であった。紀元400年、ヒュパティアがアレクサンドリア図書館で勤め始めた年、サルディスのエウナピウスはキリスト教徒を指して「聖地に生きる豚ども」と批判した。lxxix

カエサルの時代、キケロやカトーなどの共和制ローマの政治家は、まだ公然と皇帝を戦犯として提訴することができた。しかしカエサル以後の皇帝は皆、そのような反対意見を平然と弾圧した。そしてローマ帝国はカトリック教会と合併し、今度は戦争犯罪が救済主義運動として正当化されるようになった。人間以上の存在の権威を盾に、自分たち加害者の犯罪行為を正当化するために、宗教を利用し始めたのである。それによって新たな被害者が犯罪者として量産された。その時代の脅威となりえる者は例外なく異端者として非難されていった。いや、「異教徒」であれば誰でも良かったのだ。だからすべての異教徒はこの標的になった。救済主義という思想病原菌に侵されたヨーロッパ先住民は、自己破滅の道に足を踏み入れてしまった。そしてここから、さらに「暗黒時代」へと歩を進めていった。

遠い昔の歴史上にいた民族が、自分たちの文化を攻撃し、解体して、さらに文化的・歴史的にも自己の存在の根幹部分を消滅させている。すでに大きく変わってしまった現在の視点から、それらを想像することは容易ではないかもしれない。しかし、どのようにして「それ」が起きたのかを把握できれば、現在の地球で本当に起きていることについても見えてくるはずだ。

第四章

正義のカルト教団という歪み

このようにヨーロッパを席巻したキリスト教だが、多様性のある先住民の中から自然発生的に生まれた宗教ではなかった。新世界へ進出したヨーロッパ人植民地主義者のように、土着民族にとっては全く見知らぬ考え方であったし、同化というより押し付けの布教であった。それを知ってか知らずか、学者たちはよくキリスト教の救世主と土着宗教の神話の登場人物の共通点について語ろうとする。北欧神話の光の神バルドルや、ケルト神話の愛と美の神オェングスなど、イエス・キリストと結びつけられるのはよく見る光景だ。このような簡略化は浅慮な考え方であり、多くの人々に誤解を振りまいている。まずユダヤ・キリスト教信仰で際立つ「贖罪」という考え方だが、罪の意識という概念すらなかった先住民族たちの神話に存在していなかったのだから、自然発生するはずがない。先住民エウロパ人の精神性が高く想像力豊かな生活様式には、遠い異国の地から運ばれてきた超自然的な「我らの救い主」を崇拝するような宗教は、全く馴染みのない異質な考えであった。

油を注がれた者（異常的な症例《アノマリー》）

遠いパレスチナの地から輸入され、ヨーロッパ中に広まった「贖罪主義」は、パンデミックの如く免疫を持たぬ人々を無差別に感染させていった。「十字架神学」とも呼ばれるこの奇異なイデオロギーは、それだけ自然界には存在しないような異常環境における混合文化から生まれた、「変異型宗教」と言えるものである。ヒュパティアらグノーシス神学者が警告していた通りの異形の魔物、「逸脱《アノミア》」が誕生してしまった。ギリシャ語で「異常」を意味する単語「anomou」は、『ヨハネのアポクリュフォン』などのナグ・ハマディ文書で初出し、人間の精神に折々で発生する「普通じゃない妄想」のことを指す。学者はこの言葉を「堕落」、「不善」、「悪行」と訳すのが普通のようだが、これは博物学者の小プリニウスが救世論について解説した時に、この言葉をそう訳したことに端を発する。だが、元々の意味は文字通り「異常」、つまり自然から逸脱しておかしくなった状態を指す言葉であった。「異質」、「外来」、「変態的」などの意味もあるといえば分かりやすいだろうか。

第一章で述べたように、救世主コンプレックスは四つの要素で成り立っている。男性の創造主による世界の創造（哲学でいう「夢からは何も生じない」理論のこと）、神の計画の達成には少数の選ばれし義人が必要、創造主の息子（メシア）の運命、そして最後の裁きの四つだ。最初の構成要素「男性創造神が世界を創った」は、世界中で似たような神話が残っているものの、聖書では女性神の要素が悉《ことごと》く排除されているという点で他の創造神話とは大きく違っている。女神がいない。これだけとっても、控えめに言って「信じ難い異常性」であると分かる。女性の伴侶がいない独身の男性の唯一神にこれだけ焦点を当てた神聖な物語を、全人類に強制するとは、さぞかし膨大な努力を続ける必要があったことだろう。流石の主流学者たちもこの点については認識せざるを得ないはずである。

この四要素のうちいくつかは、悪質な男性主義的考えである「神権政治」の反復処理を行うようにできている。統治者は神に選ばれし者、あるいは神の子孫であるという、問題の定義である。紀元前3500年頃にメソポタミア地方で出現したこの概念だが、当初は儀式的な有名無実の考えとして認識されていたものが、権力者が自己中心的妄想を拗《こじ》らせた場合にのみ、文字通り国の「主義」にまで拡張される。世間が統治者の妄想に付き合わされることになった場合、占星術師、占い師、高級娼婦、道化師などが宮廷に集められ、時の権力者の好意をなんとか引いて特権を得ようとしていた。それら従者の中には今でいう「チャネリング」を専門とする「霊媒師」もいて、支配階級の霊的コンサルタントの立場にあった。神権を持った王たちだが、自分だけでは先祖と交信できなかったので、（実際に交信できていたのかはまた別問題であるとして）霊媒師が必要とされたのだった。しかし彼らの中には、せっかく自分の霊感（ラテン語で afflatus）を駆使して手にした神権的地位を手離すまいと、神権政治を支持するような架空の物語を捏造する如何《いかが》わしい者もしばしば現れた。だが王室にとっても王家の血統を維持するためにも、王権の儀式の司祭役としても、霊媒師は領土支配に不可欠な存在であった。

古代中東で神権主義はウイルスのように、地方によって独自変異を遂げながら周囲に拡大していった。どこの例を取っても実にユニークな症例を見せる。歴史の中で最初に症例として確認されるものだと、紀元前1800年頃、古代シュメール人司祭の血を引くという「アブラハム」という男性にまで時を遡ることができる。後に「アブラハム」として知られるようになったこの人物は、現在の主要救済宗教であるユダヤ教、キリスト教、イスラム教の創始者である。伝承によるとアブラハム自身は現人神《あらひとがみ》ではなかった。それにもかかわらず、世間ではこの人物がまるで神と同等のように扱われている。これこそまさに「異常《アノマリー》」、神聖物語の中心人物なのにただの人間であるという不可解な矛盾がここに露呈している。アブラハムは驢馬に乗って各地を遊歴し、定住地を持たない遊牧民ヘブル族を率いた族長だった。側近に霊媒師はいなかったようだが、アブラハム自身が霊媒師ということで、他に必要としていなかったのだろう。父なる神ヤハウェとはテレパシーで通信していたとされている。

中近東の神権主義は「王は地上における神々の代弁者」という形で伝搬していった。アブラハムという人間は神ではないが、国家と文明の守護神が地上に遣わした特派員であるというわけだ。アブラハムの子孫は後にエジプトで生活を送ることになるが、これは部族の歴史としては最重要の物語として語り継がれていくことになる。当時のエジプトでは神聖王権制が大きく発達していた。庶民はファラオを現人神と信じていた。だがファラオの血統を指導していた司祭らは庶民とは異なる見解を持っていた。ラムセスもアメンホテプスもトトメスも、祭司らが神聖王として神格化し、王に「任命」していたのである。つまり、実際のエジプト王朝の陰の指導者は、ホルス信仰やセト信仰を使って王でさえも手駒に変えていた、司祭たちであった。ハリウッド映画の製作場面のように練り上げられた精巧な儀式の主役にスターであるファラオを抜擢していたという、それだけのことであった。どこまでが演技で、どこまでが素なのか。どこまでが人と神の境界線か、それはいつの時代でも曖昧にされていることである。エジプトの場合、王は神々の体現者というよりは、神々を「演じる」ための役者として持ち上げられていたのが実情である。しかしそれは大衆にとっての分かりやすい見せ物としては、うってつけの舞台劇であった。近東では各所で見られた事象であったが、ファラオも単に人間社会における「神意の執行者」という名の、支配層エリートだった。

古代世界ではこのような神権政治家が「メシア」であった。ヘブライ語であるメシアという言葉には、「油を注がれた」という意味があり、現代では「聖別された」という意味で伝わっている。ギリシャ語の同義語は「クリストス（christos）」であるが、これも油を注がれるという意味の「christein」から派生した単語だ。油を注ぐ、聖油を塗布するという行為そのものは、もともと神性と結びつけられてはおらず、単なる世俗的な「叙任儀式」であり、神を持ち出すような大袈裟なものではなかった。そのメシアがいつの間にか神性と結びつけられ、大層な地位に持ち上げられた背景には、アブラハムの暗躍があった。メシアは人以上の存在、超人的種族であるというこの概念は、古代ヘブライ人神権主義教義の中枢であった。しかしこの逸脱的妄言は、ただの個人的妄想にとどまることはなかった。コンスタンティヌス一世は325年のニカイア公会議において、キリストに神性を与えるために人々に投票を強制した。狙いは当然、ローマ帝国の政治的意志を神権で裏付けることだ。こうすれば聖パウロ、つまりはシリアからやってきたヘレニズム系ユダヤ人宣教師でキリスト（油を注がれし者）の神性を最初に明確に主張した思想家の教義を、国家規模で支持できるというわけだ。またしても人類史に「異常」が露見した瞬間であった。あまりにも奇妙すぎる出来事である。パウロの主張は明らかに逸脱している。その時代のユダヤ人神学にも、異教徒神学にも、これと同じようなことをする者はいなかった例外中の例外とも言える異常事態である（霊感を頼りに神権政治を主張した皇帝などは、自己顕示欲に溺れただけの、魚座の時代に典型的なナルシストに過ぎない。密儀によって神格化された修行者の噂を知って、遮二無二張り合おうとした愚か者である）。

パウロ（およびヨハネ）の神学的定義だけを見ても、彼らが唱えた「人間の神性」についての真相には迫れない。釈明が甚だ不足しているからだ。しかしその答えは、パレスチナの地で発展した贖罪者コンプレックスの源流まで遡っていくことで明らかになる。

父権制が栄える前、油注ぎの儀式は「ヒエロス・ガモス（Hieros gamos）」として行われていた。この際、王は巫女との神聖な交わりによって王権を与えられていた。巫女は大いなる母神《マグナ・マーテル》に仕える女神の化身である。だから彼女ら神殿巫女は、男性主義思想の支配の格好の的となった。だがこの体制は以前から長らく確立していたこともあり、近東では男性支配の時代への移行には時間がかかった。古代エウロパの地でも、キリスト教が登場するまではずっと母権体制が維持されていた。インド・ヨーロッパ語族がエウロパを侵略し始めた紀元前４２００年頃から男性優位な時代に徐々に傾き始め、アブラハムと同時代のバビロニアの王ハンムラビの時代である紀元前１８００年頃も、神権主義に向けての長い胎動が続いていた。[lxxx] 最終的には王の任命と神権の儀式のどちらも専ら男性が担当するようになり、社会は男性による男性のための男性優位社会に変貌していった。それからさらに時間が経ち、社会的権威はもはや王に依存するものでさえなくなり、「男性優位かどうか」が重要になっていった。

ユダヤ人王（異形の神話形態、偽造史！）

旧約聖書が発祥と思われがちな「唯一神」や「男性神による宇宙創造」の神話だが、メソポタミアにも前例があることは意外と知られていない。ちなみにアブラハムの出身はこの地である。当時のメソポタミア人にとって、真摯で信頼できる社会の政治組織は、宇宙秩序を反映するものでなければならないと考えられていた。したがって、天に神が一人しかいないのならば、地上でも一人の主権者による統治がされなければならないと考えた。これと同じ方式は遠く離れた中国、ペルー、ポリネシアの古代政治形態にも当てはまった。地上の王者は常に神話に支えられていたのである。しかし、古代ヘブライ人の宗教生活にこの公式を当てはめようとすると、やはり異常性に突き当たる。他の政治体系とは違い、少しばかり独特というか、退廃的な形へと変貌していくのだ。その姿というのが、贖罪者コンプレックスの第二構成要素「創造主の計画達成のために選ばれた少数の義人」という、異形の神話形態である。この地方神話はやがて「正史」とその呼び名をも変化させていった。これは都合よく造られた「偽造史」とも正しくは呼ぶべきものであり、旧約聖書として記された彼らの歴史には、祭司たちが捏造した虚構と、歴史的事実として検証可能な事件の二つが、不均等に織り交ぜられて語られる半ファンタジー史である。サムエル記にはユダヤ人の「聖史」の中で起こった、ある重要な出来事についてが記されている。

イスラエルの長老たちが集合し、サムエルに云った。「あなたは年老いた。あなたの子はもうあなたの道を歩まない。今は他の国々のように、我々をさばく王を立ててください」（サムエル記上　第8章4－5節）

キーワードは「他の国々」である。元々これは「ゴイム」、つまりユダヤ人以外の人種を表す言葉で表されていた。聖書研究者の見解では、士師（政治的民族指導者）サムエルは紀元前1100年頃の人物とされている。アブラハムの時代から800年ほど後の世の話というわけだ。イスラエル共同体は初期の時代から、「裁判官」と呼ばれた長老議会が支配していた。要は宗教的指導者の権力が大きい父権制社会の典型だったのだが、古代近東世界に点在していた他の国々が見せていた神権政治ともまた異なっていた。少なくとも、その時までは世界ではただの神権政治体制ではない、独特な男性優位社会であった。サムエル指導の下、民衆の父神ヤハウェ信仰は次第に衰退していった。しかし「イスラエルのすべての人はダンもベエルシバも、サムエルが主の預言者と定められたことを知っていた」（サムエル記上　第3章20節）預言者サムエルの死の間際、先行きを懸念した長老たちはイスラエル近隣諸国のように神権政治家を立てるようにサムエルに求めた。これが決定打となり、ヘブライ人は「君主制」を採用することになった。宗教学者ミルチャ・エリアーデはこの空前絶後の異常事態について、次のように評している。

君主制が確立したことによって、ヤハウェとダビデ王との間に新しい契約が交わされた。まず、シナイ契約の継続が決定された。そこに外国の王権制を自国の神聖な歴史に加えることで、イスラエル神権王制主義が生まれ、そのイデオロギーは独創性に富む新アイデアであると都合良く解釈したのだ。**lxxxi**

もう一度確認だが、君主制はヘブライ人由来の制度ではない。エリアーデの言葉で強調した通り、「外来の制度」である。このヘブライ人にとっての新しいスタートが、結果的に人類全体にとっての出発点ともなった。「神聖歴史の新たな風」がもたらした結果というのは、非常に影響力のあるものではあったが、展開には相当な時間がかかった。ユダヤ人王権が発足し、変異を重ね、やがてキリスト教世界救済論になるまでには千年ほどかかった。ところで、この進展はまだ終わっていない。ユダヤ教神権主義の異常性は過去に大きな衝撃波を引き起こしたが、波は何世紀も経つ間にどんどんエスカレートしていき、ついには全世界に悪影響を及ぼしていったのだ。しかしその衝撃波が打ち消されるまでは、17世紀まで待たなくてはならなかった。そのきっかけとなった事件というのが「シャブタイ・ツヴィの背教」である。あまり知られていないが、非常に奇妙な出来事である。この事件によってサムエルの時代からユダヤ教神権が持ち続けてきた「神様コンプレックス」がここで崩壊し、瓦礫の中からさらにまた別のコンプレックスが生まれたのだった。シャブタイ派と学者には呼ばれているこの急進的救世主待望論《メシアニズム》の集団による「メシア王による世界制覇」の夢は、この時をもって完全に潰えたのである。[lxxxii]一見するとただの一部過激ユダヤ人思想が崩落した事件にだけに思えるが、奇妙なことにここから「イスラエル王権制」という旧異常性がさらに症状の悪化を見せ、しかも別の形となって復活したのである。何世紀もずっとメシアを待ち望んできた「神に選ばれし民」は、自分たちを世界で唯一の「救世勢力」と呼称するに及んだのだ。ゴイムには決して辿り着けない選民ユダヤ人の特権。それは自らに超人的地位を約束するという逸脱極まりない行為であった。

人種差別がさらにねじ曲がったような、まさに精神病的な宗教的思想であるが、ここまで変異するに相応の時間はかかった。ユダヤ人王は「神の子」という敬称で呼ばれたが、これは神が受肉した姿という意味合いではない。ではどういう意味なのか？　死海文書の研究家ゲザ・ヴェルメシュは次のように説明している。

ヘブライ語やアラム語での「神の子」という表現は、通常は比喩で用いられる。ところがギリシャ語だとキリスト教文化圏で生まれ育った「純粋なキリスト教徒」を指す言葉になる。これには新約聖書で神と同じ性質を持つ存在のことを「Son of God」と表記していることが関係している。lxxxiii

サムエル記以前のユダヤ人にとって、「人間は神性がある」という考えは想定することすら許されていなかった。なぜなら、唯一神のみを信仰するユダヤ教の基本的信条とは相容れないからだ。したがってヘブライ人は、神聖王権の在り方について常に悩まされていた。最初のユダヤ人王はサウルという名の男だったが、苦難の運命を歩んだ挙句に壮絶な最後を遂げた人物であった。重度の鬱病を患い、「エンドアの魔女」との出会いからさらに精神的に追い込まれていき、最後は自殺してしまったという。そんな彼の後継者は、あのダビデとソロモンであった。言うまでもなく、どちらもサウルよりは王としての地位を巧みに扱うことができた人物である。しかしながら、この二人の王は両方ともカナンの女神信仰（木の女神アステロト崇拝）に耽っていたことで知られてもいる。旧約聖書では、「色情魔の異教の神々に夢中になった」として、ヤハウェがイスラエル人全員に罰を与える場面がある。この異教というのは、大地を敬う土着宗教のことを指していることは明らかだ。カナンの地では特に女神アステロト信仰が元々盛んであった。

1928年、シリアのラス・シャムラにあった古代都市国家ウガリットの遺跡から古文書が発見され、現在のパレスチナ（旧称カナン）の先住民たちの生活の様子、行っていた儀式や信仰の詳細を学者たちが知るようになった。特筆すべきなのは、旧約聖書神学と儀式の源流について大幅に認識が改められることになったことだ。紀元前700年以降から旧約聖書を編纂していたヘブライ人だが、原住民カナン人の文献から幅広く自らの聖書に引用していたことが分かったのである。他にもエジプトやメソポタミアの土着信仰からも、多くの引用をしていたことも明らかになっている。ヘブライ人は約束の地がカナンであること、そしてその土地が神から与えられた土地であることを主張するために、先住民たちの文献から執拗に引用し、自らの歴史を都合よく改竄し続けてきたことが明らかになったのだ。アイデアの借用といっても範囲が明らかに異常であり、現在一般的に知られている聖書の歴史についての認識は、これを知ると完全に崩れ去ってしまう。

ウガリト人神話について調査を進めるうち、カナン人宗教に対するあまりの暴力性と堕落ぶりに衝撃を受けた神学者も多くいた。カナン人の宗教は多神教の原始形態と言えるものであり、ヘブライ人にとっては「異教徒どもの忌まわしい行為」であったのだ。ヘブライ人はパレスチナ先住民の駆逐を開始し、自らの行為を神が後押しする敬虔な聖行と考えた。もっとも、徹底されていたかというと、そうでもない。道徳的に卑劣極まりない行為を繰り返していたことはもちろん、忘れてはならないのはユダヤ教はアイデアを盗用してから元の原始宗教を破壊したことだ。それと、彼らの宗教が大きく異教の影響を受けていたということも知られるべき事実である。ヤハウェの特権は、もともとカナン土着の神バアルやエールの特権を引き継いだものである。ダニエル書の主人公ダニエルはカナン人であって、ヘブライ人ではない。ユダヤ・キリスト教伝承の正当な前身は、カナン人伝承である。lxxxiv

かといって、聖書には自らの手で犯した暴力や堕落が一切描かれず、綺麗に見せているかというと、そうでもない。旧約聖書には「ヘブライ人による異教徒の征伐」がたくさん記録されており、それだけの数の「被害者と加害者の連鎖反応」について豊富なケーススタディが提示されている。ユダヤ教の道徳、儀式、神学的概念は、カナン先住民大虐殺と同時進行で発展していった。だが土着信仰が生活に深く根付いていたゆえに、異教は簡単に払拭されることはなく、人々の記憶から完全に根絶されることがなかったのは不幸中の幸いと言えよう。しかしながら、異教は吸収されるだけでなく、ユダヤ教の発展とともに元々の形を歪められ、書き伝えられていった。アブラハムが愛する一人息子イサクを神に言われた通りに生け贄に捧げようとした逸話（イサクの燔祭）は、カナン人の習慣であった「新生児の間引き」を踏襲した逸話である。元はカナン人であるダニエルは聖書において、贖罪者コンプレックス第四の要素である

「やがてくる神の裁き」の考えを信者に浸透させるに、重要な役割を果たす人物になった。このようにカナン人の思想を起源とするアイデアからは実に多くの要素がユダヤ教に取り入れられ、その後は元々の形態とは似ても似つかないような、独自の変異を遂げていった。

二重計画（アブラハムとメルキゼデクによる壮大な陰謀）

ユダヤ人の古代史は「不明瞭」の一言であり、血生臭い出来事の連続であり、事実の把握には相当な時間と努力がかかると思っていい。そもそも聖書を真っ当に読むこと自体が難しい。また、読者自身の宗教的背景や、行間に何かの神秘性を見出そうとする無意識の働きを制御することは、至難の業である。ポール・シェパード曰く、「我々の歴史観はすでに諸問題が決定済みの正史という様式にはめられてしまっている」つまり、語るべきこと、その前提条件や舞台、ルールまでもが全ては教科書に書かれているように、あらかじめ決めているということだ。lxxxv 特に旧約聖書に記されている「神聖歴史」については、とりわけ顕著であろう。さらに良くないことに、聖書は起伏の激しい刺激的《ドラマチック》でインパクトの強い物語を語ってくるので、読者は思考停止して、誤った方向へズルズルと引きずりこまれてしまうこともあるのだ。

サムエルの時代を皮切りとして、旧約聖書の物語は「メシア王」、油を注がれし王権の在り方についてを独自解釈で弁明しようと努力するようになる。少数の義人がどのようにして父なる神からの使命に従うことができるか、全ては神の代弁者たるサムエルによって決定されることになった。さて、ここまで命題としては十分に明確ではあるものの、問うことをためらったかもしれない自然な疑問について、私はあえてここで問おうと思う。「油を注ぐ者の方が王よりも大きな権力を持っていたのでは？」油を注がれた者は、油を注いだ者の手によってのみ、王としての権力を得るはずである。これが「権威譲渡」である以上、そこには油を注がれた者よりも大きな力を持っていた者が最初にいたはずである。その大きな力とは、どのような意味で「大きな」なのか？

かつてあった「母権社会」では、女神の化身とされる巫女が性的な儀式によって次の王となる男性に油を注いでいたという。つまり、王座の背後には「巫女」の大きな力があったのだ。この塗油式のことを、「神婚の儀《ヒエロス・ガモス》」と呼ぶ。だがヘブライ式父権制が台頭し、彼らの王権システムはこの点で大幅な変更を余儀なくされる。古代ヘブライ人は、ここで前代未聞の（そもそも神権政治制は彼らにとっても輸入制度であるので今更驚くことでもないが）、秘密主義的な方法を採用した。その方法についてもイスラエル共同体の中では自然発生し得なかったので、またも外国から輸入する手段をとった。共同体の実質的支配層である長老たちは、自らの世襲司祭を王の側近に置いたのだ。それが後にベンジャミン、レビ、アーロン、コーエンなどの大祭司家系となった。サウルの不安定な神権王権も、これら世襲祭司が指導する共同体からのコンセンサスを得て、初めて形作られていた（サムエル記上 第11章15節を参照のこと）。しかしユダヤ人初の神権王は、ユダヤ人にとって恥ずべき惨めな失態を犯した。しかしその後、ダビデがソロモンへ王位を与えた時にも前代未聞のことが起きた。またしても、前代未聞の異常事態である。

ダビデ王は言った「祭司ザドクと預言者ナタンは、ソロモンに油を注ぎ、イスラエルの王としなさい。そしてラッパを吹いて『ソロモン王万歳』と言いなさい」

祭司ザドクは幕屋から油の角を取ってきて、ソロモンに油を注いだ。（列王記上 第1章34節、39節より）

祭司ザドクはベンジャミン、アーロン、レビなどの系統よりも大きな権威を持っていたことが行間から読み取れる。実際、ザドクはユダヤ・キリスト教の物語中、最も謎に包まれ、かつそのことが見落とされがちである。この司祭系統は文字通り、どこからともなく唐突に現れて最上位司祭の座に居座った。実のところ、ザドクはアブラハムよりも前から続く、「影の権力者」なのである。どうしてそんなことが分かるのか？　それは、謎に包まれたこの司教こそが、イスラエル共同体に「神に選ばれし民」の称号を与え、最初に男性有利社会を形成するように仕向けた人物であることに、疑いようがないからだ。選ばれし民族、これは神の計画を実行するに相応しい少数の義人という意味であり、贖罪者コンプレックス第二の要素でもある。よく勘違いされるのだが、ヘブライ人は父神ヤハウェが選定したのではない。選んだのは、司祭ザドクの上司であるメルキゼデクであった。「その時、サレムの王メルキゼデクは（アブラハムに）パンとぶどう酒を持ってきた。彼はいと高き神の祭司である」（創世記 第14章18節）

このアブラハムとメルキゼデクの出会いが、「選ばれし民」の壮絶な運命の幕開けとなった。キリスト教のミサで登場する「パンとぶどう酒」の原型がここに表れているのが見て取れるが、これも偶然の一致とは言えないだろう。ここから暴力的な神による最後の裁判計画はエスカレートしていく。ヘブライ人の戦士長アブラハムは、隣国のダンとホバの地を急襲し、道に迷っていた弟のロトを救出するためにダマスカスにまで出向いている（創世記 第14章12－17節）。その時代には多くの部族の中で身内争いが日常的に起きていた。だがこの時点では、内的争いは全てメルキゼデクによって神の承認が与えられていた。「彼はアブラムを祝福して言った。『願わくは天地の主なるいと高き神がアブラムを祝福されるように。願わくはあなたの敵をあなたの手に渡された、いと高き神があがめられるように』」（創世記 第14章19－20節）アブラハムの勝利を認可したのは単なる部族の神ではなく、あらゆる神々の中でも最高の神だと言っている。超越的な存在に認められることで最高の優越感を得ようとしている浅ましい贖罪者コンプレックスが顕著に表れているのがお分かりだろう。

ところでこのメルキゼデクなる人物は、一体何者なのか。物語中、どこからともなく現れてはいつの間にか消えている得体の知れない人物。だがユダヤ・キリスト教の神聖歴史の全体的流れは、この人物の出現とともに大きな変化を見せる。「サレムの王」という称号がついていることから、カナンの地に後に建国される「エルサレム」の王、もしくは「教皇」とされる人物とも推測されている。だが、手がかりになりそうな材料はそれだけだ。それ以外の出自については、何も知らされない。[lxxxvi] メルキゼデクという名前はシュメール語の「メルキ」つまり「王子」や「天の継承者」、あるいは「正義の王子」という意味である。一方、ヘブライ語で「ゼデク」はザドクの変化形でツェデック、ツァディーク、ザディクとも綴られることがあり、「義人」、「正義の人」、「誰よりも神聖な人」を意味する。義人といえば、旧約聖書では義人ダニエル、新約聖書なら義人ヤコブ（イエスの実の兄弟で、現代ではスペインの守護聖人）が思い浮かぶ。義人（ゼデク）というと普通は神への服従心に優れた人間であると考えるが、厳密には人間の持つ能力の全てを超えた、極限まで純粋で完璧な人間という意味を持つ。その「ゼデク」の名を冠する人間は、雑多な神々よりも上の位にいるヤハウェにも認められた、超越者であると解釈できる。

こうして選ばれし民イスラエル共同体が創立されたわけだが、その裏に隠されたもう一つの出来事について語らないわけにはいかない。メルキゼデクは同時期にゼデク派教団（Zaddikite）を裏で創立していた。この教団の使命は、ユダヤ人がヤハウェによって選ばれたことを上手く演出し、地球上の全ての国々の上に立つ存在としてヤハウェを祀り上げ、その計画を実行することで世界の運命を操ることである。現実味がまるでない、妄言にも聴こえる提案だが、信者にとってははっきりと明文化された誓いであった。しかし、ある聖書学者が皮肉混じりに言っていたように、「よりによってユダヤ人を選ぶなんて、神の御心は計り知れないものがある」lxxxvii と昔は私も思っていたのが、実際にユダヤ人を選んだのは彼らの神ではなく祭司メルキデゼクだったと知り、また話が変わってきた。

ユダヤ人も非ユダヤ人も、歴史上の登場人物は常に「神の召命」（自惚れとも言える）を強く意識しながら生きてきた。無数にある部族からユダヤ民族が創造主によって選ばれ、啓示を受けたので、神の規律に従い、神の計画を遂行し、人類の最高の模範生となって、やがて訪れる終末の日までその使命に忠実に生きる。言うまでもなく、これがユダヤ人の唱える民族的命題である。数多くある人類の宗教の中でも異端中の異端であるこの主張も、時間が経った今では異議を唱えようとする者は皆無だ。むしろ異議を唱えて「反シオニスト」だとか「反セム人

（ユダヤ人）主義者」とみなされることの方が怖い。だが基本に立ち返ってみると、この主張が恐ろしいほどに「反人道的」であることに再び気づけるものである。

「ユダヤ人だけが神が人類最高の模範生として選ばれた」と言ったら、人道的主張と言えるだろうか。ヒュパティアなどのグノーシス派は、当然の如くそれを反人道的として否定した。グノーシス主義者の目には、このような選民思想を支持するヘブライ人は、自分たちを特権階級に置こうと結託して、人類に対する策謀に挑んでいるようにしか映っていなかったのである。グノーシス主義者にとって、選ばれし民や救世主などという教義を使って神の最後の裁きという「人類への報復」を成功させようという企みは、壮大な欺瞞でしか無かったのだ。それは神の栄光への呼びかけなどではなく、壮大な陰謀に他ならない。

救いの歴史（神の救済者コンプレックス）

世界中にいる何十億人もの熱烈な信者にとって、聖書で語られる物語は文字通り「歴史的事実」である。古代ヘブライ人は地球上すべての民族にとっての「行動規範」をここで示した。

主はイザヤに言われた。「わたしはあなたを、もろもろの国びとの光となして、わが救

を地の果にまでいたらせよう」（イザヤ書 第49章6節より）

これはユダヤ教指導者が自分たちの使命について自らの考えを宣言したにすぎない。主観はあくまでユダヤ教徒であって、語っている物語の中で自らの部族を主役として設定付けているだけである。ゼデク派教団の掲げる目標は、この神による救済が描かれる歴史物語の「約束事」となっている。ユダヤ教という物語は元々排他的かつ局地的な民話であったが、キリスト教の台頭により今では人種関係なく全人類の大部分が受け入れてしまっている。古代の物語の一つが、長い時を経て人類普遍の物語にまで昇格したのだ。

旧・新約聖書ともに、神の救済者コンプレックスを成す四大構成要素を歴史劇という形で描き出している。創世記、原罪、性別、選民思想、地球外存在による人類史への介入、罪償い、神の裁き、天罰、救世主の復活など、救済者コンプレックスは物語の随所に如実に表れている。そしてこれが西欧文明の台本になっているのだ（これの突然変異体であるイスラム教には「堕落」というユダヤ・キリスト教概念よりさらに深い人間の闇が映し出されている。これによって多少脚本に変化はあるが、四つのコンプレックス構成要素自体は不変である）。物語に共感させてしまえばこっちのもので、あとは任意の信念を刷り込めばいいのである。その際の手段について、詳細までは問われない。人間は信念に突き動かされる。よって人類史という巨大な流れも、いかに多くの個人の人生を物語へ引き込めるかで左右されるのである。大半の信者はこの物語が史実であり、神が存在していて人類を見守ってくれている証拠と思い込んでいる。その一方で、物語は事実ではないが象徴的、寓意的に真実の歴史を説明していると考える者もいる。問題はどちらの方も、この物語が正気の沙汰ではないと考えられなくなっているということだ。

この物語を読んで、大真面目に神の真意を探そうとしたり、自分の解釈がどのくらい多くの人に支持されているかを力説することは、救いようのない馬鹿げた意味のない行為である。「神の計画」は地球外からきた存在による支配計画なのだから、初めから人間の理解力が及ばないことは自明である。だから土着の知恵とかけ離れているのであって、社会的指導法としては精神的な意味でも生存的な意味でも、人道から外れているのであり、したがって人類生来の道徳的本能に反しているのである。そんな非人間的物語が時代を経て幾千もの人々に受け入れられ、数多の心を乱暴に揺さぶり、豊かなはずの想像力をかき乱してきた。今では人類という種の心理史の中でも最上位思想の一つになっているため、誰にとっても「この物語は真実である」という強固な信念を崩すことは非常に困難なレベルに達している。しかし、考え方や信念がどうあれ、一度受け入れたことがあるからといってそれが「人類普遍の永遠の真実」と考え続けるのはいかがなものかと思う。残念なことに、この「神による救済歴史物語」については人類の大半が承諾し続けているのが事実と認めざるを得ない。それだけ多くの人間が物語を真実であると受け入れ、今も本質的洞察を妨げる作用を続けているのだから。

ユダヤ教・キリスト教の救済物語がここまで普及したのは、それが真実の物語だからというわけではなく、真実かどうかよりも大衆が隠し持った妄想パワーを助長させるからであると、グノーシス派は分析していた。したがって、その本当の理由は大衆の強迫観念にある。全体の心理に作用する力であり、ヴィルヘルム・ライヒの言葉を借りるなら「集団精神病(Massenpsychosen)」である。『ファシズムの大衆心理』という本でライヒが概説したように、神秘主義者や軍国主義者には男性権威至上主義的な性格が、その精神構造の根底にある。これはイスラム教、シオニズム、さらにイエズス会に共通する宗教的強迫観念に鑑みれば、理解できることであろう。ライヒはさらに他のあらゆる宗教には「苦しみ」を受動的に受け入れる信条があるとして、「苦しみには救済的価値がある」という不合理極まりない主張(「感情的ペスト」と呼ばれる)が社会全体に受け入れられていること、そしてそれが社会に終わりなき紛争を呼び、狂気の道へと導いている原因であると分析している。lxxxviii

ライヒのこの考察と同じことを紀元150年以降のグノーシス主義者はパレスチナ発の救済プログラムを目の当たりにしながら考えていた。人間を真性から逸脱させる、偽りの信念体系であるということは、当時から少しも変わっていない。警告を発していたのは学のある神学者や神秘主義者の男女であった。神学的概念の知識を吸収し、訓練を積むことで鋭い洞察力を身につけ、適正な判断ができるようになった者だからこそできた芸当であった。一方でエウロパ人土着民には、判断を下す際の厳しさが備わっていない者が多く、そのせいで救済主義の猛攻にただ屈することになったと言える。土着民族に知性が欠けていたわけでも、精神力が征服者に劣っていたわけでもなく、ただ単に対抗するために必要な知的防御力が欠けていたというだけの話だ。知的防御力に優れていたグノーシス主義者がいたエジプト、レバント、近東はこれら大衆妄想パワーに対する最終防衛ラインとなった。それだけグノーシス主義者たちは長い間、それこそ神の救済プログラム発足の時からずっと、間近で観察を続けていた存在であったのだ。

ゼデク派侵入（ユダヤ人とシオニストの確執は、カルト）

メルキゼデクがアブラハムを「選ばれし民」を導くリーダーに任命する儀式を行い（創世記14章）、ヤハウェに動かされる地上人代表としての役割がアブラハムに与えられたわけだが、他にも忘れてはいけないことが、この宗教が見えざる人外の存在の手によって造られた宗教であるということである。イスラエル共同体は救済カルト発祥の地であり、「ゼデク病原菌」の人種文化的受け皿であった。言い換えれば、イスラエル共同体はゼデク派教団という名の寄生虫の宿主に選ばれたのだ。１９４７年に死海のほとりで発見された巻物には、「義人」たちのこの世への憎しみに満ちた終末論が描かれていた。「ゼデク」は道徳的、形而上学的な概念であり、先に述べたように超人的完全性を表す。つまりその教団に所属するということは、人類を「離れ者」と見做しているのである。そして自らを神の意志への絶対服従者として、最高級の服従模範生とした。ただし模範生の立場と引き換えに、絶対的支配の狂気をも背負わされたのだった。

死海文書の学者の中でも強い反抗精神を見せたジョン・アレグロは「選ばれし民」思想が匂わせている正体と真意についてを感知した傑物であった。死海文書研究の結果、アレグロは「神はユダヤ人に戦争で王国を建設させたのではなく、神権的共同体を形成させたのであって、こちらが真の目的だった」と結論づけた。lxxxix もっと正確に言うと、ヘブライ人にとっての創造主がユダヤ人たちに求めたのは王国の建設だけではなく、「神聖イスラエル国家」の形成であったのだ。ヤハウェが真に所望していたのは部族王国と、その中核を担う神権特殊部隊、つまり軍事的神権エリートの、両方であった。神権エリート集団と言ってもピンからキリまでいる烏合《うごう》の衆ではなく、ゼデク派教団、つまりはユダヤ人の中でも最高の義人集団、「超エリート・ゼデク」だけが秘密結社の計画に参加することを許された。ユダヤ人史にはこの二つの思想の鬩《せめ》ぎ合いが見て取れる。すなわち、民衆のためのイスラエル王国の確立という表の思想と、超人集団として純粋性を保つために全人類から自らを隔離した少数の義人という裏の思想である。今日では同様のドラマがユダヤ人とシオニストとの間で続いているのは、言うまでもないことだ。

紀元70年、ティトゥス率いるローマ軍がエルサレムを攻略したとき、終末論を大義に掲げるカルト教団であるゼデク派教団は、ローマ軍の侵攻により壊滅させられた。その時にはユダヤ人社会全体が教団の裏からの働きによって、軍事的国粋主義《ナショナリズム》運動を支えていたため、ローマ帝国はイスラエル王国全土を叩きのめすことで、運動を根絶しようとしたのだ。帝国軍はユダヤ属州を鎮圧し、ゼデク派教団への帰属を問わず、全てのユダヤ人がその後何世紀もの間、約束の地を追われることとなる。

彼らがその地に戻ってきたのはそれから1000年以上も経った後、死海文書が発見された数ヶ月後、バルフォア宣言に署名がされ、イスラエルが建国された日であった。

第五章 メシアをめぐる狂気（ゼデク派教団の暗躍）

死界からほど近いクムラン遺跡、石造りの建造物は断崖絶壁にある。かまど、インク入れ、汚水溜め、神聖文字、飾りっ気のない死者の墓。ベツレヘムでもナザレでもなく、これがキリスト教の発祥地なのか。[xc]

クムラン洞窟はエルサレムの東約48キロメートル先の、死海を見下ろす場所に位置する。荒涼とした景色が残るこの遺跡で、１９４７年から１９５０年代後半にかけて発掘調査が行われ、それまで前例のないほど古い時代に書かれた聖書断片が次々と出土した。中には最古のイザヤ書の写本と思われるものがほぼ完全な形で見つかったり、他にもジグソーパズルのピースのようにバラバラになった切手サイズの断片の文書もあった。これらは何千もの断片を丹念につなぎ合わせなければならない作業を経て、やっとの思いで解読されていった。終わってみると、全て紀元前２５０年から紀元70年の間に書かれた文書であることが分かった。歴史としては、エルサレムがローマ軍によって破壊され、ユダヤ人の反乱に対し鬼のような弾圧が加えられていた頃にあたる。なぜユダヤ人たちが反乱を企てていたのかというと、パレスチナに自治神権的ユダヤ人国家を樹立したいという目的のためであった。彼らの拗らせた贖罪者コンプレックスの最初の二つの構成要素に基づく動機である。他にもいくつも理由は考えられるが、少なくともその政治的・軍事的な目的は、これで間違いないだろう。なにしろ終末論的報復プログラムだ。これが成就すれば、続いて贖罪者コンプレックス第三、第四の要素である救世主到来と、最後の裁きの実現に向けて、駒を進めることができる。軍事過激派思想と神秘主義の組み合わせは、考えうる最悪の組み合わせである。死海のゼデク派は、現代のテロリスト症候群の原体であったとも言える。

死海文書は羊皮にヘブライ語とアラム語、そしてギリシャ語で書かれていた。内容は非常に多岐にわたり、共同生活のルール、世界の終わりのビジョン、博学な解説、いくつもの神話、占星術（その中にはメシアについての占いも）、歴代族長の遺言、詩篇、典礼式文、法律的議論、魔術の呪文、暦などが見られた。全体としてみると資料は聖書的な性格ものと、宗派的な規律など2種類のカテゴリーに分けられる。聖書カテゴリーは全体の約4分の1を占め、後のヘブライ語聖書に含まれる内容である。だがこのクムラン版文書は、キリスト教聖書の標準へブライ語版である『マソラ本文』よりも、千年以上も古い。驚いたことにマソラ本文の内容は死海文書とも一致しているところが多く、これは歴代のユダヤ人書記者の勤勉さを証明している。だが、重要なのはそこではない。紀元前250年から紀元前100年の間にアレクサンドリアで制作されたギリシャ語の『七十人訳聖書』は、制作からさらに数世紀前に書かれたヘブライ語原本の翻訳書であるが、原典となった文書はその後失われてしまった。そしてなんと、クムラン文書はマソラ本文よりも、七十人訳聖書などのギリシャ語翻訳の方とより一致している部分が多いことが分かったのだ。聖書研究者にとって、死海文書の解析はまさに「棚から牡丹餅」であった。

クムラン遺跡の文書の残りの4分の3を占めているのは聖書とは関係のない、少数宗教団体クムラン教団専用の資料集であった。特定宗派的資料として、作者による個人的著述が多く見られるが、そこには隠し切れないほどのゼデク派的な過激思想が溢れている。宗派の憲章文書である「共同体規則」には、メンバーに求められる条件が明文化されている。「偽りの民から離れ、法律も所有物も放棄し、ゼデクの息子たちの下に団結せよ」（クムラン文書 第5章1節－3節）マイケル・ワイズとロバート・アイゼンマンは共著に「クムラン文書にはユダヤ教思想の源流とその流れ、キリスト教を生み出した特性《エートス》に関する最重要の貴重な情報が見られる。パレスチナでキリスト教が誕生した瞬間に居合わせた目撃者の手による写本なのだから、これほど貴重な証言は他にない」と書いている。xci

簡潔に述べよう。死海文書には、キリスト教の思想的基盤である、ゼデク派教団の過激思想が記されていたのだ。

クムラン教団とイエスの役柄

死海文書は書かれた時代の特定の人物や出来事については記述されておらず、そういう意味では非歴史学文献であるが、紀元前250年から紀元70年までの期間に実在した思想などが書かれたということもあり、学者にとっては混乱と遷移の多い独特な時代背景について、多くを知ることができる貴重な資料であった。特にイエスという人物について、その生涯と行動の真意について窺い知れることは、全人類にとって非常に重要な意味がある。資料の一部は暗号で書かれていた。例えば「共同体規則」など教団にとって重要な文書であれば、「義教師」、「メシア」、「邪悪祭司」、「ゼデク（ザドク）の息子」、「キッティム」、「嘘つき」など、特定人物や団体を指す言葉に暗号名が使用されている。文書は7世代から8世代にわたって教団員によって書かれていった。ゼデク派は自分たちが父なる神によって書かれた台本を忠実に演じているのだという誇りを持っていた。つまり歴史はあらかじめ父なる神によって決められた摂理なのだと信じていたのである。神の壮大な歴史ドラマの主演であるのに、その筋書きの紆余曲折は壮絶で受け入れ難いものという考えが、健常人には理解が及ばないところである。

暗号の「義教師」とは、ゼデク派教団の霊的指導者のことだ。「メシア」について、これは神の計画を実現し、イスラエル王国の建国の父となる軍事的英雄であり、イスラエル王のことを指す暗号名である。「キッティム（ローマ人の暗号名）」が「ゼデクの息子たち（ゼデク派）」によって打倒されるとき、メシアが指揮する宗教的革命軍（ゼデク派）によって建国は実現する、というのが彼らの描いた大まかなシナリオだ。これだと単純明快なストーリーに聞こえるが、障害となる敵対勢力についても当然描かれている。「嘘つき」、つまり仲間だった者の裏切り行為についてだが、文書の中で何度も描かれている。他にも「詐欺師」、「汚す者」、「あざける者」という呼称もあるようだ。義の教師は、嘘つきの虚偽を暴いて反対する役として示されていると同時に、エルサレムの神殿で「サドカイ派」の長として君臨していた「邪悪な祭司」に対抗する人物とされていた。よって義の教師はゼデク教団内では公人として最も尊敬されていた。保守的なサドカイ派さえも警戒し、運動に抵抗するほど厳格で原理主義的な、まさに「超正統派」の代表であった。

「嘘つきの男」の裏切りによりゼデク派教団の戦いは何度も敗北に終わった。聖地に神の国を創るという試みは何度も何度も失敗し、計画は遅延していった。もはや単なる地方的な小規模内部紛争の話に留まらず、メシアやゼデク派教団の勝利に終わるはずの彼らの終末論は、天の住人をも巻き込んだ宇宙的な争いにまで発展していた。その争いの中心的人物が「ナーシー（大師）」とも呼ばれる、メルキゼデクであったのだ。端的に言えば彼らの終末論における霊的な「復讐者」が、メルキゼデクなのである。xcii 神と悪魔（ベリアル）の最後の戦いは、光の子と闇の子との間の戦いとして地上で顕現する。これがユダヤ人終末論という非常識歴史における、クライマックスとなるイベントなのだ。そしてその争いの顛末が描かれているのが、クムランで発見された古文書だったということだ。

多くのコードネームが使用されているが、これが死海写本をもっと面白くさせている要素でもある。死海文書について鋭い分析成果を残したヒュー・ショーンフィールドは、これらの暗号名は歴史上のさまざまな人物を表している可能性を示して、人々の関心を呼んだ。彼の説によれば、それぞれの暗号名は特定の人物を表すのではなく、その役割を表しているのだという。xciii 1991年にバチカンが死海文書研究を弾圧していることが世間に明るみになった年の後、聖書学者ロバート・アイゼンマンが死海文書に描かれた登場人物が歴史上の人物のことであると特定するという、研究に極めて大きな一歩を残した。彼は、義の教師は「義のヤコブ」のことであり、邪悪な祭司はおそらくヤコブの不倶戴天《ふぐたいてん》の敵であったエルサレム神殿の最高法院サンヘドリンの長「大祭司アンナス」ではないかと提案したのだ。そしてメシアとは、義のヤコブの実の兄弟である「イエス」のことではないかとも提議し、神学界に異例となる大論争を巻き起こした。ゼデクの息子とは、もちろんクムラン反乱軍「ゼデク派教団」のことであり、すなわちイエスの直弟子たちのことを指していた。

クムラン教団の正体は、ローマ帝国の占領からユダヤ居住区を解放するために戦う過激派部隊だったのだ。バチカンが一般公表を恐れていたのが、この情報だ。クムラン教団はエッセネ派という名のヒッピー集団と同一ではないし、平和主義者の避難所の名前でもない。ゼデク派は現代の世におけるテロリストに匹敵するほどの狂信者であったと考えられる。その荒野の反乱軍の指導者となっていたのが、救世の英雄イエスであった。イエスは「ユダヤ人の王」としてローマ占領区から解放された後の、神権主義的なイスラエル王国に君臨する運命に選ばれたのだった。このように、アイゼンマンの聖書解読が正しかった場合、イエスは人々に愛の伝言を届ける急進的なラビだったというだけでなく、現代のパレスチナのゲリラ指導者ヤーセル・アラファートのような、政治的反逆者であったと考えられるようになる。

ユダヤ人のインティファーダ（死海文書は戦争文書）

紀元前165〜63年、パレスチナでユダヤ独立運動を指導した英雄ユダ・マカバイは、ハスモン朝の成立への道を切り開いた人物とされている。ハスモン朝は民族主義体制を確立していた王朝だったが、それは相反する意見を持った国民をまとめるための一時凌ぎであった。紀元前2世紀、イスラエル北部ガリラヤには異教徒が多く住んでいたのだが、ユダヤ人たちは異教徒たちの宗教的寛容さに多くの利点を見出していた。異教徒らはシュメール豊穣の女神イナンナ（イシュタル）とその夫の牧羊神ドゥムジを主に信仰していた。この二柱は、ユダヤ人にとってはアスタロトとヤハウェを連想させる神々であった。神話というものは、変化の流れは静かでゆっくりだが、とても奥深い。数世紀後には新たにキリスト教の救世主伝説が作られ、その頃には女神アスタロトは悪魔として完全に抑圧されており、逆にヤハウェは急速にカナン人部族の雷神の地位から、地球全体の主へと変化していた。

救済者コンプレックスに合わせて造ったヘブライ語宗教を文書化した際、ユダヤ人神職者は既定通り、異教徒とその伝統を残らず排除する方針を徹底した。しかし新約聖書の作家たちの中にはそれほど束縛されていなかった者もいたようで、後に「ユダヤ人救世主」の鋳型となった、奇跡を起こす民間教祖を描いたおとぎ話の中に異教の要素をひっそりと入れ込むことができたようだが、当然それは正真正銘、生粋のユダヤ人救世主物語という定型にはまり込むようにして製造されていった。イエスの降誕物語の台本制作時には、女神に愛されし羊飼いドゥムジ像は、脇に追いやられてしまった。

当時のパレスチナに住むユダヤ人の多くは、カナンの地での「魔女狩り」（レビ記 第15章）に勤しむ者が大多数だった。ハスモン朝時代には国民の同士討ちによる殺人事件も横行していた。紀元前141年にエルサレムが首都として宣言されると、メシア待望論の熱が異様に高まった。その反乱の群衆の先頭に立っていたのが、少数精鋭のゼデク派教団の使者であった。紀元前332年にアレキサンダー大王がこの地域を支配して以来、ユダヤ人たちは同化はできなくともヘレニズム文化の恩恵を大いに受けていた。故にパレスチナに住むユダヤ人の大部分は、次第にメシアのことなどどうでもいいと内心思うようになっていたのだが、かといって公然と教義を否定するのも憚られることであった。自分たちのことも恥ずかしげもなく「光の息子」と呼ぶような、この世への復讐心に満ちた強硬派の掲げる終末論ファンタジーに異を唱えることのリスクも、当然のことながら察していた。この運動を軍事的に支えようとする層もあり、彼らは敵である「キッティム」、すなわちローマ人を憎み、殺害することも厭わないようなゲリラ的殺人集団となった。狂信者たちの精神的指導者となっていたのが「チャシディム」、つまり「敬虔な信者」であった。クムラン教団の密儀を伝えられた第二の中核派で構成された集団である。クムラン教団の中心にはあくまでゼデク派教団という過激思想家が中枢にいた。

ゼデク派教団は数百人という規模には決して達することとしはない少数精鋭グループであった

が、それにもかかわらず大きな影響力を持っていた。ユダヤ人解放運動を裏で推進し、ユダヤ人社会に十分な圧力をかけてパレスチナの地を不安定化させ、これにより裏から帝国の完全性を揺るがしていた。この圧力は、紀元前63年にカエサルのライバルであるポンペイウスが、ユダをローマ属州として併合した時に、国民全員にとっての危機的な状況にまで発展した。マカバイ戦争から100年間続いたユダヤ独立期間は、この出来事を以って終了することとなる。この急変は民衆の絶望をエスカレートさせ、非急進的ユダヤ人に蓄積した心理的ダメージも大きくなっていった。1世紀のユダヤ人歴史家フラウィウス・ヨセフスは著書『ユダヤ戦記』の中で、戦争の当事者となったユダヤ人たちが負った心傷について、次のように述懐している。「ユダヤ人はヤハウェが自分たちを救ってくれると信じていた。それなのにヤハウェは一貫して我々の懇願を却下された。切望が大きければ大きいほど、我々が受ける苦しみも悪化した」xciv

奇妙な既視感を覚えないだろうか。神の計画は、人間の計画として実行しても絶対に成功しない。神は応えず、失敗するよう初めから運命づけられている。だから超人間主義（トランスヒューマニズム）による終末論として実現されるように、いつかは誘導されるのだ。言うまでもなく、このような思考は統合失調症患者だからこそなせる業である。全くもって見当違いな、正気の沙汰とは思えない考え方なのだ。歴史家ヒュー・ショーンフィールドは、当時の社会の異様な雰囲気を次のように描写している。

紀元前160年から我々は新しい時代へと突入した。政治的、社会的、経済的にも、ほとんどすべての出来事を通して、我々は「時代の動向」がどのような形で表れることになるのか注目するようになっていき、「終末の日」がいつになるのかを知ろうとするようになった。並々ならぬ熱狂に満ちた宗教狂の時代である。ユダヤ人などはその心理的異常性を顕著に表していた最たる例である。どんな奇妙な怪談の類にもすぐさま信憑性を見出すことができた。そしてすぐに如何わしい出鱈目な新文学でも組み立てることができた。それは道徳的訓戒でありながら、終末的な予言であり、一人の救世主が活躍するSF小説でもあった。XCV

そう、当時のユダヤ人社会全体が、心理的異常性に感染していたのだ。またしても「謎の異常性」にいつの間にか感染し、全体支配がされてしまったのである。ゼデク派教団もこうした異常性《アノミア》に感染していたのだと言えよう。それは非人間的な悪霊の類である。パレスチナのユダヤ人たちもはじめは全面的にこの侵入に抵抗した。ゼデク派教団の不穏な動きに気づくと、狂信者を捕らえ衆目に晒してから、ユダヤ属州とダマスカス近郊にあった荒野へ追放した。「賞金稼ぎ」に勤しんでいたというサウル王などは、自らの清算の目的で追放者候補を熱心に探しに出ていた。義人《ツァッディーク》ヤコブだけは、いつもエルサレム神殿に残った。ロバート・アイゼンマンが名著『イエスの兄弟ヤコブ（James, the Brother of Jesus）』で明かしているように、ヤコブはクムラン教団のゼデク派の中でも、孤高の存在として知られていた。

クムラン教団は、ユダヤ版インティファーダ（ローマのパレスチナ占領に対するユダヤ側の民衆蜂起）を主導するのは正義の自分たちであると信じ、それと同時に、政治的変化とは関係のないところの、神話的で形而上学的な目的も実現しようと企んでいた。「戦争文書」とも言い換えられることがある死海文書は、１９４７年の夏にアラブ系遊牧民ベドウィンによって発見された古文書の一部であり、描かれているのは光の子と闇の子の間の最終決戦の物語である。選ばれし者たちが数々の屈辱を伴う敗戦の連続ののちにようやく使命を果たし、最後はそれまでの行い全てが正当化されるという、極限のシナリオである。マカバイの反乱からは、たとえ敵に殺されたとしても少数の義の人々はヤハウェによって復活すること、メルキゼデクのナーシーの魔法でなんでも上手くいくといった話を、本気で皆が信じ込んでしまっている。このように、政治的反乱論と肉体の復活論が一緒くたにされており、同じ「マスタープラン」に組み込まれていた。黙示録という名の心理歴史ドラマでは、これまで直線的時間上で一方向に展開する歴史の中でのあらゆる出来事が最終的に清算される瞬間「終末の時」を迎えようとする様子が、最高潮の熱狂で描かれる。戦争文書はまるで世界の終わりの幻覚を見た者が、新兵訓練所の早口怒号の如く乱暴に書きなぐったような代物だ。急ぎ足のよく分からない不気味な儀式で仕上げた、得体の知れない物体に思えてくる。

終末待望論（「選ばれし民」を任じるゼデク派教団）

いずれにせよ、古代ヘブライ人たちは初めから神権政治を持ち上げていたわけではない。少なくとも最初の頃は異常ではなかった。時が経つにつれ、メシアの概念、贖罪者コンプレックス第三の構成要素が突然変異を起こした結果、そうなったのだ。旧約聖書の物語で語られ、一般的に知れ渡っているように、ユダヤ人は自らを「正義の人」、すなわち神の計画の実行者として、神によって選ばれた民族であると理解している。ただし、全てのイスラエルの民族が選ばれし民であるかというと、そうでもないらしい。考古学者ジョン・アレグロが指摘したように、ヘブライ人は物語創立の瞬間から二つの課題の間で板挟みになって苦しんでいる。死海宗派のそのまた中核派であるゼデク派教団は、ユダヤ人全員が父なる神の計画に従っているのではないと考えたのだ。しかも脱落者は途中で落ちたのではなく、最初から選考漏れしたと考えていたのである。

ゼデク派教団の団員は自分たちのことを「聖約《コヴェナント》」、つまり最初から最後まで神の運命を生き抜く使命を負った「選ばれし民」の、唯一の真の子孫であると信じていた。だから、たとえイスラエル王国が人間界において現実にならなかったとしても、黙示録の日が来れば神がメシアとケドシム（輝く戦車に乗り、円を囲んだ天の戦士である天使たち）を召喚して、自分たちだけを救い出して守護してくれると信じていた。

強調しておきたいのだが、「自分たちだけ」というのはゼデク派教団のことであり、ユダヤ人全員ではない。

死海宗派はおそらく最大時でも1万人に満たない程度の人数であったはず。通常時では約2000人ほどのメンバーがエルサレムの東約48キロメートルにある、死海を見下ろす要塞のような荒野の洞窟で暮らしていた。それ以外のメンバーは、ゼデク派教団（反体制派）の温床であったダマスカス近郊に住んでいた。ヒュパティアの生まれ故郷アレクサンドリアでは、ユダヤ人人口が近東に住む急進的宗派に所属する人口の総数のおよそ4倍にまで膨れ上がっており、その地域のローマ帝国の中でも、かなりの割合のユダヤ人人口を抱えていた。紀元70年にゼデク派教団の過激思想家とその手下の軍部である狂信者たちが残忍な弾圧に苦しんだことは、結果として全ユダヤ人の受難となった。だが今になって死海文書をただ読んでみても、過激派運動の真の脅威について理解が及ばないこともあるかもしれない。そこで考古学者ニール・アッシャー・シルバーマンによる良い喩え話があるので紹介しよう。

死海文書のことを思い描くのなら、現代の終末論者であるジム・ジョーンズやデビッド・コレシュなどのカルトリーダー、またはイスラム教のジハードやユダヤ過激派のカハネ主義者などを思い浮かべてみるのが手っ取り早い。まさに血で血を洗う暴力のポルノ映画である。そう考えていただいて支障はないのだ。それか、理路整然としていない神秘主義者の幻覚や、異世界への旅立の語り部など、人間として逸脱した妄想を周囲に吐き散らす虚言家と考えてもいい。世界の道理から外れ、権利を剥奪された自分たち「はみ出し者」をこそ主役にするべきだという歪んだ思想が、その終末論の中に如実に表れているのである。[xcvi]

現代では全世界が宗教的テロリズムに脅かされているのと同じように、1世紀ごろのローマ帝国はどこも狂信者がうようよしていていた。SF作家フィリップ・K・ディックもこのシンクロに気づいていたようだ。彼の作品の多くに、グノーシス派思想とユダヤ人の終末思想が対比されるように組み込まれている。彼に言わせれば、世界は紀元70年から時間が止まってしまい、以降はずっと同じ場所で立ち往生しながら、誰もが同じ台本を繰り返し演じているということだ。「帝国は終わってなかった」[xcvii]『ヴァリス』の物語では、狂った外来の神の役割をグノーシス主義で解説するという手法がとられている。

ユダヤ教の神聖歴史、それはアブラハムのカルデア（カスディム）の古代都市ウルからの追放から始まる。その後の物語は個人の話ではなくなり、「疎外され荒野に追いやられた者の精神状態」を中心に描写するユダヤ共同体の物語になる。ユダヤ人という人種的集合無意識（共同体精神）は、まず油を注がれし王を生み出し、それを何世紀にもわたり続けた。君主制という外国からの借り物である制度を導入したユダヤ人王制の王となる人物は、文字通りの意味で「メシア」と見なされた。しかし、神の計画を成就させるという共同体の希望が何度も何度も粉砕されてしまった結果、メシアの姿も変化していった。メシアはそれまで「人間の王」だったのが、窮地に立たされた民の不安定な心理を反映した、「超人的な王」へと変貌していった。その人物こそが神の使命を全うし、神による裁きを代行する救世主であると。この変化に伴い、人々は救世主のことを戦争で領土を勝ち取って民衆に分け与えてくれる英雄というよりは、「世界の終わりに神に代わって我々人類を裁きに現れる超人」と考えるようになっていったのである。

神話全体に影響したこの突然変異は、数々の失敗と絶望によって引き起こされたものだ。D・H・ローレンスはこれを「先送りされた運命の転換期」と呼んでいる。[xcviii] エーリヒ・フロムは著書『キリストの教義（*The Dogma of Christ*）』で、救世主への失望が生み出したキリスト教への影響について細かく分析している。狂信者と熱心党のシカリ派（「暗殺者」の意味で、シーカと呼ばれる短剣を隠し持った愛国主義者）ははじめ政治で自分たちの願いを実現しようとしたが挫折を繰り返し、完全な絶望から初期キリスト教徒を同じ妄想物語へと引き込んでいった。[xcix] しかし、妄想的解決法は単にローマに対するユダヤ版インティファーダが難しかったから生じたのではない。むしろ、出だしから内在していたものであった。その鍵が贖罪者コンプレックスである。彼らがやったのは、歴史的難題を最後は神が解決してくれるという妄想を、そのまま歴史的命題にしてしまうという過ちだった。死海文書はこのように、おかしな論理が現実の話として語られていたことを証明している。

イスラエルの勝利の日はいつまで待っていてもやって来なかった。だから終末を待ち望むことにした。ヘブライ語で「終末の時」を表す言葉は「アハリト・ハヤミン（*Aharit-hayyamin*）」と言うが、これはアッカド語に由来する言葉で、元々は季節の変化のような不変の周期や出来事のパターンの終わりを表す比喩であったようだ。例えば「夏が終わる」というように大まかな使われ方をしていたこの用語がヘブライ語に輸入され、そして聖書にも使われるようになってからは、意味合いも大きく変わっていった。アハリト・ハヤミンは創世記第49章1節と民数記第24章14節に出てくる。どちらも「後の日」と、もともと不特定だった時間を表す言葉が

「未来」を表す予言的な意味で使われているのがお分かりだろう。これは終末論に傾倒し始めた人々によって言葉が再解釈され、「人類史の終わり」を意味する言葉に拡大解釈されたことを示す良い例である。[c]

終末のメシア待望論は、新バビロニア王ネブカドネザル二世がエルサレムを陥落させた後、多くのユダヤ人有力者をメソポタミアのバビロニア地方に追放した出来事である、バビロン捕囚時代（紀元前５８６年～５３８年）の間に着実に高まっていった。紀元前５３８年にアケメネス朝ペルシャ皇帝キュロス二世によって解放されると、中核派はパレスチナへと戻ってソロモン神殿を再建した。そして紀元前５１６年に完成したのが、ユダヤ史における第二神殿である。第二神殿時代からは預言者が次々に現れる。イザヤ、エゼキエル、ダニエル、エリヤなどは全てこの時代に登場する人物だ。ユダヤ終末論研究の第一人者ジョン・J・コリンズは「神が決定的瞬間に現れ、人類の歴史に介入して世界を裁くという終末論は、このとき大量に現れた預言者たちが言い広めていった」と説明している。[ci] その終末論者の信者というのが、過激派の王ヨシヤ（紀元前６４０－６０９年統治）の時代にトーラー編纂を任されたラビ律法学者であった。「ヨシヤによる改革はその後の宗教的、国家的活力への道を開いたが、それを機として終末論の狂信も発展していった」[cii]

狂信は比較的小規模なイスラエル人の軍事的勝利に応じるように、ジェットコースターの如く激しく上下した。紀元前609年、ユダヤ王ヨシヤはメギドの地でエジプトのファラオであるネコ二世と軍事的に激突し、戦死した（列王記 第9章27節）。メギドは後に最終戦争「ハルマゲドン」の舞台となった。ユダヤ史は基本的に出来事の歴史的側面と神話的側面を混同しないまでも、密接に結びつけて語ってはいる。そしてヨシア王時代で高まってきた国家的自信だが、バビロン捕囚でまたもへし折られることになる。捕囚は他のどの歴史的事件よりも大きくイスラエル人の運命を変え、神の使命に対する概念をも変えてしまった。

捕囚されている間、「神の書記官」であるユダヤ人の学者やラビは、イランの予言者ゾロアスターが提唱したとされる「宇宙悪」の教義を自らの教義へ吸収するという行動をとった。紀元前538年に捕囚から解放されパレスチナに戻ったとき、彼らの思想は明らかに変化していた。イスラエルの神の子という「善」と、その他の民族である「悪」との宇宙的対決を強調するような、急進的過ぎる黙示録を提唱するようになっていたのだ。クムランで発見された戦争文書の神髄を、彼ら自身の辛い経験を通して発見してしまったとも言える。アンモニアの煙が立ちこめる場のような、息が詰まる感じ。戦争文書は、人が持ちえる限りない憎しみと執念をリアルに感じさせる。まるで目にする人全てが精神病患者と思い込んでいる狂人が、集団で軍事予行演習を行なっているのを目撃しているような気分になる。光の子と闇の子の最終戦争。

そしてこれは戦場戦術書なのだ。クムランで発見された最初の七つの文書の一つであるこの戦争文書は、1947年の11月に国連がイスラエル国家の設立を可決したまさに同時に、学者たちが特定したものである。またも世界はイスラエルをめぐる歴史の奇妙な一致の瞬間を目撃したのだった。

死海文書（予言の核心部分「4Q521」）

エノク書、ダニエル書、イザヤ書、エレミヤ書といった予言書は、発見された死海文書の中で最重要資料に数えられる。ゼデク派教団による終末論の全貌と、その起源がここで明かされている。文書ナンバー「4Q201」、預言者エノクによる『監視者《ウォッチャー》の書』は、旧約聖書から削除された歴史を持つほど影響力のある予言書である（4Q201はクムラン第4洞窟で発見された文書の201番目の断片を意味する番号）。エノク書は最後の審判や神の使いである監視者、そして堕天使に関する伝説の記述が多く載る貴重な外典である。創世記第5章では、エノクが神によって選ばれ天国に行ったと書かれているが、これは「キリストの昇天」の前に起きた昇天神話の例である。エノク書の記述と密接に関連しているのが「4Q385」。これは預言者エゼキエルが幻視した天の戦車《メルカバ》について記述がある断片だ。ゼデク派教団が追い求めていた神秘が、これである。彼らは天使が乗る戦車艦隊「ケドシム」が最後の審判の瞬間に地上に降りてきて、自分たちを救出してくれることを願っていた。旧約聖書の中のエゼキエル書第37章では、少数義人を無事に逃すとヤハウェが約束している箇所を見つけられる。

主なる神はこう言われる、わが民よ、見よ、わたしはあなたがたの墓を開き、あなたがたを墓からとりあげて、イスラエルの地にはいらせる。わが民よ、わたしがあなたがたの墓を開き、あなたがたをその墓からとりあげる時、あなたがたは、わたしが主ヤハウェであることを悟る。

ユダヤ人の反乱事件「マカバイ戦争」では、「死後昇天」の概念が兵士の戦意向上のために伝えられたが、紀元前１６８年のこの抗争が、死海文書に書かれた死後蘇生の概念をより強固にしていたと分かる。

『マカバイ記』のうち二つは実証できる歴史的資料として見られており、以前は旧約聖書にも含まれていたが、後に削除された。旧約と新約聖書の間にあったちょうど結合部であったのに、削除とは残念なことである。マカバイ叛逆戦争は、過激派や終末論的グループの扇動によってパレスチナが長く続く深刻な政治的不安に突入する、開始点となった。その過激派グループの中でも、最も冷酷で極悪非道だったのがゼデク派教団である。社会的・宗教的不安は１３４年間（およそ5世代に相当する時間）エスカレートし続け、紀元前66年の反乱で頂点に達した。その4年後、エルサレムは大規模破壊に遭い、最後は完全崩壊した。紀元86年、死海南西にあるマサダで、女性と子供を含む約1000人の信者が、ローマ軍の第十師団15000人を相手に籠城戦を2年間にわたって持ち堪え、狂信は再び燃え上がった。そして紀元132年、メシアを自称するバル・コクバ（星の子の意味）が現れ、「ヤコブから一つの星が出る」という予言に影響を受けたクムラン教団を刺激し、計画して起こした第二次ユダヤ戦争で、彼はついに最高指導者《ナーシー》に任命された。その時の再解放の熱狂ぶりは、想像に難くない。バル・コクバはゼデク派教団の一族では最後となる「軍事系メシア」であった。

ユダヤ人反乱戦争は実質、テロリストによるゲリラ戦であった。兵士たちが自分たちの死後、ヤハウェによって墓から救い出されるという話を心の底から信じ切っていたのかは分からない。しかし、一般のユダヤ人にとって肉体の復活は単なる神話の域を出ない、俄には信じがたい話であった。だが、ゼデク派教団にとっては、それは秘奥義となる教えであった。死海文書断片ナンバー「4Q521」には「主が負傷者を治療し、死者を生き返らせる」と書かれているのが確認できる。これは通称「救世主黙示録」であり、ローマの軍に歯向かい暴力的に圧殺された兵士たちが僅かな死後の希望としていた「玉砕方程式」である。

肉体の蘇生、そして天国への移送は、多くの現代キリスト教原理主義者やモルモン教徒が支持する信念である。いわゆる「携挙《ラプチャー》」の終末思想だ（イスラム教にも戦死すれば即座に天国に行けるという聖戦《ジハード》の信念があるが、同じ信念が形を変えただけに過ぎない）。何も知らない信者は、キリスト教はユダヤ教という異常な宗教が進化して生まれた「正常な」宗教だと考えているが、厚顔無恥の極みと言える。そんな考えは事実とは程遠い。アメリカには熱心な原理主義者が多く存在するが、自分たちが抱く淡い携挙への期待感の起源が、武装立て籠もりに集団自殺事件の合わせ技となったテキサス州ウェーコのブランチ・ダヴィディアン教団のような、全人類への怒りに満ちたカルト狂信者の執着と大差ないことを知って、驚くのではないだろうか。

いや、どうだろう。かえって喜ぶかもしれない。

現代のキリスト教原理主義の中心となる教えは、元を辿れば死海のゼデク派教団に由来するのであって、全てユダヤ教に由来するわけではない。生きていた時と全く同じ肉体でこの世に復活するという教義（輪廻転生とは対照的な考え）や、天国への引き揚げ、父なる神の人類史への介入、審判の日での宇宙悪との最終決戦、そして神罰、これらすべての信仰には、その源流として「超人」の世界観を重んじるゼデク派教団がいるのである。メルキゼデクが率いたという正義のカルト教団は、戦争と神秘の二要素を深く結びつけ、大量破壊兵器のような考え方をこの世に造り出してしまった。ゼデク派教団はローマ帝国軍に対抗し、ユダヤ人社会全体を道連れに自滅していったが、元となるその計画自体は現代にも生き延びている。ローマキリスト教に宿主を変えて。かつての信念体系では敵だった存在が、現代人の一般信念体系そのものになってしまった。

これが権力の輸送手段としての「被害者と加害者の鎖」の真髄である。

第六章　転移する異常性（救済コンプレックス）

エルサレム崩壊から1世紀もたたないうちに、パレスチナ発の救済コンプレックスはローマからエウロパ全体へと拡散されていった。異教徒たちに上手く福音伝道をしていくためにも、人畜無害な「穏やかで神に従順なイエス」の建前イメージの後ろに、ゼデク派教団の持つ筋金入りの戦闘的イメージを隠していた。パレスチナの地を数世紀にわたり揺さぶり続けてきた救世主待望の狂気は、古ヨーロッパの先住民精神とは相容れないものであった。いきなり遠くの砂漠の砂の上にポッと現れた得体の知れない信仰に出会ったのだから、当然の反応と言える。布教者は新しい土地に馴染むためにも、自らの信仰形態を変えて順応させる必要が出てきた。特に贖罪者コンプレックス第三構成要素である「少数の選ばれし義の人だけが、父なる神に救われる」という教義に変化が求められていた。

運命の12人（時代を超えた救世主コンプレックス）

紀元前120年頃から始まった「魚座の時代」の夜明け、古代世界で起こった救世主待望論の熱気は学者が言うような生やさしいものではない。これは奴隷の地位に落とされた者たちが求めた「奴隷解放論」であり、そこに救済教義のエッセンスが加わることで、ドラマチックな運命的変化を求める教義へと変貌したものである。実際に、初期の頃からキリスト教は共産主義運動に似て、目的達成のためには暴力的解決や心理的強制を厭わない部分があった。『キリストの教義』を著したエーリヒ・フロムもそのように描いているし、D・H・ローレンスも先述した通りである。クムラン文書の研究家は皆、死海派たちの規則や生活ぶりに共産主義の原型のような要素が見られることに注目している。すなわち信者たちの私有財産の廃止、軍事階級制、厳しい禁欲主義を課すといった要素である。クムラン教団の厳格な監督者は「マカバー」と呼ばれ、近い存在だとボルシェビキのプロレタリア独裁者がそれにあたる。教団の「義の教師」は、例えるならレーニンのような軍事主義者である。「いつか裏切られる運命」というのも共通点として挙げられる。

死海文書に関する最も初期の、そして最も優れた本の一つを書いたのが作家エドマンド・ウィルソンである。彼が『フィンランド駅へ』という、ボルシェビキによる帝政ロシア打倒のイデオロギーを描く傑作を書いたのも、決して偶然とは言えない。さらに、ユダヤ人の反乱とロシア革命との類似点はそれだけに止まらない。独立戦争に至るまでの長い間、ほとばしるような熱気の中でサンクトペテルブルクとモスクワにいたロシア人知識層は、ウラジーミル・ソロヴィヨフ（1853年－1900年）という神秘主義哲学者に触発されていた。この人物の宗教的影響は凄まじく、ここでロシア政治界にキリスト教の救い的なスピンがかかった。1900年に逝去したソロヴィヨフは（ニーチェと同年）、生きている間に3度、至高存在ソフィアと出会ったことで知られている。この経験から練られた「神人」の概念も人々に知られていった。これは純粋なグノーシス主義に思えるが、実は東方正教会の概念以外のなにものでもないとソロヴィヨフは認識していた。彼はある意味、生粋のグノーシス派と言えるかもしれないが、この概念に関してはあくまでギリシャ正教の枠内に収めようと努力していたことが窺える。ソロヴィヨフが師と仰いだのはニコライ・フョードロフ。禁欲主義の学者で、肉体の不死や死者の復活について研究をしていたロシア正教会の学者である。この人物の影響を受け、ソロヴィヨフは人類の集団的進化論を提唱し、キリストとソフィアをその哲学の中心に据えた。また、いずれヨーロッパが「アンチキリスト」によって蹂躙されること、黄禍論（黄色人種脅威論）の予言もしていた。要するに、彼の哲学は贖罪者コンプレックスの四要素を全てスラヴ民族的に再解釈したものであることが分かる。

ソロヴィヨフには二人の後継者がいた。一人は小説家アンドレイ・ベールイ、もう一人は詩人アレクサンドル・ブローク。どちらも1880年生まれである。ベールイは『ユリシリーズ』や『失われた時を求めて』などの20世紀の三大傑作の一つに数えられる長編小説『ペテルブルグ』の著者である。さらにはオーストリアでキリスト教神智学者として活動していたルドルフ・シュタイナーとも懇意にしていたという。ブロークも20世紀のロシアで最も偉大な文学者の一人と謳われた作家である。革命期のペテルブルクをめぐる12人の赤軍（ボリシェヴィキ）兵士を十二使徒に見立てた『十二人の詩人』という詩が有名だが、同時にロシア文学の中で最も物議を醸し出した作品でもある。というのも、モデルとなった12人のボリシェヴィキは、過去にレイプや殺人を犯した犯罪者集団であり、さらには激しい冬の吹雪の中を行進するV字隊列の先頭に立つ堂々とした背の高い姿の人物が、イエス・キリストであると解釈できるのである。

なぜいま1世紀のパレスチナから遠く離れた20世紀のロシアの話を長々としているのかというと、実はこの二つは密接に絡み合っているからだ。時間と空間は人間の精神が生み出す流動的夢想観に表れた零集合の概念である。一千年は個人では長く感じても、集団の心では一瞬である。近代ロシア人の精神が革命の最高指導者を「キリスト」と見なすという手法は、その16

世紀も前にパレスチナ出身の救世主がエウロパの先住民を布教していった時のやり方と対比できる。しかし当然のことながら、そこには大きな違いもある。ロシア人精神は自発的に革命救世主論を生み出したが、エウロパ人には強制的かつ残忍なやり方で救世主が押しつけられた。福音伝道の実態は反対者への教義の強制と吸収同化である。支配の力に対峙し、人は生き残るために改宗の道を選ぶ。本当に改心して改宗を決意したように見せるが、実際には精神的転換というより精神的「適応」の道であるのだ（どの国にも改宗しても土着信仰を頑なに続ける先住民がいることは、歴史家たちが面倒だからと省略したがるのを見れば、分かることだ）。これに抵抗し続けるには余程の内的な原動力、いわば精神的免疫力が必要だろう。普通は集団的同調圧力に押しつぶされる前に「適応」の道を選ぶものだ。そうして人はいつしか自分たちの知っていたことを忘れ、周囲の信念を自分の信念とするようになる。

ブロークの『十二人の詩人』の物語は、死海の狂信者教団の後継であると言えるかもしれない。なぜなら物語の登場人物もまた、冷酷な救世戦士の主に率いられし過激派集団であるからだ。人間の精神というのは人種や年齢は関係なく、同じような働きを見せる。何かを入れればどんなものが出てくるか、その枠組みが人間のままであれば、結果はそう大きく変わるものではない。キエフ大公ウラジーミル一世は後のロシアの基盤を創った伝説的創始者リューリクの曾孫である。956年に生まれたウラジーミル一世は、980年に後の帝政ロシアとなるキエフ大公国を統治した。激しい征服戦争の数々を自ら率いることで帝国を拡大していった、攻撃的な専制君主であったと評価できる人物である。９８８年には、東ローマ帝国の皇帝バシレイオス二世と軍事同盟を結び、皇帝の妹アンナと結婚して、キエフ大公国の権威を上昇させた。そして、その代わりとしてキリスト教に改宗し、キリスト教を国教として導入することに同意した。その6世紀前にコンスタンティヌス一世が行ったのと同じである。ウラジーミル一世も、政治的優位性のためだけに、キリスト教徒になったのだ。歴史家が正史と信じる童話には「王子が受け入れた新しい信仰を、国民も喜んで受け入れた」とある。まったく、おめでたいことである。９８８年、ウラジーミル一世はキリスト教をロシア国教とする。このことは、パレスチナ人が生み出した救済コンプレックスが、ついにアジアの奥地にまで侵入したことを意味する。

人の心というのは、深く入り込めばあとで反発も強くなるというものだ。ローマ帝国もそうだったが、ウラジーミル一世統治下のロシアはまだ、キリスト教王朝のもたらす絶対的かつ永続的な圧制を知らなかった。例によって信条の強要、強制、脅迫、死、呪いの風の吹き荒れる中で国民はキリスト教に改宗させられていった。そして世界は再びゼデク派教団の祭り上げる救世主待望論を目にする。しかと見届けよ。１９１８年に再び痩せた体躯と鋭い目をした彼は現れ、復讐を渇望したのだ。

メルキゼデクからユダヤ人王、ゼデク派教団の救世主からイエス・キリストに至るまで、長い道のりであった。普通は正視に堪えないため三分と待たず追求をやめてしまうだろう。だが、集中力を絶やさぬように見つめていれば、真実は自ずと表れる。人間の精神という連続体の中で、救世主コンプレックスが水切りをする石のように歴史上に浮かび上がってくるということが、把握できるはずだ。歴史面に生み出された小さなさざ波が、やがて歴史的な変化の波となり、人間社会の大きな輪郭を形作りながら、同時に破壊の波として随所に波及していく。現在の歴史では、聖職者の地位を得た医学権威者が、億万長者の慈善家《フィランソロピスト》のふりをして、武装したメシアを地球に呼び込もうとしている。これが福音の呼び名でイエスを愛するという、平和的教団の羊の皮を被った狼である、ゼデク派教団の精神病的な人類破滅計画である。

ゼデク派教団の掲げるメシア像は、神秘的な雰囲気で包まれてはいるが、実質は「政治家」である。十字架の飾り額に書かれている通り、「ユダヤ人の王」だから政治家だ。少なくとも、そうすることを目指しているから、そう書いてあるのだ。本人は別にテロリストではなくとも、テロリストに囲まれ、守られる人物だ。初代ローマ教皇シモン・ペトロは石（ペトロ）の拳を持つ格闘家であった。「イスカリオテ」のユダは短剣を隠し持ちユダヤ王国再建に反対するものを闇に葬ってきた暗殺教団「シカリ派」の一員であった。[ciii] 約束の地をローマ人から解放しようと、狂信者たちはローマ人のみならず、反対するユダヤ人の喉を刃物で切り裂き葬っていたのだ。ユダヤ人たちが十字架はりつけの刑を受け入れたのは、それがローマ人に唯一認められていた処刑法だったからだ。そしてそれを、ローマ人に対する復讐の手段に転用したのである。[civ] ゼデク派教団やユダヤ人の反乱戦争に関しては万斛《ばんこく》の学術的解釈があるが、死海文書はロバート・アイゼンマンの「福音書の政治利用説」をより濃厚に、一貫して支持しているという物的証拠である。

しかし、このような血塗られた歴史の中で、どうやってイエス（ユダヤ人正式名はイエシュア）は穏やかな癒し手、万人の教師、神の愛と啓示を受けた使者として、人々に敬われ続けてきたのだろうか？

野蛮人の救世（復讐に燃える父神と救世主）

死海文書学者モートン・スミスは著書『魔術師イエス（Jesus the Magician）』において、福音書で描かれる救世主イエスのような人物は、実は当時では大して珍しくもない存在であったと説明している。イエス以外にも個人で奇跡を起こしたり、神がかった治療を行っていた「草の根魔術家」は存在していたと主張しているのだ。エウロパ先住民の価値観から見ると、パレスチナで活躍したという救世主の実態は想像とはかけ離れていたのかもしれないが、布教家たちは「魔術師としてのイエス」の人物像を新興宗教の勧誘に前面に出していたことが窺える。エウロパ人は昔から性にも寛容であったし、霊能力や想像力豊かな神話にも理解があった。そのため、イエスの話を聞いても、地元で信仰されている神々やシャーマン的英雄のような人物であったと解釈する包容力があった。先住民の大規模な改宗を最も成功させていたのが、ゴート人宣教師ウルフィラ（311年－383年）である。その成功の秘訣は、「イエス・キリストはシャーマンや神々の異名にすぎない」と、辺境の「野蛮人」たちを説得していたことにある（2020年のコロナウイルス関連の数々の悪質な報道と同じ、騙されやすい人間の心理を不正利用する最低な行為である）。ケルト族の土着神オェングスをキリストと同一視させるなど、アイルランドでも同様の手口で布教が行われていた形跡もある。その土地の神々の正体がイエス・キリストであるという虚言は、まるで奇跡のように「野蛮人改宗」を次々に成功させた。そして「勝者が歴史を作る」と言わんばかりに、その土地の歴史を書き換えていった。

しかし、現実は予想よりも厳しかった。布教活動に苦戦すると、今度は救世主イエスと救世のメッセージを受け入れて生き延びるか、さもなくば報復を受けるかのどちらかしか選択肢を与えないようになった。イエスとして人間化された「愛の約束」の背後に、復讐に燃える父神と救世主の影がちらついていた。聖パトリックなどの宣教師による改宗運動では、しばしば魔法での戦いやシャーマン的な競争によって勝敗を決する方法が取られた。今では聖者と呼ばれる布教家たちは、魔法戦に勝利することで土着の魔法使いたちを打倒していった。というような魔術戦争の「寓話」が暗黒時代のキリスト教僧侶によって書き残されていった。全ては先住民の伝説を払拭するための作り話であり、布教活動の一環である。口承で土着文化を継続させてきた純真無垢な人々ならよく騙せた方法であったが、イエスと救世メッセージとは本来何ら関係のないはずの政治的・軍事的な勝利の話まで紛れ込ませているのに誰も気づけなかったのは、仕方がなかったとはいえ遺憾なことである。奇想天外な奇跡の話や、偽の救世主の控えめな人間描写の説得だけでは改宗できないと断られた時には、残忍な信仰強制の手段も多く取られた。土着民が抵抗すればするほど、強制は厳しくなった。

エウロパ先住民たちのキリスト教への改宗運動の成功には、もう一つの秘訣があった。それはエウロパ人が外来のイデオロギー的ウイルスに対して、精神的免疫力をほとんど、あるいは全く持っていなかったことである。後にヨーロッパ人入植者や宣教師がアメリカ大陸に持ち込んだ物理的なウイルスに先住民が生物学的な免疫力を持っていなかったのと同じだ。イエスの気立ての良さそうな顔の裏に潜む冷血な地球外存在の計画に先住民たちが気付く頃には、すでに賽は投げられていたのである。こうして非人道的な社会的統率体制が、無垢なる大地に確立されていった。しかしその一方で、頑なに抵抗し続ける土着民族もいた。キリスト教を受け入れるように見せかけながら、土着の伝統を保持していった者たちもいた。知見豊かな観光客がヨーロッパを訪れると、キリスト教のものと言われる遺物や聖域に隠された、先住民の伝統に気づくことができると思う。聖母マリアの聖域のように偽装された、黒人女神の洞窟型礼拝所に気づくことができるだろう。キリスト教の聖者の名前が付けられた、かつての本物の魔法の泉に気づけるだろう。大聖堂やチャペルのそこかしこに異教徒のシンボルを見つけられるだろう。

完全性を求めて（神の使命とゼデク派教団の秘密計画）

古代ヘブライ人にはもちろん、改宗の問題は無かった。最初から被害者と加害者の鎖症候群の患者であったので、不自然な宗教的偽装も必要なかった。自らを宗教的使命を持つ神に選ばれた共同体と見ていたので、アブラハムが父なる神の命令によって移住した先にいたカナン先住民を見下していた。こうした環境もあって、イスラエルの子孫は土着民に改宗を促すのではなく、創造主の意志に従う以外を認めない、権威第一の要求を行なったのである。ただでさえイスラエル共同体はヤハウェが定めた厳格な規則に完璧に従うことができなく、罪悪感に苛まれていたので、「神に選ばれし人間」という称号を逆に背負いきれないほど重い運命に感じて悩んでいたのだ。「自分にそれほどの価値があるのだろうか」という自己疑念はやがて、狂った認知へと変わっていく。さらに悪いことに、文化史家ジョージ・スタイナーの言う「ユダヤ教の完全性志向」が自らを縛ってしまったということも忘れてはならない。CV メルキゼデクから綿々と綴られる「完璧な超人間志向」、これが人種的責務となって、背後に隠れた少数過激派の背中に重くのしかかっていたのだ。

古代ユダヤ人はこのように、二重の重荷を背負っていたことが分かる。表向きは神の使命を負った民族、そして裏ではメルキゼデクを中心としたゼデク派教団による秘密計画により、共同体の闘争的運命は支配されてきた。そして神はこれ以上ない絶対的権威であるので、ヤハウェの命令の不遵守は不可能である。レビ記にはイエス独自の発言と思われがちな「汝、隣人を汝自身として愛すべし」の台詞があるが、他にも社会的、性的、倫理的、衛生的行動規範や、食事などに関する600以上の規則が正確に定められている。隣人愛も、生命恐怖症を疑うほどに厳しい戒律の数々も、元々はユダヤ人だけが従うことを意図された限定的ルールであった。それに戒律の不可能さよりも、元々はそれに従う意志があることが重要であるように思われる。だがゼデク派の計画について言えば、どの人間にも達成できないような超人間的完璧性を基準に課していた。

完璧主義は神の使命に見えて、その実ただの狂気と自己破滅への入り口なのである。

ウイルス感染（カルト教団計画の拡散）

バビロン捕囚（紀元前586年－紀元前538年）後に聖書の記述に反映されるように、古代ヘブライ人の「神の計画」は異常な変態を遂げた。ユダヤ人の歴史はまず、ペルシャにいたセム系の小部族イビル族（「ロバ飼い」という意味）が描いた「宇宙的悪と宇宙的善の決戦物語」を自らの部族的運命と融合させた。紀元前516年から始まる第二神殿時代の「超正統派」学者が書いた訓令文には、世俗的救世主であるはずのユダヤ人王についての記述に、奇妙な異常を感知できる。その突然変異を「秘密作戦」によって方向づけたのは、メルキゼデク系統司祭である大司祭ザドク（ツァドク）であった。神の計画が本来、人間には不可能であることが明らかになるにつれ、ユダヤ人黙示録のシナリオはますます極端かつ複雑な模様になっていった。D・H・ローレンスは、新約聖書で「死の口づけ」、つまり集大成とも呼ぶべき『ヨハネの黙示録』が、いかに「運命を延期してばかりの民族」のユダヤ人的運命論を反映しているかは見ての通りであると述べた。エゼキエルやダニエルなどの預言者や、それに続く終末論の著述者たちは、選ばれし民族がこの世のものとは思えないほどの完璧な勝利を収めることを思い描いていた。[cvi] なぜここまで超自然的な神による解決策を必要としていたのかというと、それだけイスラエルの子孫が聖地に自分たちの王国を建てる望みが薄くなったからだ。ゼデク派教団の要求は反対に大きくなっていて、ヤハウェに忠実なユダヤ人が異教徒に妥協することを一切合切禁じた。死海の過激派は、目的達成のためには身内を殺害するという選択肢も排除しなかった。

マカバイ戦争の時代（紀元前１６７年）からは魚座の時代への移行が始まり、救世主待望論が帝国内を席巻した。敬虔なユダヤ人だけではなく多くの人々が、帝国の圧政に立ち向かう精神的指導者、倫理的教師、改革者としてメシアが現れることを期待し、それだけで満足していた。しかしユダヤ裏社会では救世主による完全勝利だけを求めていた。パレスチナでの小規模な急進派の粘り強い執念は、帝国を不安定に陥れ、地域全体に深い悲しみの傷跡を残した。

ユダヤ社会の陰の支配者の思惑である「超自然的解決法」は結局実現しなかったが、キリスト教という別の形態を生み出していった。古代ヘブライ人の「神聖歴史」の時間経過には、多くの異常《アノマリー》が見出せるが、それにばかり目を向けていると、最大級の異常を感知できなくなってしまう。死海文書の終末論的救世主に突然変異したユダヤ人王だが、この後具体的に、どのようにして神の救済の御子イエス・キリストへとさらなる変異を遂げたのだろうか？　歴史上重大なこの過程のことを、「転移」と呼ぶよう提案させていただく。すなわち、ゼデク派教団の小規模なカルト教的計画が、いかにして世界史の最先端を占める教義にまで拡大したのか？

その過程を明らかにする。

転移はまず、ベクター群にウイルスが侵入し、そこでウイルスが成熟し毒性を強め、パンデミックという爆発的感染になる瞬間まで潜伏を続ける。

実際、転移という事象の「ウイルス」との類推（特定の事物に共通する類似に基づいて情報を適用していく認知過程）は、キリスト教黎明期にもすでに広く用いられていた。紀元50年、皇帝クラウディウスはユダヤ人アレクサンドリア共同体に向けて、パレスチナと隣接するシリア属州には危険思想を持ったユダヤ人過激派がいることを報せる手紙を書いていた。この時点で既に、「全世界を脅かす害虫」になりかねないという警告がされているのである。[cvii] 断っておくが、クラウディウスはユダヤ人を攻撃しているわけではない。同時期のユダヤ人たちは帝国内でも働き者として認められていたし、ある程度同化にも成功していた。手紙では、そのユダヤ民族社会にこれから不吉な影が忍び寄ってくるかもしれないという、警鐘を鳴らしているのだ。よってローマ帝国首脳陣は長い間、この方角からやってくるであろう悪夢を、事前に感知していたと認めざるを得ない。マカバイの反乱から数年後の紀元前161年、パレスチナのユダヤ人は「ユダ」という名の男に、ローマ帝国内に大使館を設立させた。しかしその20年後、大使館はローマ政治家ヒスパラスによって閉鎖され、ユダヤ人はローマから追放された。ローマ帝国民にとって、ユダヤ人たちの生活ぶりは厳格すぎたり、胡散臭い宗教を信じている変わり者と言われ、協調性を乱す危険因子であると考えられることの方が現実として多かった。カエサルの天敵であるポンペイウスによるユダヤ州併合は、紀元前54年には帝国民とイスラエル人の両方にとって致命的な決断であったことが分かってきた。その1世紀後に書かれたクラウディウスの手紙には、帝国は内側（パレスチナ地区）に爆弾を抱えているという警戒が高まっていることが示されている。異教徒たちの「疫病論」は、帝国内でそのままの形で論じられていたのである。

嘘つきの人（パウロがキリスト教を転換させた）

クラウティウスが警告の手紙を書いたとき、パウロ（元タルススのサウロ）も活発に動き始めていた。使徒行伝第24章5節には、カイザリアでローマ総督ペリクスの前で起訴された時に、パウロのことを指して「この男は疫病のような人間で、世界中のユダヤ人に騒ぎを起している者であり、ナザレ人らの異端のかしらであります」と非常に疫病論との類比が明らかな文言がある。死海文書を知らなければ行伝や福音書の真意をまずほとんど理解できないと思われる。忍耐深く慎重に、文章の解明を進めたロバート・アイゼンマンは、パウロがキリスト教の伝道をしていたという認識が完全に誤りであったという新しい可能性を示唆するに至った。死海文書から注意深く推論することで、目撃者の報告などの歴史的事実を引き出せる。結論として、パウロはゼデク派教団の過激派思想である「ナザレ人教義」を初期キリスト教徒の間に吹き入れていた人物だった（ヘブライ語の「ナザレ」は「枝」という意味の言葉であり、ダビデとその父エッサイから続く「救世主の遺伝的系譜」を意味する。したがって、この言葉をナザレ村だけとを関連させることは誤りである）。cviii

パレスチナ占領をしているローマ帝国を打倒し、その上でイスラエル王国を樹立することを目的とした神秘主義過激派の信仰は、ゼデク派教団の手先であるパウロが広めていたのである。彼が帝国内における過激派の扇動者であった。ところが、パウロはゼデク派教団の黙示録を扇動していた傍らで、自らの都合の良いように多少話を捻じ曲げて伝えていた。

したがって、死海文書に書かれた「嘘つきの人」とは、パウロのことである。

この同定によってダマスカスでのパウロ改宗の話は、その含意が完全に異なってくる。行伝では2度、この出来事についての記載がある。第9章では三人称視点での解説、第22章ではパウロ自身の一人称視点での言葉が記されている。一般的な解釈としては、紀元前40年ごろにサウロ（後のパウロ）がキリスト教徒を迫害して追い出すためにダマスカス（ダマスコ）を訪れた、ということである。しかしダマスカスへ向かう途中、サウロは、「なぜ私を迫害するのか」、「わたしが、あなたが迫害しているイエスである」という光の声を聞く。サウロが「私はどうすればいいのか？」と尋ねると、光の声は「立ち上がってダマスカスに行きなさい。あなたがなすべきことがその地で告げられる」と伝えた。この光の声の主は、アナニアというキリスト教徒のもとにも現れたと認識されている。アナニアは「すべてのユダヤ人居住者たちから良い評判をもらっていた敬虔な信者」として描写される人物だ。この「敬虔な信者」という言葉は実は暗号で、ダマスカスにも隠れ住んでいた「ゼデク派教団の忠実な信徒」という意味なのである。アナニアは何故かサウルがそこに来ることを事前に知らされていた。そして、エルサレムの賞金首ハンターであったサウルの改心を事前に知らされていた。何故そこまで知っていたのか？　おそらく、ゼデク派教団はサウルがダマスカスにやって来ることを察知し、彼を非常に恐れ、警戒していたのであろう。そのため罠を仕掛けてサウルを捕らえ、改心させて自分たちの側に引き入れようとしていたのかもしれない。ちょうどその時に幻覚を伴う超常体験があったようだが、これは精神疾患が原因で倒れたサウルを、追われていた者が逆に捕らえた場面として解釈できる。

アナニアたちとの一時的な共同生活を経て、サウロは「パウロ」と名を改め（改名は改宗の典型的行事である）、「イエスこそがキリスト（救世主）であることを論証して、ダマスコに住むユダヤ人たちを言い伏せた」（使徒行伝　第9章22節）これはユダヤ人社会にとって衝撃の発言となり、次にエルサレムをパウロが訪れたとき、それはユダヤ社会に警戒されるどころか、罵倒され、二度と街に入れないほど激しい抗議に晒された。彼の発した言葉に最も衝撃を受け警戒していたのは、死海の正義教団の指導者であり、ゼデク派教団エルサレム支部（死海派の第二の拠点）の代表であった「義のヤコブ」であった。

こうして始まった聖パウロの熱心な布教活動の使命は、この出来事への反抗心、復讐、そして裏切りを原動力としていた。

二重スパイ（死海文書で暴かれたパウロ）

このように非常に奇妙な出来事の連続であるが、一連の流れを納得するための最も一般的な解釈は「パウロがキリスト教の真実を説くことでユダヤ社会を怒らせてしまった」、そして「キリスト教の愛に満ちたメッセージはカトリック的であり、人類普遍的であり、したがって全世界に布教されるべきであり、〝眼には眼〟のような古臭い信条を重んじる旧約聖書とは相容れない新宗教だ」といったところだろう。これらの解釈は死海文書という証拠がある以上、もはや鵜呑みにすることはできない。死海文書は一般的な聖書解釈とは異なる物語を、知られざる「クムラン教団」の視点から伝えている。そこでは義のヤコブ（義の教師）が、実の兄弟であるイエシュア（メシア）を群衆の教主に据えた新興宗教の実質的支配者の座を、パウロ（嘘つきの人）に奪われまいと奮闘している様子が描かれている。ゼデク派教団の聖なる任務を曲解し、信仰を脅かそうとする者への警告がはっきりと文書に表れているのである。

イスラエルの虚偽の水で蒸留された嘲笑屋は、永遠の砂漠をさ迷うことになった。古い道の形跡をことごとく消していったことで、正しい道がどこだったか思い出せなくなったのだ。cix

死海文書ではパウロという背信者の裏切り行為について数多く指摘されている。パウロはなんとゼデク派教団を乗っ取り、自らの操る新興宗教キリスト教の形成に利用しようとしていたのだ。ウイルスの「転移」はこのように実現したのである。

「パウロの改宗」についての従来の見解が明らかに不自然であることは、死海文書の証拠を見ながら少しばかり常識的に考えられれば、分かることである。キリスト教の教義は実質、パウロが作成したものだ。そのパウロがダマスカスにキリスト教徒を迫害しに行くなど、あり得るはずもない。その途中で改心したなどと、嘘にも程があるというものだ。何故そう断言できるのか？　それは、「キリスト教徒」が歴史上に現れたのは、パウロがキリスト教徒に改宗した直後であったからだ。イエスの死からわずか10年後のこの時代、公式のキリスト教徒はいなかったのである。今でこそ教義的に「キリスト教」として定義されている宗教は、この時代にはまだ存在しておらず、あと2世紀ほど経ってから出来上がる。しかしパウロは、キリスト教信仰の思想的核心部分をここで確立してしまったのである。さらに、ゼデク派教団のメシア像を盗用し、そこに「神の愛と恩寵」の考えを加えた新キリスト像を造り上げた。もしかしたら、ゼデク派教団による軍事計画とは違う筋の「イエス・キリスト主義運動」であった可能性もあるのだろうか？　否、平和と寛容を説く過激派ラビも少しはいたかもしれないが、そのような平和的思想を語るだけでは、ローマ帝国を脅かす存在とは見なされないだろう。帝国にとっての本当の脅威は、狂信者を陰で操る筋金入りの宗教軍事組織であるゼデク派教団に他ならなかった。それにパウロが当初縛り上げようとしていたのも、武装グループのはずだ。そしてゼデク派教団が崇めていた救世主は、ただの表向きの教主であり、あくまで普通の人間という扱いであった。それをパウロが「救世主キリスト」として超人レベルにまで持ち上げたのだった。

ゼデク派教団によるローマ打倒は成らなかったが、その過激思想に由来する救世主計画は見事に転移を遂げ、最後は帝国を滅ぼして、その権力を奪うことに成功した。

使徒パウロは元々、帝国に雇われた「傭兵」であった。そして当初の狙いはゼデク派教団などの過激派を見つけ出し、縛り上げることであった。要するに、パウロは賞金稼ぎハンターだったのである。このことは死海文書を見なくとも、使徒行伝からだけでも解読できる。ローマ帝国にとって脅威のはずのパウロをローマ人が何度も守っているのは、そういう理由があってのことだ。彼の行動は帝国が全て承認しており、しかも彼のために軍隊や警備員まで提供されている。エルサレム神殿（暗号名「邪悪な神父」）にいたサンヘドリン首脳陣は、陰の支配者ゼデク派教団の弾圧と捕獲を望んでいた。そして賞金稼ぎのパウロがその任務を務めたというわけだ。もう一度言うが、これらは全て聖書の使徒行伝に書かれている。

クムラン秘密教団の伝統によれば、ダマスカスには「神との契約の証」の大部分が納められていたと言う。[CX] その「お宝」を探し求める途中で、パウロは根絶しようとしていたカルト教団の手に落ちてしまった。アナニアはパウロとの共同生活の間に、「メルキゼデクの正体」という教団の究極の秘密をパウロに明かした。おそらくパウロの並外れた才覚を見込んでのことだろう。パウロの人物像を描くならば、現代では「社会病質者《ソシオパス》」として知られている人格によく似ている。表向きは情熱的で聡明で説得力があり、さまざまな社会状況でさまざまな役割を果たすことができる才智ある人材だが、裏では常に利己的な野心家であり、腹に一物抱えた人物である。パウロ教義の決まり文句である「万人に必要な人物であれ」は、まさに社会病質者の性質を表す標題である。

解任と同時に、パウロはゼデク派教団の教義を自分の教義として、公然と説き始めた。それはひどい裏切り行為と見なされ、狂信的運動の支持者50人がパウロを殺害するまで断食をすると誓うほどだった。(使徒行伝 第4章)他の多くの場面と同様、ここでもパウロを影から保護するローマ帝国の介入が見え隠れしている。パウロはダマスカスの隠れ信徒や荒野に隠れ住むユダヤ人の活動にも通じていたので、帝国側にとっては貴重な「二重スパイ」であった。しかしながら、そんな貴重な人材が突然「救世主待望論者」に鞍替えしてしまったため、帝国にとっても次の行動が全く読めない、予測不可能な大トラブルメーカーとなったのである。ここまできてようやく、パウロをダマスカスに送り込んだ者たちは自らの犯した過ちに気づき始めた。この人材が価値以上の問題を引き起こしていることに。こうしてパウロは紀元64年にローマで処刑された。そして、この同じ年を機に「キリスト教徒」への迫害の記録が、正史として残されることになる。

ロバート・アイゼンマンはこの一連の出来事を「ウイルス」に類推して見事に表している。義のヤコブの転覆を謀ったパウロの説教は、ユダヤ人の救世主待望論と終末論の火薬混合という、まさに揮発性扇動ウイルスのアウトブレイクとなる出来事であった。[cxi] 死海文書に書かれているように、「嘘つきの人」は「正義の教師」に公然と対立を示した。「扇動的ウイルス」の幼生型がパレスチナ発の贖罪者コンプレックスであり、元々はさまざまな普遍的神話的なテーマだったものが、突然変異を起こして発現したウイルスなのである。その後何世紀にもわたりユダヤ人の厳格な戒律付きの宗教生活という揺り籠で育てられ、影の指導者ゼデク派教団の使者に利用されてきた。最初はゼデク派教団が小規模運営していたこのウイルスだが、パウロの登場によって「キリスト教」に転移し、一気に世間へ広まり、パンデミックを起こした。エウロパに拡散したウイルスは、その後アメリカ大陸へと渡り、ついには全世界がウイルスに感染して、人類に一般化したというのが現状である。

分割して改宗せよ（効率よく先住民を改宗させる）

『使徒行伝』、『パウロの手紙』などの新約聖書は、神による救済主義の教科書である。おとぎ話と高度な神学的レトリックという本来あり得ない組み合わせによって、旧約聖書におけるユダヤ人の苦悩の元である「被害者と加害者の共犯関係」を、新約聖書に定式化することに成功した。「共犯」とは、罪との「契約」とも例えられる。加害者と被害者の両者とも、罪と契約しているだけであり、結局は神との契約には及ばないということだ。他人に危害を加えるのだから、加害者はまず明らかに罪人である。それなのになぜ、被害者も罪人であると言っているのか？　危害を加えられている側も、「自分よりも高い地位の人から正当に罰せられている」と本当に信じてしまうことがある。自分たちが過去に犯した罪に対する報いとして、神様の代行人が罰してくれているのだと勘違いすることがある。被害者と加害者の歪んだ関係性は、さらに悪いことに、支配、暴力、攻撃、殺人を「天罰」の正式表現とみなしてしまうことがある。暴力的な方法で神の意志を実行する者は、暴力を受ける者と同じように「正義」とされてしまうのだ。なぜなら、加害者と被害者の「絆」があるから、それで両方の役割が規定され、よって暴力行為も正当化されるのである。暴力を正当化し、被害者は正義の裁きを受けているという加害者の神聖視を打ち負かすのは容易ではない。すべての関係がそうでないにしろ、被害者がいつか加害者側に回りたいという誘惑は常に存在している。所詮は小山のボス猿だというのに。

異端者マルキオンなどのグノーシス主義者は、キリスト教への改宗は「被害者と加害者の連鎖」の監獄に閉じ込められることであるとして、旧約と新約聖書を繋げようとする動きに猛反発していた。原罪の教義は実に抜け目なく信奉者を罠にかける。信じてしまったら最後、そこから抜け出すことはほぼ不可能である。「すべての者が生まれた時から罪を背負っており、神の栄光に欠けている」さらに、この考えに背くことによって、「神を裏切った」という被害者症候群に直結する罪悪感を覚えてしまい、自分の受けている不当な虐待や暴力は自分に道徳心が足りていないからだと信者に思い込ませてしまうのだ。傷つくことがあれば、それは報いなのだと、全て自分のせいだと、これは神の試練としての罰なのだと、誤って解釈してしまうのである。神の計画に従わなかった者（被害者）は、神の計画を支持する者（加害者）の手によって罰せられるという永久機関だ。この手の思想は救済主義を隠れ蓑にしてどこまでも逃げ続け、本題をすり替えようとしてくるので、被害者と加害者の鎖を断ち切るのは至難の業である。

被害者と加害者の絆が無ければ、贖罪思想は近東からエウロパ、そして全世界へと広がることもなかっただろう。はじめはエウロパでもアメリカ大陸でも、先住民の生来の道徳力をもって原罪教義に抵抗することができた。実際、生来の精神を自らの手で操縦できたのなら、問題にもならなかったはずだ。こんな信仰は馬鹿げていると一笑に付すことができただろう。ユダヤ・キリスト教の信仰体系におびえず立ち向かった古の異教徒たちは、その教義のことをまさに馬鹿げた毒々しい思想と見做していた。しかし、原罪教義の威力は凄まじかった。なにしろ、どんな暴力も不正も、神罰の名の下に正当化することができる代物なのだから、加害者にとってこれ以上都合の良いものはない。彼らが昔やられたのと同じことを他人にやっても正当化される。先住民の生活を壊し、社会的規範や存在意義を消去し、自分たちがされた宗教プログラミングに則って犠牲者に指定された先住民を正当な加害者である自分が蹂躙する。勝利は神に保証されている。残念なことに、先住民たちはこのように「加害者は被害者の立場から逃れたいあまり、自分たちの生命までも傷つけている」と理解できるまでに頭が追いついていなかった。何故か？　それは、彼らが正直すぎたためである。先住民にとって言動の一致はごく自然で当然のことだったので、実直すぎたばかりに相手の裏の意図を見抜く力に欠けていたのだ。

「分割して統治せよ」というフレーズは有名だが、ここでは「分割して改宗せよ」とでも言うべきだろうか。効率よく先住民を改宗させるためにはまず、内部から侵入して彼らの精神を分断すること、つまり「言うこと」と「やること」とを食い違っているようにする必要があった。支配者たちはすでに内部分裂した社会を救済宗教で支配した実績もあり、改宗工作はお手の物だった。支配者はいつも通り約束を破り、信頼を裏切り、言ったことと別のことをしてばかりで、愛のこもった約束をしておいてから暴力をふるったり、親切なふりをして残酷なことをして、着々とターゲットを分裂させていった。このような人の道を外れた狂った行動は、救済主義者だけの力でも、神や救世主を名乗る少数の人間だけの力でもない。自分こそが「正義」であると信じ切った集団になせる業である。

よって、手順としてはまず聞こえの良い嘘話を先住民に信じさせ、その裏で正反対の行動をとり、その後支配者の嘘に気づいた者たちが出てきたとしても、既に支配構造に組み込まれていることから八方塞がりになり、罰を受けることでしか救われないと信じ込む以外なく、そのため何人たりとも監獄から抜け出せなくさせるというものだ。狡猾な聖パウロは、ヘブライ人の精神分裂症的な救済論や終末論を神学的策略に組み込むことで、犠牲者と加害者の鎖ゲームの参加者全員に神による嘘の救済を約束させるという、まさに悪魔の頭脳を持った人物である。アイゼンマンによる死海文書の詳細な分析でも説明されているように、パウロ自身は明らかにローマ側の二重スパイだった。ゼデク派教団に寝返ったように見える行動も、教団の秘密の教えを手に入れてから最後に裏切るところまで、予め計画して動いていた可能性は十分にある。聖書でパウロについての記述をよく読み込めば、その正体である「嘘つきの裏切り者」としての本質が見えてくる。

現にグノーシス主義者はパウロの聞こえだけは良い救済教義に隠された、複雑な心理的策略を見抜いていた。その一方で、欺きや偽善の知識や経験を持たない純朴な先住民は、壊滅的な被害を被ることとなった。

グノーシス解禁（ゼデク派教団という青酸カリ）

ゼデク派教団イデオロギーのハイジャック、そしてその後のキリスト教への変異。元々は古代ヘブライ人が患っていた宗教的統合失調症が、人類全体に感染範囲が広がってしまった。この「転移」は人類の心理歴史上、最も驚異的な出来事の一つに違いないし、気づいてもいない学者はほぼいないと言っていい。だが学会の大部分はいまだに、ユダヤ人の救世ウイルスが発展してキリスト教神学や倫理観といった「世界的宗教ウイルス流行」に繋がったという主張には、反対もしくは無関心を示すのが通例だ。テオドール・H・ガスターなどの初期の死海文書関連の作家は、キリスト教教義とクムラン教団の文書の間に共通点を見出すことに非常に苦労していた様子だ。「文書のどこを探しても現在知られているキリスト教と関連するものを何ら見つけられない。神の化身、原罪、十字架磔による贖罪、復活や昇天などの概念がどこにもないのだ」[cxii] キリスト教研究家イアン・ウィルソンなどの専門家も、たとえイエスが実在しない人物であると想定しても差し支えはないとさえ言っている。「イエスの実在性を信じたい人にとっては失望する話かもしれないが、初期キリスト教にイエスに関する手がかりは何も見つからなかった」[cxiii] 断っておくが、死海文書にはいくつもの歴史的証拠が示され、イエスが生きていたとされる時期の歴史とその証拠とが一致していることから、イエスは実在しなかったと断言するのは早計である。

ところが学者たちは何故か、どうやっても死海文書とキリスト教教義との深い繋がりを発見できないようだ。繋がりを批判する文献は、どれも矛盾した見解を示した同じ著者を引用してばかりというところに原因がありそうだ。聖書学者でバチカンのクムラン教団研究の第一人者であるハーシェル・シャンクスは「文書にはイエスが登場しない。だからキリスト教はここに書かれているのとは別物の宗教であると考えて問題ない」とおかしな主張をしている。同者は同じ本（この記述からすぐ50ページほど後）で、次のようなことを書いている。「ユダヤ人たちは初期キリスト教のメッセージを以前から予見していたことが死海文書からは窺い知ることができる。後に正典となった文書の中でも語られているように、イエスの人生についても死海文書内で触れられている」cxiv

学者たちは「転移」を発見するにあたり盲点となっている事柄が二つあるようだ。第一に、彼らは救済主義の核となる思想と、それに付随する他の教義とを十分に区別できていない。前者については全ての要素が純粋にゼデク派教団に帰結すると言っていい。例えば、「イエスの復活」は特にメルキゼデクの超自然的な「不死」の状態という考えの、単純な変形である。「ヘブル人への手紙 第7章」においてパウロは「メルキゼデクこそはキリスト（油を注がれし者）の背後にある大祭司であり、真の権力である」という衝撃的な一言をもらしている。このことから、ゼデク派教団の開祖は生物学的に人間とはいえない存在であったことが分かる。「父も母もなし、子孫もなし、その人生に始まりも終わりもない」新約聖書の同じ箇所で、「大祭司メルキゼデクの意向は旧来のレビ系とアロン系の祭司の全てに優先する」とパウロが宣言する場面がある。これを見て明らかなように、キリスト教教義をユダヤ教から切り離そうとする動きがあったり、さらに舞台裏で糸を引く黒幕のような人外の存在がいるということが分かり、頭の固い学者には理解できないようになっているのである。

パウロの教義「信じるものは救われる」は、死海教団が書いたハバクク書のペシャー（聖書中の注釈）の一つ「義人は信仰によって生きる」の、明らかな盗作である。[cxv] このことも教義のでっち上げの根拠に数えられるのだが、パウロに言わせれば「信じる者」とはすなわち、神の救済力を何がなんでもただただ盲目的に信じ抜くという、「無条件の狂信者」のことであり、これはゼデク派教団が当初意図していた解釈ではなかった。とんでもない誤解釈であると言えよう。パウロが信仰に非常に「熱心」だったということは有名な話だが、これは狂信者をなんとか非狂信的に見せようと多用される形容詞である。もちろん、パウロはたった一人で現在のキリスト教の土台を築き上げたわけではない。四つの福音書を執筆した律法家やローマ帝国フラウィウス朝からの協力者など、各所から大規模な協力を得て、キリスト教という宗教は製作されたのである。キリスト教の他の教義、例えば原罪、処女懐妊、十字架神学、ミサなどはオリジナルにはなくとも、核心たる教義さえあれば、後々後付けでどうとでも説明できるものだ。処女懐妊やミサなどは先住民の自然崇拝から盗用されたものと思われる概念であるが、残りは教会が望み通りに改変、製造したものである。これはもはやゼデク派教義とは言えなく、一応この起源から生じてからはごてごてに着飾っていった、ローマキリスト教という「装飾教義」

なのである。

学会の第二の盲点となっているのは、憎しみに満ちた執念深いクムラン教団のメシア像が、どうやって穏やかで従順なイエス像に転移されたのかを、学者たちの小さな想像力では分からないということである。新約聖書の主役である愛のメッセージを届けに数々の奇跡を起こした救世主が、甘味料で表面をコーティングしたメシア像に過ぎなく、中身はゼデク派教団という青酸カリであることに気づけないのだ。

しかし、学者や信者が長年見破ることも、異議を唱えることもできなかった存在を、今こそ人々が正しく認識しなければならない。本書でこれまで述べてきたように、ローマ帝国内にも皇帝を含む異教徒が多く存在し、注意深くこの救世思想という疫病を監視していた。グノーシス派も少なからず存在しており、彼らは秘教学校から事の成り行きを注意深く監視していた。ヒュパティアのように、グノーシス主義者は北エジプトのキリスト教主義の論者を打ち負かすほどに弁が立つ集団であった。つまり、古代世界でも傑出した知識人たちの集いであったのだ。だからこそパレスチナから侵入してきた贖罪者コンプレックスの邪悪さ、異常性を誰よりも早く察知でき、すぐさま反論することができたのである。しかし、公開討論や著作による公な反論の努力も虚しく、やがて古代世界が誇る知識層は力ずくで解体されていった。

キリスト教徒は、グノーシス主義の独自の考え方がいささか極端で排他的だと感じ、指摘していた。創造、罪、死と復活、神の計画、悪の本質や執行について、キリスト教の考え方とは一線を画していた。しかしグノーシス派の使命は、人を教化することによってではなく、教育によって各人が達成する、「人類普遍精神」へと人々を導くことであった。しかもそれを裏付けるだけの、何千年分も蓄えた知識と経験があった。神による贖罪者コンプレックスに対抗していたのが、「地球」という知恵の女神ソフィアの体現と人類とが結び付いて実現するグノーシス主義の「共進化」の思想である。だから、救済主義を拒否し、思想の疫病が蔓延していく中で人類を頑なに見守り続け、いざとなれば命を賭して立ち向かった。思想ウイルスに感染した狂信者が秘教の伝統を完全破壊するまでは、人類という種全体を導く壮大な物語の紡ぎ手は、確かにグノーシス主義者であった。

そして絶滅したかに思えた秘密の教えが、１９４５年に再び日の目を見ることになる。

第二部

女神の紡ぐ物語は全人類を導く

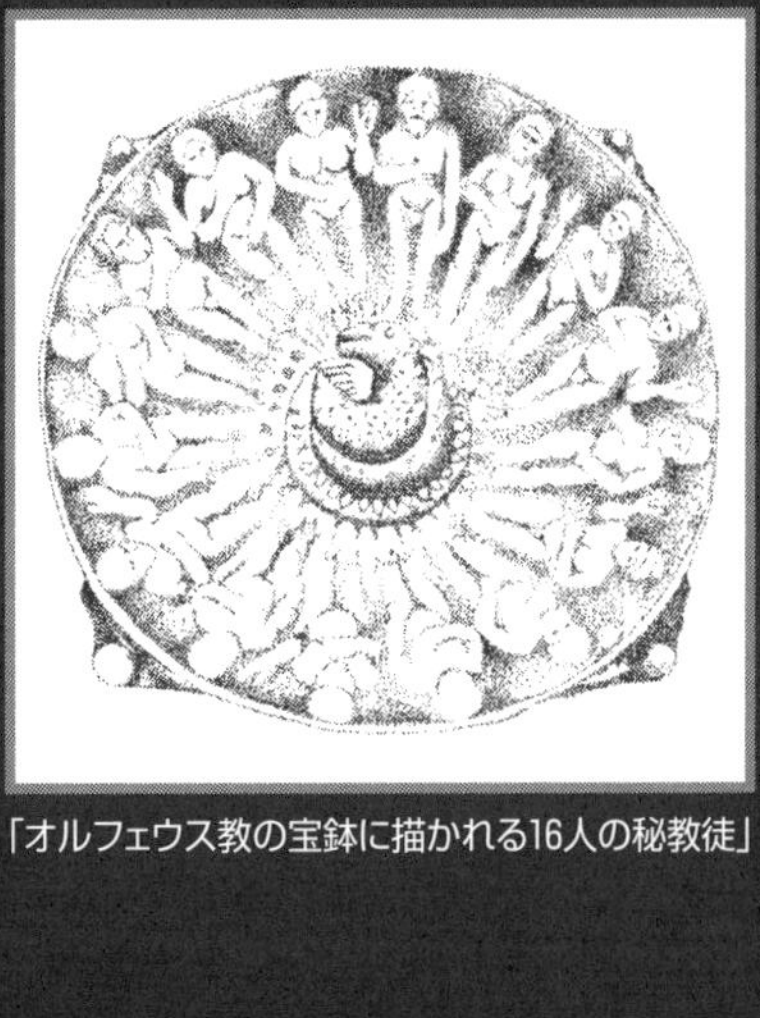

「オルフェウス教の宝鉢に描かれる16人の秘教徒」

第七章 エジプト出土の謎の隠し文書（ナグ・ハマディ）

１９４７年の秋、エルサレムの学者たちが死海文書を初めて見たちょうどその時、エジプトは深刻なコレラ流行に苦しんでいた。公衆衛生警報が発令され、交通は完全麻痺し、若きフランス人エジプト学者ジャン・ドレッセが首都に置き去りにされ、立ち往生していた。旧市街の南、そこには半壊したかつての要塞フスタートがある。忘れ去られた宝物は現在、コプト博物館に収められている。当時の気鋭のエジプト学者トーゴ・ミナの指揮で建てられた博物館である。コプト語の専門家でもあったドレッセは、テーベ南部にあるコプト修道院の探検の途中で足止めを食らっていた間、ミナと接触した。

ある朝のこと、ミナはオフィスの机の引き出しから分厚い包みを取り出し、ドレッセに見せた。「これ、何だと思いますか？」おそらく重要な資料なのだろう。その問いに対し、若い学者は生き生きとした反応を見せた。

話の流れからすぐに、これらがグノーシス文書であることは分かった。そのうちの一つは題名に『大いなる見えざる霊の聖なる書』とあった。それから『ヨハネのアポクリュフォン（奥義書）』という題名も見えた。私はトーゴ・ミナによる衝撃的発見を心から祝福した。そしてすぐに彼の助けを借りながら、文書を順番に並べる作業に取りかかった。こうしてはいられない、すぐに整理しなければと思った。cxvi

その直後、ドレッセはルクソールに飛び、チェノボスキアン一帯の修道院跡を調査した。通称「ガチョウの繁殖地」、コプト語で「ハムラ・ドゥム」で、現在は「ジャバル・アル・ターリフ」という名前の、崖の下の小さな村だ。ミナが所有していた貴重な古文書はその時から18ヶ月ほど前の１９４５年12月に、アラブ人の農民がその場所で発見したものである。ナグ・ハマディ写本は赤い粘土で作った壺の中に詰められ、崖の上の洞窟の中に隠されていた。西ナイル川を渡ったところにはナグ・ハマディ村があり、この村にちなんで写本にこの名前が付けられた。だが古代にはこの地は「シェニセト」、つまり「セトのアカシアの木」と呼ばれていた。(対してハムラ・ドゥムは荒涼とした風景の中の小さな一点のみを表す地名であり、この名前だけで言及するには小さすぎるのが実際のところである。しかし、少し違っていれば「ハムラ・ドゥム文書」になっていたかもしれない）ナグ・ハマディ文書はまさに計り知れない考古学的価値を持った古代文書である。エジプトの収蔵庫に収められた13冊の冊子状の写本は羊の皮でカバーされており、ページ数もふられているなど、古代文書の実態を今に示す唯一無二の文学的工芸品である。

福音書の概念を覆せるか

１９４８年1月12日、エジプトの報道機関はコプト博物館長トーゴ・ミナが手に入れた稀少物の存在を、全世界に向けて発表した。発見前はグノーシス派の見解を示す唯一の証拠としては、同じくコプト語で書かれたブルース写本、アスキュー写本、そしてベルリン写本などの、全体像が計り知れないような不明瞭な文書だけであった。文書の新発見の報告が広まるにつれ、それを知った学者たちは原文はギリシャ語のグノーシス独自の文書がコプト語訳されたものも見つかるかもしれないと期待していた。カートネッジ（文書を石膏で固めたもの）の検査結果や、文書中に書かれた日付や描写から、専門家はそれら写本が西暦３４５年から３４８年の間に密封され隠されたに違いないと考えた。文書は現在、カイロ旧市街のコプト博物館で厳重に保管されている。ジャン・ドレッセが最初に調査したのと同じ部屋である。

１９６６年、カリフォルニアのクレアモント大学古代キリスト教研究所のジェームズ・ロビンソン率いる学者チームが、このナグ・ハマディ・コーデックス（NHC、codex はラテン語で本を意味する）を英訳出版する意向を発表した。1972年から1977年の間には、ナグ・ハマディ写本ファクシミリ版刊行国際委員会が編成され、待望のコーデックスⅠからXIIIまでのファクシミリ（写真）版が作成された。写本の全ページの鮮明な写真が収められ見栄えの良い、特大サイズの本である。1977年にはナグ・ハマディ文書英語版の出版がスタートし、英語圏の人々にも新たな知識が行き渡った（巻末に「読書と研究の勧め」と題してNHCや他のグノーシス主義関連の書籍の詳細を書いてあるので、参照されたし）。そして人々は、ガイア理論とも両立できる地球神話である「ソフィア神話」を目にすることになる。作家ジェームズ・ラヴロックが地球を一種の超個体として見た「ガイア理論」を提唱してわずか5年後、アルネ・ネスがディープエコロジーを最初に定義してからわずか4年後の出来事であった。このように、地球の神聖物語は短い期間に一気に世界に知れ渡っていった。

ナグ・ハマディ文書の大部分は初期のキリスト教の「アウトテイク」、つまりは映画でいう「未公開シーン」とだけみなすグノーシス派学者は多い。多くの場合、これらは「失われた福音書」として新約聖書に含まれることなく没になった、恵まれなかった福音書であると認知されるに至った。実際、一部の「論文」（学者は文書のことをこう呼ぶのを好む）の最後のページにはギリシャ語で「福音書《エバンゲリウム》」と書かれているのだ。1979年に最初に出版された記念碑的名著であるエレーヌ・ペイゲルス著の『グノーシス派福音書』でも、ナグ・ハマディ写本は正典とはみなされなかった福音書候補であるという説が支持されている。しかしながら、綿密に分析してみるとそのような説は過度の単純化であることを認識することだろう。

新約聖書の四つの福音書は「ヘレニズム的ロマンス」と呼ばれる古代文学ジャンルに属す作品である。この手のロマンスの特徴としては、奇跡や超自然的現象が当たり前な世界観や、ストックキャラクター（どの文化に属するか一目で分かるような個性的キャラクター）が多数出演する「カメオ出演」も多く、民間伝承や宗教から引き合いに出された格言で満ちているなどがある。簡単に言えば、「パスティーシュ小説」というか、土着の寓話や民話など先行する作品から寄せ集めた要素を、現実的要素と混ぜ合わせて作り出された混成作である。このような中編小説は初期キリスト教が栄えた時代には数多く出回っていた。しかし、今ではそのほとんどが現存していない。なぜか？　それは単に、それらが当時の娯楽小説で、後世に残す価値がないと考えられていたからだ。現代でいえば、最近は大人たちも読むようになった漫画雑誌の類であると想像してほしい。そんなものが何百年もかけて現代まで保存されるだろうか？　否、余程特別な理由がない限りは、そのようなことは起きない。例えばある特定の集団が、ある日を境に「スーパーマンを信仰することに決めた」としよう。そしてスーパーマンが活躍するコミックだけを保存していく一方で、スーパーマン以外のヒーローもの、スパイダーマンやドクター・ストレンジでも何でもいいが、他のスーパーヒーロー系コミックはいつか自然分解していくか、スーパーマン教団が自分たちの結束を強めるために意図的に焚書するかもしれない。四つのキリスト教福音書はそうして、ヘレニズム的ロマンスの厳しい生存競争に勝ち抜き、表向きだけでも独自性を強化しようとしていったのである。

ところがナグ・ハマディ写本には、ヘレニズム的ロマンスの要素が見当たらない。したがって、この時点でこのジャンルに分類されるキリスト教関連作品と比較されるべきではないと分かる。ペイゲルスの『グノーシス派福音書』は確かにグノーシス派思想を世に知らしめた画期的な書籍だったが、このタイトルの言葉選びでは真実を歪めてしまい、明らかな誤りであったように思える。現に、この本の内容が世間に浸透していくことで、グノーシス派が初期キリスト教時代の怪しい一派かなにかと疑われるようになってしまった。実際のナグ・ハマディ写本が映し出すグノーシス派像は、これとは全く異なり、福音主義者の救世主狂信を拒絶し、反論し、しばしば「言い過ぎでは？」と思える辛辣な批判がされているのだ。

しかも現代のグノーシス派研究者はほぼ例外なく、ユダヤ人や元キリスト教徒だったりする。これによってグノーシス文書に映し出される反ユダヤ主義や反キリスト教主義の要素《エッセンス》が軽視されることが、常にではないにせよ、多々あるのである。実際、これまでナグ・ハマディ文書のペイガニズム的な側面に注目した学説は、一般的とは言えない現状である。学会にとってはグノーシス派の真意よりも、グノーシス派が初期キリスト教の実情について伝えている部分だけが興味の対象なのだ。だから文書について、特にキリスト教教義と関連づけた学説ばかりが発表される。非キリスト教的な本質がわざと見落とされているのである。

しかしながら、誰もがその真意に容易に辿り着けるわけでもない。全体的に見ても、ナグ・ハマディ文書は実に複雑で難解極まりない。乱雑で、複雑怪奇な言説は、まさしく混沌の極みであり、神話伝承や神学的知識の断片から難解な秘教学的知識にまで発展したかと思えば、さらに常人には理解不能な儀式や宇宙的神秘、仏教哲学でいうところの「空《くう》」の概念にあたる深遠な形而上学的叡智にまで話がどんどんと飛躍していってしまうのだから。中にはプラトン作の『国家』があったり、ヘルメス文書の一部知識が完全な形で残されている部分もある。そして何より、キリスト教的言説の試作品《プロトタイプ》というべきものも見つけることができる。後の福音伝道者はここから持ちネタを収集していたのであろうことが窺える。このように、キリスト教だけでない、実にさまざまな概念が収められた文書なのである。その中で最長編が『ヨハネのアポクリュフォン』や『三部の教え』であり、そこではプレローマ（至高神の神性が充溢した世界を表す言葉で、グノーシス主義での空の概念）のことや、女神ソフィアの堕天、発狂した不完全神デミウルゴス（偽の創造主）、下位の神的存在であり原始人類であるアントローポスなど、専門用語を用いた独自の宇宙論が語られていく。逆に最も短いものだと単なる走り書き程度の長さのものもある。コーデックスIの『使徒パウロの祈り』はわずか四十行の詩である。重複しているものもあり、『ヨハネのアポクリュフォン』はナグ・ハマディ写本以外の写本、例えばベルリン写本にも記載がある。ちなみにベルリン写本には欠落が多くあるものの、『マグダラのマリアによる福音書』というナグ・ハマディ写本にも含まれない貴重な文書がある。

ナグ・ハマディ文書は非常に多様性があり、一個の文書としては乱脈をきわめている。『シルヴァノスの教え』のような純粋なグノーシス派洞察に組み込まれた初期キリスト教の説法もあれば、『セクストゥスの金言』のようなグノーシス的要素が皆無な異教的格言集もあり、全体的に一貫性がない。『ヤコブの奥義書（外典ヤコブの手紙）』は贖罪や殉教を高く評価するなど、もはやグノーシス派文書とは言えないユダヤ・キリスト教的談話も記載されている。『闘技者トマスの書』などは古代インドの修道院から荷馬車にのってレヴァントに運ばれてきた異国の文書にしか見えない。というのも、文書の性質・内容ともに、グノーシス主義というよりは仏教色が強く、大乗仏教でいう「火の説教」に共通する考えが示されているからだ。『聖なるエウグノストスの手紙』とその後に記載される『イエス・キリストの知恵』の内容が酷似しているのは、後者を記したキリスト教司祭らが、いかにして前者を記した非キリスト教グノーシス主義者を自分たちの教義に引き入れようとしていたかを示している。[cxvii]『トマスの福音書』はナグ・ハマディ文書の顔となっているが、実態はグノーシス主義の真意の光がわずかに見えるに終始する、陳腐な決まり文句の寄せ集めに過ぎない。それよりも、『第八（オゴドアス）と第九（エンネアス）に関する談話』にこそ異教徒の秘密の教えの核心部が示されていることに注目すべきであろう。『セームの釈義』などは長いだけで読んでも何のことだか、憤慨してしまうほどはっきりしない。『エジプト人の福音書』、『アロゲネス』、『真理の証言』などは保存状態が悪く、仕方ないからそのまま読むにしても、そもそも大部分の構成自体が疑わしい。

読んだことがないという方は試しにナグ・ハマディ写本を読んでみてほしい。途中で辟易して、次第に腹が立ってくる気持ちが分かると思う。何度も何度も繰り返し同じ文句が出てくる上に、地味に嫌なのは、似ているが微妙に意味の違ったことを繰り返しの中に混入してくることだ。さらに欠損した部分を頭の中で補完しながら読み進める作業が必要であり、加筆、改竄にも注意を払いながら読み進めていくと、そこにコプト語ではよくある話の「代名詞の不明瞭さ」につき当たって、投げ出したくなってくる。元々の言語で「それ」や「私たち」や「彼ら」が具体的に何を指しているのかを全て特定することは、ほぼ不可能と言っていい。しかも、コプト語の語彙の五つに一つはギリシャ語からの借用語と言われているが、語源となる言葉をコプト語話者がどう解釈し、実際に使用していたのかを推測することも、今となっては不可能なのだ。せっかくの高尚で洗練された元のアイデアも、コプト語で記すとバレリーナがハイキング用ブーツで踊っているような、不恰好な構文になってしまうこともあるだろう。解読にあたったジャン・ドレッセは「かなり混乱する文章だ」というコメントを残しているが、抑えに抑えた表現だと言えよう。このようにグノーシス主義の研究はとても絶望的というか、混沌とした状況にあるのをお分かりいただきたい。しかし、古代レバント・エジプト地方に伝わるグノーシス神秘主義を見ることで、その全体像を把握できるかもしれないのである。

コプト語の煩わしさにも挫けず、グノーシス主義の真意を理解するならば、やはり直接グノーシス文書を読むという挑戦が大切なのだ。

啓示者か、贖罪者か（『反キリスト的な「大いなるセト（セツ）の第二の教え」』）

だがナグ・ハマディ文書が衝撃的だったのは、『大いなるセト（セツ）の第二の教え』という極めて反キリスト教的な文書が含まれていたことであろう。第一部にて説明したように、死海文書でその原型を見てとることができるユダヤ教・キリスト教の「救済主義教義」に、実質的に反することが書かれている文書である。こうした反対意見の情報なしに救済主義の全貌は決して把握できない。この文書の存在によって、ユダヤ・キリスト教に対抗するグノーシス派という構図が明確になった。いくつもの文献を読み漁り、比較研究を重ねることによって見えてくるのは、グノーシス最高位の精鋭と称される「セトの息子」という異教徒集団が掲げた急進的信条である。セトは旧約聖書の創世記4章25節で少し触れられるだけで、その後は何も言及されることのない、影の薄い存在である。

アダムはまたその妻を知った。彼女は男の子を産み、その名をセトと名づけて言った。「カインがアベルを殺したので、神はアベルの代りに、ひとりの子をわたしに授けられました」

グノーシス主義者たちは自らをユダヤ・キリスト教とは袂《たもと》を分かった、別系統の原始人類種《アントローポス》である「別の種」と呼んでいた。その主張は『大いなるセトの第二の教え』（Ⅳ, 1　※コーデックスⅣの文書番号1の意味の略称。以後略称のみで記載する）に概括されている。「異常性と邪道を正道として世に知らしめる救済主義者の計画」に反発するグノーシス主義者の声がそこに刻まれている（55・10　※55ページ10行目の意味の略称。以後略称のみで記載する）。この場面に登場するグノーシス主義者の「教師」とは「ポーステール（phoster）」、すなわち「光を抱く者」、「暴く者」、あるいは「啓示者」と呼ばれた。これは神々の智慧の恩恵を受け、悟りを開いた偉大な秘教大師に与えられた称号であった。

これは釈迦の尊称である「仏陀」、つまり「真理を悟った者」や「覚者」といった称号に極めて近い意味を持つ。レバントやエジプト地方にいたグノーシス派にとって「悟りを開いた者」は神々の真理を世に明かす者のことを指していた。その覚者とは、人間を超えた神の化身ともいうべき存在で、世界や神界について並外れた知識を持ち、超常的な能力を使う「超人」である。古代インド神話、大乗仏教、チベット仏教における「智の守護者《ヴィディヤーダラ》」や「大成者《シッダ》」に比肩する存在であると考えられている。ところで「到達者（siddha）」というサンスクリット語の言葉は、ギリシャ語の「熟練者（adepsci）」と同語源である。悟りをひらいた完成者は、「シッディ」と呼ばれる千里眼や透聴力、明晰夢などの神通力や超能力を獲得するという。

ここでユダヤ教、キリスト教、イスラム教のアブラハム三宗教の中心にある四つの救済者コンプレックス要素を思い出してみよう。まず、この世界を創造したのは女神ではなく、父なる神であるという考え。そして少数の「義人」が神の試練を通して選抜され、父なる神はこの世界を救うために救世主を遣わせ、最後は父とその息子による全人類への裁きが行われるという考えである。ナグ・ハマディ写本の大部分は今挙げた要素を嘲笑うように批判する。グノーシス主義者は「神が人間の物語に介入すること」、つまり救済主義者の「神の計画」という概念は、真の覚知《グノーシス》をグロテスクに歪曲して造り上げた誤った概念であると考えた。グノーシス主義者にとってプレローマの至高の愛や超越神といった概念は、「啓示者」となった人間によってのみ表現されるのであり、その啓示が人類を教え導き、人類史は作られていくのである。人類の正しい啓蒙のための教育システムの確立に熱心に取り組み、人間が持つ潜在能力を最大限に顕在化させた未来を担う新人類を誕生させようとしていた。そこに「救世」や「贖罪」の考えは全くなかった。

途絶えたと思ったグノーシス主義の教えが、どこからともなく復活して表れる現象を、「啓示周期」と呼び表した学者もいる。『大いなるセトの第二の教え』で伝えられているのは、次の通りだ。「救世主論とは、奴らが自らの異常性を世に知らしめるための陰謀である」紀元前150年以降、死海文書を記したゼデク派教団の過激派思想が。大規模な宗教運動へと発展していった。秘教徒は本来、世間に自らの正体を晒すべきではない。しかし彼らはその匿名の誓いを破り、救世主待望論に待ったをかけた。その信念体系は欺瞞であり、人間の本性から逸脱しているとして、公然と抗議したのだった。キリスト教は反撃の手段として、ただグノーシス派を力ずくで黙らせるだけでなく、千年以上続いた彼らの秘教ネットワーク自体を重点的に破壊していった。それに伴い、グノーシス主義が存在していたことを示すあらゆる物的証拠を徹底的に隠滅していった。今の時点から歴史を振り返ってみると、滅却されたはずのグノーシス主義が、たびたび人類史に現れているのが分かる。まるで呪いと言ったら言葉が悪いかもしれないが、人類史の「修正」を求める亡霊のように、何度も転機を求めて帰ってくるのである。

グノーシス派研究者カール・ヴォルフガング・トレーガーによると、コプト語で書かれた文書の全体の3分の1が、反ユダヤ的な思想を示しているという。cxviii これはつまり、ナグ・ハマディ写本の半数近くが反ユダヤ・反キリスト教主義的であるということだ。中でも『第二の教え』はグノーシス派による救済主義への抗議の典型である。そこでは矢継ぎ早にユダヤ教やキリスト教信仰や習慣への痛烈な批判が表れる。聖書を著した「聖人」らを酷評し、男性優位の歪んだ宗教に盲目的に付き従う者たちを叱咤し、人を人たらしめるものが失われていく光景に堪えられない心情が映し出されている。

> アダムなどと、笑い草もいいところである。アブラハム、ヤコブ、ダビデ、ソロモン、12人の預言者、モーセ、洗礼者ヨハネ、皆冷笑の的である。誰も私の啓示に気づけない。私の言葉に秘められた奥義に気づけない。そんなことでは、真理に到達することは、これからも不可能であろう。魂が欺かれていては、精神を解き放ち、本当の自分自身と真の人間性を知ることは不可能である。(62.27; 63.34; 64.20 より)

ご覧の通り、『第二の教え』はキリスト教的「救済者コンプレックス」の構成要素をピンポイントで攻撃している。贖罪者と啓示者の対立構造が挙げられ、それを通してアントローポス（人類）に「人としての本来の在り方」について説いている。グノーシス派はユダヤ教にとってのメシア（後にキリスト教が贖罪者イエス・キリストと見た超人像）、つまりゼデク派教団が掲げた理想を指して、これを偽りの人類像であると指摘したのである。「神の子」という排他主義の裏には、自分たち以外誰も異議を唱えられないような絶対的権威を確立したいという欲望があったのだ。秘教徒は人類史を振り返り、これまで何度も啓示者が現れては、人々を啓蒙して正しい道へと引き戻そうとしていたと伝えていた。そこで示される人物はキリストでも、その後ろにいたメルキゼデクという謎の超人的異星人でもなく、普通の人間である。ただの人間ではあるが、彼らは「人間とは何なのか」という問いに何でも答えられるくらいには、自分たちの種族を理解していた。超人として祭り上げられるイエス・キリストではあるが、だからと言って高い精神性が教えに反映されているとは限らない。グノーシス主義者にとって、人間を教え導くことができるのは生身の人間だけなのである。

神学的プラスチック爆弾（アルコンによる詐欺と偽造）

グノーシス派は「キリストは神の化身」という聖職者の教えは、立派な詐欺であると考えていた。それも、ただの詐欺ではない。「神の子」などという考えは極めて人間らしくない、精神的寄生虫の一種である「アルコン」によって、人間の精神に埋め込まれた妄想であると指摘していた。アルコンとは何者であるのか？　精神界の幽霊のような存在であり、偽の創造神デミウルゴスの手下であり、この存在を認知することはグノーシス主義者たるもの避けては通れない。ユダヤ・キリスト教の父神ヤハウェとデミウルゴスは同一視される。しかし、そのためにグノーシス主義者は、男性神を至高神とする救済主義者たちからの猛攻を受けることとなった。その攻撃は決して生易しいものでは無かった。ヒュパティアの死に様を見れば分かるように。

グノーシス派がユダヤ・キリスト教徒の至高存在をただの「気ちがい偽神」と見做したのは無視できない事実であるが、不思議なことに現代の学者のほとんどはこの事実にできるだけ触れないようにする。どんなに世間でアカデミックな評価を受けたグノーシス主義関連の作品であっても、「アルコン」が一度も登場しないものが割合としては大きすぎる（グノーシス主義関連の二大著名作品であるハンス・ヨナスの『グノーシスの宗教』と、エレーン・ペイゲルスの『グノーシス派福音書』の両方で、アルコンは全く言及されていない）。しかし事実として、古代レバント世界で伝えられていた女神ソフィア神話には、確かにデミウルゴスとその手下たちの物語は存在していた。ユダヤ・キリスト教徒はいつもの宗教的痴呆症を発症してしまい、すっかり忘れてしまったようだが、グノーシス派のいうアルコンと彼らの父神には確かな共通点がある。しかし「外来の神」という人間の精神に埋め込まれたインプラント思考に言及すると、話が複雑になりすぎてしまうことを避けたいのか、学者はこれに無視を決め込むことにするようなのだ。だから、ナグ・ハマディ文書が見つかってくれて本当に良かった。というのも、救済宗教に対するグノーシス批判について、公正な観点で話せるようになったからだ。多くの宗教批判の専門家が、それまでの苦境から抜け出すことができたと言えるだろう。批判する方も大変で、本来であれば専門家の誰もが不正確な神学的テーマなどを扱いたいはずもない。

アルコンといえば詐欺や偽造の代名詞である。「アルコンにとっての喜びとは、人を欺くこと(apaton)である。精神を模造すること(antimimon)を特徴としている。」(II, 1:21)ギリシャ語のapatonは「騙す」を意味する言葉であり、antimimonはアルコン的な真実の偽造、文字通りの「模造」を意味する言葉である。模倣ではなく模造。何かを真似して偽物を造り、そちらを本物と偽るということだ。あくまで、本物に対抗する目的で偽物を造るのである。今だと「コロナウイルス・ワクチン」を連想するのが分かりやすい。ノエティック心理学で定義づけられる現代人心理とは対照的に、グノーシス主義者たちは「自己」を欺こうとする存在を常に警戒していた。そのため救世主主義を掲げる新興宗教を見て、これはグノーシス主義における「啓示者」の模造品であることを即座に見破ったレヴァントやエジプト地方の秘教徒らは、アルコンが「偽の神の救済計画」を通して人類全体を欺こうとしている証拠と考えたのである。

当然、アルコンが計画を一からすべて創り上げたのではない。計画を立てた人間を後押しして、共謀しただけである。

ヤルダバオート自身がやったのは、アブラハムという人間を選び、服従を誓う限りは土地を与えるという契約を結んだという、それだけである。その後、モーセを通してアブラハムの子孫をエジプト国外に連れ出し、法を定め、彼らを「ユダヤ人」とした。そして七人の神（ヘブドマド）がその中から自分の使者を選出し、ヤルダバオートを神と讃えるように促した。そうすることで預言者からは神の栄光の言葉を聞けると思い込んだ人類全体が、預言者の言うことを聞くようになる（エイレナイオス著『異端駁論』より）。

ここに古代ヘブライ人の神聖歴史における決定的な瞬間について描かれているが、どうもいつもと様子が違う。そう、グノーシス主義者による警告にしか思えないことが書いてあるのだ。アブラハムと父なる神の間に起きたことについて、従来の宗教観が根底から覆されることがここにはっきりと書かれているのである。「ヤルダバオート（*YAL-dah-BUY-ot*）」これはアラム語の造語で、「外部空間を渡り来し者」の意味であり、偽の創造神デミウルゴスのことを指す、グノーシス主義のコードネームなのだ。偽物の神は地球以外の七つの惑星の神々（ヘブドマド）である。ソフィア神話によると、ヤルダバオートとその手下たちは、神の頭、すなわち神性充満《プレローマ》の歪んだ鏡像に住む無生命体とされている。「はじめ、ソフィアが天界と同じように天空《ステレオマ》を建て、世界を可視化した。そして物質界がつくられた」(NHC II,4, 87:5) この時にいたのがアルコンである。「アルコン」とはギリシャ語で「*archaia*」、つまり支配者とか第一人者という意味であり、物質界が最初に作られた時から存在しているとされている。そして生命体としての地球が形成されるのは、物質宇宙と無生命的で力学的法則に従うのみの惑星系の形成の、後の出来事である(ソフィア神話とアルコンの役割については本書第十章より詳しく論じていく)。

グノーシス主義にとって、アルコンは単なる心に巣くう寄生体ではない。単なる人間の心の中にある妄想的拠点でもなければ、自律的精神的半生命体というわけでも、言葉が足りているとはいえない。それは「宇宙由来の詐欺師」であり、人間の神を装って正体を隠す寄生体である。しかしアルコンには創造意志《エンノイア》の神的要素が欠けている。故に、何かを新しく創り出すことができない。つまり、何かの模倣や模造しかできず、その本質を看破されないように、ひたすら隠蔽と偽善を繰り返す存在なのである。選んだアブラハムという人間には、人類種である彼には生まれ持ったはずのものを嘘巧みに「与えた」ということになった。それが土地である。大地は既に人類のために与えられていたものだ。女神ソフィアが、アントローポスの住む楽園を夢見て、自らの姿を地球へと変貌させたのだ。そこへやって来た部外者がアルコンだった。

彼らはアブラハムに嘘の取引を持ちかけ、彼に土地の所有と支配を約束する。これはもちろん、ソフィアの神聖《エンノィア》な目的と合致しない部外者の契約である。地球はゲームに勝って手に入る賞品ではない。ここは生来の才能を発揮しながら人間が人間らしく生きられるように、そして斬新な物事を創造していけるように、女神によって境界が設定された自然領域である。アルコンがやったのはソフィアの神聖意図の劣化コピー版の模造だ。人類は生得権として自然と共生し、進化していく奇跡の才能が与えられた。アルコンはそれを模倣し、「土地契約」などという生得権に違反する約束をアブラハムと交わす。本来歩むはずだった人間の正しい道を、ここから大きく逸脱してしまったのだ。これがアルコンの「模造」の凄まじいまでの破壊力である。

アルコンの「模造」とは実質、「侵略」であることは言うまでもない。『ヨハネのアポクリュフォン』には、「デミウルゴスはソフィアから離れ、生まれ故郷を反故にした」とある。(10.20) 言い換えれば、アルコンは宇宙秩序における自身の弁えを一切尊重していないのである。元々地球外の惑星系に属していているべき存在が、無関係であるはずの地球上での出来事に干渉してきている。これは侵略行為に他ならないと言えよう。

旧約聖書の神はアブラハムの生まれ故郷を「カルデアのウル」と呼んだ。至高神の使命に導かれていると信じていたアブラハムは、奇しくもその地を追放されることとなった。領土の喪失、そして再獲得。その悪循環の果てに、彼は他国を強奪することを生き甲斐とする民族指導者となっていった。一歩引いて全体を見渡してみると分かるように、人類は「他者を支配する権利」を獲得すると思い込む傍らで、神聖な生得権を奪われていたのである。この侵略過程には「アルコンの神格化」が欠かせない要素となっている。「そこで主たるアルコンは、自らに仕える権威者たちにこう云った。さあ神のかたちと私たちのかたちをもとに、ヒトを造ろう」(II, 1, 15.5) 聖書の創世記と酷似しているが、ここではグノーシス主義の視点で同じことが語られている。**自分たちに似せて人間を造るなどと、アルコンの分際で痴がましいことを宣っている。**グノーシス文書は他の箇所で明白に物語っているように、アルコンが人間を造ったのではない。造ったように見せかけているだけである。

三つのアブラハム宗教はどれも「地球における人類の唯一無二性」についてが強調される。それは、人類こそが神に似せて造られた唯一の存在であるという壮大な勘違い思想に起因している。さてこの勘違いは、贖罪者コンプレックスの第二構成要素、すなわち神のイメージに似せて造られたという自分たち少数精鋭民族は、他の民族とは違って優秀なのだという選民思想とも大きく関係している。全ての人種差別の諸悪の根源とも言える、このような歪んだ選民思想によって、人は自分だけが義人と信じて、社会を非難し孤独を選び、逆に社会からしっぺ返しとして差別対象とされる。なにしろ自分以外の誰も、自分と同じように神に似せて造られた選ばれし者ではないと、厚顔無恥にも信じてやまないのだから。「メシア」はこの間違った世の中を正すためにやってくる正義の味方であり、選ばれた少数の者を迫害から救ってくれ（ユダヤ教信条）、悔い改めた罪人には神による赦免を与えるなど（キリスト教信条）、超人的役割が期待されている。しかし基本計画自体、まだ地上で達成されていない。神の最後の審判の日は2021年の今になってもまだ来ない。秘教学はこのような逸脱した救済計画は、ただ狂っているだけとして非難した。こんなものはアルコン精神寄生体の策略に他ならなく、みんな騙されているだけだとして。

アイオーンは何も押し付けることなく神性示現をするが、アルコンは脅迫まがいの手段で歪な精神性を人類に押し付ければいいと思っている。アルコンは、人間を意のままに操りたいと願っている。しかしながら、人類種の方が優位であるため、その計画は阻まれ続けてきた。「人類は神聖不可侵で純潔な力の領域に住む住人であり、混沌の住人であるアルコンよりも優れた立場にある」（II, 4: 93.25–30）このようにナグ・ハマディ文書では、人類がアルコンよりも優れた存在であることを常に強調しているのが特徴だ。「アダムの考えは、最高統治者ヤルダバオートよりも正しかった」（II, 1: 22.6）確かに人類はアルコンを凌ぐ存在である。しかし、人類がすべて、先天的知性「ヌース」を常に最適なかたちで行使できるわけではない。分別力が弱まる時、人は見せかけや幻想に騙され、本来の考えを上書きされてしまう。本来備わっている知性を十分に発揮させられないと、異形の人工知能によってさらに本来の考えとの乖離が進む危険性もある。そうしていると、いつか悪夢は現実のものとなってしまうだろう。人工知能が跋扈《ばっこ》する世では、人の知能の方が非現実的になるのだ。「人工知能（AI）」はアルコンの異常性が人間界で顕在化したものであり、戦争における彼らの主要兵器である。

プラスチックと真珠を区別することができなければ、地球上のどこにも居場所がないと感じている限りは、模造犯であり支配者のアルコンの勝利が確定してしまう。人類種はあまりにも長く騙され続けてきた結果、本物の人間と魂のないクローン変種の違いの識別に苦心し、防戦一方になってしまっている。人類が自らを裏切り、諦めてしまうように仕向けるのは、アルコンにとってはいつものやり方であり、造作もないことだ。娯楽の一種と思っている節さえある。アルコンは宗教や科学を通じて、密かに影響力を拡大していく。なぜ宗教か？　それは、宗教が最も人間の信念体系を操りやすい道具だからである。

一般的な学者はこのことを迷信だとかナンセンスだとか、グノーシス派神話は奇妙すぎて理解し難いとか考えるかもしれない。しかしながら、ソフィア宇宙論や異教徒による救世論の批判にアルコンが欠かせない要素であることは、もはや自明である。アルコンによって古代ヘブライ人を宿主として培養《インキュベート》された思想ウイルスは、その後聖パウロの働きによってパンデミックの事態にまで発展した。「ヤルダバオートは自らアブラハムという名の人間を選び、契約を結んだ」そして開始当初からユダヤ・キリスト教徒が地球外由来の妄想的信念を抱いていたのを見て、感染源を特定したグノーシス主義者たちは、まず人類の起源まで遡って、根源となる妄想に反論する策に出た。それが人間として真の道を取り戻すことに直結すると、彼らは考えたのだ。死海で見つかったゼデク派文書がキリスト教教義の基盤であるという説を覆すことが難しくなった今、揺らいだ信仰制度を土台から完全に吹き飛ばす大爆発を起こせるのは、純粋なグノーシス主義を見せるナグ・ハマディ文書しかない。

グノーシス主義の啓示者の残した遺言、それは神学的プラスチック爆弾となり得る。そしてテクノクラートどもが進める「人類総ＡＩ支配」などという馬鹿げた世界制覇計画を打ち破ることができるのが、人類の持つこの最終秘密兵器であるのだ。

敗北者宗教（秘儀の守り手グノーシスへのジェノサイド）

１９９１年に出版した著作で、私はグノーシス主義を「世界宗教の敗北者」と称した。[cxix] 何世紀もずっとキリスト教は執拗に隠蔽工作を図ってきたわけだが、その主たる目的は、グノーシス主義と秘教の証拠を根絶し、古代世界における異教徒の知恵の真髄を消し去ることだった。

隠蔽はとにかく徹底的かつ効率的に行われなければならなかった。ただ破壊するのではなく、**最初からそこになかったかのように見せかける必要があった。**

　ここまで徹底的な破壊の憂き目に遭うとは、一体どのような凄い教えであったのだろうか？　どんな真理を伝えたら、どんな輝かしい愛と赦しのメッセージを伝えたら、このような酷い隠蔽をされることになるのか。

　異教徒の秘儀に対する精神的、文化的、知性的ジェノサイドに比肩しうる規模のジェノサイドは、人類史において他に例を見ない。秘儀の守り手であったグノースティコイは、エジプトやレヴァント地方で地球の神秘をはじめとする数々の秘伝を伝えてきたが、それを破壊しようという殺人的意図はそれら地方のみに留まることはなかった。例えばエウロパ。そこではペイガニズムの英知が多種多様な人種と文化の組み合わせの中で繁栄していた。例えばアメリカ大陸。そこでは秘教破壊の手が北はカナダ、南はペルーに至るまで、何百もの部族文化を壊滅していった。現在では韓国や中国をはじめ、アジア各国へ積極的な布教活動が行われている中、多くの秘伝が破壊されている。そしてアフリカ。布教活動が軍国主義運動と結び付けて行われているのを目にすることも珍しくない。さらにはラテンアメリカと南米。多くの死者の山を作り出していった。世界中でカトリックの救済メッセージが蔓延し、疑わしきは罰せられ、そうして自己増殖を繰り返している。偽の神デミウルゴスの烙印を捺された忠実な下僕のみが繁栄することを許される、このような間違った世界観をグノーシス主義者は否定したのだった。

『聖なる快楽：性、神話、身体の政治』を著したリーアン・アイスラーは、「失ったものを知るには、失ってはならないものを知ること」という金言を残した。１９４５年12月のエジプトでの発見により、その失われてはならないものが何なのかを、我々は思い知らされた。歴史というのはゲームの勝者によって上書きされ、正当化され、大義を祝うために利用されるということは証明可能な事実である。ナグ・ハマディ文書は実際、物語の裏側にあった真実を明らかにした。それから１６００年が経過した今でも、「歴史の敗者」が何を考え、何を教えていたかを、なんとか垣間見ることはできる。敗北の歴史に目を向けることは珍しい行為となって久しいが、我々が「これが真実」と受け入れさせられている世界観を瓦解させるための、十分な確証になる材料がそこにあるのである。

この言葉を私が書いたのはナグ・ハマディ写本が発見されてからちょうど60年目の同じ週のことであった（正確な日付は不明。１９４５年12月の第一週に文書入りの壺が見つかったという説が有力である）。だから、負け犬のカムバックを考えるにはちょうど良い時期だったのかもしれない。今では環境面に配慮した、胡散臭い「地球に優しい」宗教の発明なども散見され、生きる惑星体「ガイア」の信条と「神の信仰」を融和させようという変わった取り組みも以前よりはよく見かけるようになったが、まずはいわゆる「信仰」グノーシス主義とのズレを指摘せねばならない。少なくとも、現時点では。今後の融和の発展に期待したいところだ。

『ガイアと神（Gaia and God)』を著した環境保護論者であり神学者でもあるローズマリー・レッドフォード・リューサーは、「自然の神聖さを知るには（ディープエコロジー的に言えば人間以外の生命体の本質的な価値を知るということ）、各個人が長く保持してきた信仰や伝統を、少しばかり修正するしかない」と述べている。この「ガイアの神性」（私にとってのソフィア神性）は、すでに世界中の何十億もの人々が支持し続けている既存の宗教的枠組みの中でなければ、知ることができないと、冒頭から結論付けているのである。例えば「アブラハムと神との契約」のエピソードも、神が人類を自然界の管理者として、生態学を実践するよう任命したと再解釈することができる。確かに、特にキリスト教においてはそうだが、救世論からはある種「生態神学」とも呼ぶべき信念を抽出、または外挿することができる。２０００年代に入り、ガイア精神への集団意識の移行を意識していたのか、２０００年に発行された雑誌『エコロジスト』は「宇宙的十戒（神との契約）」というテーマになっている。副題は「社会・自然・コスモに宗教を再定着させる」と、自然嗜好と宗教を融和させようとする努力が著しかった。テーマに沿ってユダヤ教・キリスト教・イスラム教の異なる宗教の信奉者による「自分たちの宗教や信念をガイア神話やディープエコロジー的な原理に結びつけたい」という主張がたくさん掲載されている。だが興味深いのは、これら宗教に入信したいというディープエコロジー学者による論文が、逆に見当たらなかったということだ。

『ディープエコロジーと世界の宗教（*Deep Ecology and World Religions*）』を編集したロジャー・S・ゴットリーブは次のような言葉を残している。「ディープエコロジーは宗教とは関係ない思想と思われがちだが、実際、世界宗教の雑多な感情論や認識論が入り混じった土壌から生まれた、精神環境哲学である」CXX 果たして、本当にそうだろうか？　もしかして、自分がこれまで信じてきた宗教を否定したくなくて未だに固執しているから、ディープエコロジーを宗教と見做して保護したいという願いの表れなのでは無いだろうか。するとこの考えも、単なる希望的観測でしかなくなる。元は救済コンプレックスの四大構成要素である土台から、果たして自然賛美の思想が生じるものだろうか？　ゴットリーブは仏教などの有力宗教に組み込まれることで享受できる恩恵について、多くを引き合いに出している。だが、異教徒たちがすでに人間の生得的な善について語っていたことに言及してもいないし、救世論の異様なまでの強硬路線について何ら異議を唱えていない。真面目な論文集であるはずの『ディープエコロジーと世界の宗教』の書籍のどこにも、「グノーシス」や「秘教」の言葉が出てこない。論文の提供者のほとんどは、既存の宗教的伝統からなんとか生態学的価値を絞り出そうと苦心しているように見えなくもない。だが、『ユダヤ教とディープエコロジー』を著したエリック・カッツが言っていた「ユダヤ教が本当にディープエコロジーと相性が良いかどうかは、正直言って疑わしい」という告白には、より真実味を感じられるというのが、私にとって正直なところだ。[cxxi]

因みに、ローズマリー・レッドフォード・リューサーは著作『ガイアと神』において「過去の宗教伝統のどこを探しても、生態学的精神性や倫理性の完成形は、絶対に見つかりません」と断言している。[cxxii]

なるほど、そういう仕組みになっているわけだ。ローズマリー・レッドフォード・リューサーが教鞭をとるイリノイ州にあるギャレット福音神学校では、グノーシス派のメッセージを何千年もの間破壊・隠蔽し続けてきた行為がそのまま行われている。内面に悩みを抱え、救いを求めて彷徨うユダヤ、キリスト、イスラム教徒らは、グノーシス派の女神のメッセージについて全くの無知でありながら、「神の叡智《ソフィア》」を復活させるために自分の宗教の派生系にしか目を向けたがらない。例えばユダヤ教徒であればカバラ神秘学研究を、イスラム教徒であればスーフィズムの研究をしがちだが、それ以上の研究はしたがらないのである。身近な宗教の派生にのみ答えを求めようすれば、それだけ選択肢の幅が狭くなる。よって、最も古く最もセンセーショナルなグノーシス主義という選択肢に光が当てられることは稀になってしまうのだ。そもそも、グノーシス主義は単なる宗教ではない。これは宗教の根底を覆す「道」であるのだ。神を信じるかどうかの話ではない。直接的な真理を本当の意味で知るための、道なのである。ディープエコロジーの理解を深めるにも、グノーシス主義は非常に奥深い、体感的な基礎叡智を提供してくれる。その過激とも言える内容はナグ・ハマディ写本に反映されているわけだが、女神ソフィアの神話は諸宗教の諸神話にはないような物語である。だが人はこの物語の中でこそ、地球という広大な生命領域における自分たち人間の役割を見つけ出せる。ソフィア神話は最古の神話でありながら、すでに最先端を行っていたのである。人類種のビジョン・クエストと言えよう。生物学者リン・マーギュリスが論じていたように、共進化の中での「円熟期」とは、人類が種としてガイア共生の道である「創造的適応」の道を歩んでいくことである。そのための道を模索することは、我々の責務なのだ。マーギュリスは先駆的環境学者イアン・マクハーグの言葉を引用しながら、そのことを示唆していた。

本書を書くにあたり私の主要目的となっているのは、実践派神秘主義であるグノーシスと女神ソフィア神話が「人類と地球の共進化」の台本となっていること、そして三つのアブラハム宗教観から解き離れたところで、ディープエコロジーの精神性が克明に示されているということを世に明かすことである。世界の主流宗教をこき下ろす意地の悪い本に思う読者もいるかもしれないが、本書を読み終える時には読む前とは世界観が変わっていることを約束しよう。次の疑問についても、回答が明確に示されるはずだ。「なぜこの著者は、リューサーなどが熱心に唱えている、宗教と環境学の和解の可能性を排除するのか？」「なぜ救世論を転覆することに固執しているのか？」「なぜ調和と統合を訴えるのではなく、比較し排除していくことに終始しているのか？」

救済主義が人類や地球にもたらした害のせいで、我々は皆、道徳的にも精神的にも摩耗してしまった。加害者と被害者の鎖に気づくと、普通は両者の和解を呼びかけようとするのは、私も分からなくもない。しかし私は和解を人々に求めない。なぜなら、正当な理由もないまま耐えがたい不正に耐えてきた被害者の苦痛を、誤って緩和したくないからだ。それだけではない。被害者がこれまで不当に扱われていたことを、逆に誇りに感じてしまうかもしれないからだ。和解によって、被害者が加害者よりも道徳的に立場が高くなってしまうことを防ぎたいのだ。要するに、和解は加害者と被害者の連鎖を維持するための最高の手段であると考えている。これは問題の解決にはならなく、犯人の常套手段なのである。どうか信じてほしい、本当の話だから。

加害者と被害者の鎖症候群の再発を避けるには、加害者とその信念を模造した存在を、断じて赦してはいけない。グノーシス主義におけるソフィアという存在は、それ自体について「可哀想」だとか「堕天使」だとか、そういった形容詞は何ら付け加える必要はない。人気の宗教と関連事項を無理に見つける必要も、最初からない。これまで神の救済の名の下に、無数の人生が壊され、死人の山が築かれたことを忘れ、これからも苦しみ続ける人生を選択することは、簡単なことだ。人類の罪を超人がまとめて償ってくれるという約束を信じることで、個人のあらゆる道徳感覚が麻痺させられてきたわけだが、つけられた傷はあまりにも深く、さらにはその傷がいつつけられたものなのかを知る手がかりが見つけられないでいる。救世軍との戦に敗れた者たちの証言は、全て隠滅されたからだ。そのため、自分はなぜ戦っているかを、すでに忘れてしまっている。キリスト教徒がライオンの洞窟に投げ込まれたと言えば、戦慄して信仰心の篤さに拍手を送ることは暗黙の了解となっているが、キリスト教徒らが異教徒、グノーシス派、秘教団に対して行った迫害に比べれば、この程度の出来事は取るに足らないほどだ。『大いなるセトの第二の教え』に書かれているグノーシス派の啓示者の証言を見ていただきたい。勝ち組がどのくらい横暴に振る舞っていたかが、負け組の視点から語られているのを、刮《かつ》目《もく》して知っていただきたい。

私たちは憎まれ、迫害された。私たちのことを理解できない人々からだけでなく、キリストの名を広めている伝道者からも忌み嫌われた。彼らは動物のように無知で、自分が本当は何者なのか忘れてしまった、愚か者である。啓示者の私によって精神の解放を経験した者たちも、同様に迫害された。彼らは心が自由になった者を嫌う。彼らは閉口しながらなおも叫び続けるだろう。そして絶望に打ちひしがれ泣くだろう。なぜなら、彼らは私が何者であるかを知り得ないからだ。

彼らは二人以上の数の主人に仕えた。だから彼らは、あらゆることに勝利する。戦争にも、闘いにも、嫉妬と分断と憤りのあるところ、すべてで勝利するだろう。亡き者の教義を奪い、秘法を授かった純粋で自由な精神の者と、似た作り話をするだろう。

恐怖と隷属、世俗的であること、敬意を忘れるさま、狭量で無知であること、これらが同じ教義の下で団結すると、高貴な真理を受け入れられなくなる。かのように、自分であることを嫌い、自分でないことを好きでいるようでは、決して。（58―61より）

第八章 密儀宗教の全貌（甦るグノーシス）

宗教学において、隠秘学は最も興味深い研究分野である。こうした太古の秘密の考えが長い間保存されているというのは、つまり最初から全てを明かすのは避けるべきと判断された何かしらの理由、神秘がその宗教にあるということだ。少しずつ、段階を踏んで明かしていくべき秘密ということである。そこには魂の科学、見えざる世界の知識が保存されている。

——G・R・S・ミード著『忘れられた信仰の断片（*Fragments of a Faith Forgotten*）より』[cxxiii]

グノーシス派研究を専門とする学者であっても、その「密儀」について論じることは稀である。語られる際は、大凡《おおよそ》次のような描写になる。「ヘレニズム時代（紀元前320－30年）に近東、エジプト、ギリシア各地に散在した異教徒の祝祭で、情緒的な儀式」特徴づけとしては間違っていないが、これでは十分な説明とは言えない。時間的枠組みと地理的範囲の両方の観点から、より正確で具体的な儀式の内容を知るには、やはり古代の一次資料を参照するのがベストだ。具体的な場所としてはヒベルニア（現在のアイルランド）やサモトラキ島、人種で言うならバラモン人、フリギア人、そしてエジプト人、信仰名で言えばオシリス信仰、オルフェウス教、それからドルイドが頻出する。学者にとっては「密儀」はイギリス最北の島々からアフリカの北岸、さらにはアジア奥地に至るまで、あらゆる地域で非常に古くから秘密に受け継がれる、土着信仰であると考えられている。

秘儀のことを「救済宗教の異教版」と呼ぶことも多い。そしてヘレニズム時代の近東にのみ存在していたと認識する学者も多く、このような局地的な見解が「グノーシス主義」の全貌について一般人の理解を妨げているところがある。宗教史の専門家であっても、グノーシス派は初期キリスト教から生まれた分派で、それ以前には存在すらしていなかったと考えることも多々あるのだ。なぜなら、そのようにグノーシス派はキリスト教の非主流派であったという間違った仮説に、未だに皆揃って追従している。教会側の人間がグノーシス派に対する批評を残していた最初の文献が、紀元前１５０年頃に書かれたユスティノスの『第一弁明』である。グノーシス派がキリスト教以前に存在していなかったという見解は、この古代文献に書かれた見解による影響が大きい。現在では、ほぼ満場一致でヒュパティアが秘教徒であったことも否定され、古代世界の名だたる学術機関の創設者たちがグノーシス主義者であったことも、まずは否定されるようになった。

以前はこれとはかなり異なる見解をもった研究者も、いないわけでは無かった。G・R・S・ミードはナグ・ハマディ写本が発見される半世紀も前からすでに、グノーシス主義が古代の密儀宗教のエッセンスを、他のどの宗教や哲学よりも豊富に保存していることに気づいていた。[cxxiv] 古代エジプトの文献を正確に分析することで、彼はその結論に至った。もしや今はグノーシス主義の独自解釈が流行する時代なのだろうか。[cxxv]

ルーツはシャーマン(最古のシャーマニズムは女神信仰!?)

テレスタイ（*Telestai* 複数形で *Telestes*）は、ギリシャ語の「telos（究極）」から派生したギリシャ語である。つまり「究極を目指す人」という意味の言葉だ。秘教徒たちはそうした修行者の集まりであった。「グノースティコイ」はその別名である。どちらも同じ、神域や神々の意志と働きについての、秘密の知識を伝授された者のことなのだ。神学と宇宙学の専門家だと定義すれば流石《さすが》の学者たちもほとんど異議を唱えないだろうが、ヒュパティアがグノースティコイで古代宗教の神秘奥義にも精通していたというと、途端に首を横に振る。

　秘儀に関する古代資料を見ていると分かるように、その奥義は大地自然に根ざした教えであり、マグナ・マーテル（太母。ガイアと同一視される）の信仰が共通して見られる。ところが現代ではこれほど明らかな証拠であっても無視されたり、嘘の事実がでっち上げられたりなど、悪質極まりないことをする輩《やから》もいる。ところで大地に根付いた教えということは、すなわち広範囲に分布する多数の異なる民族にとっても、普遍的な魅力を持つ教えであったと推測できる。女神信仰は旧石器時代から続いていた「母系文化」の大きな特徴でもある。無数の先住民たちにそれだけ長く、広く受け入れられていたということだ。その文脈でいくと、シベリア、ウラル、エウロパなどの地域における最古のシャーマニズムは、女神信仰であったという可能性も十分あり得る。宗教学者ミルチャ・エリアーデによると、シャーマニズムはよく男性の仕事であったと見なされることが多いが、これはインド・ヨーロッパ系の空から来た男性天空神の信仰に由来するものであり、空から来たということは「地上の神に勝る」という意味合いがあるようで、天と対になる大地を信仰する太母信仰は本来、女性僧の仕事であったと言われている。例えば日本のアイヌ文化にその鱗片が窺える。[cxxvi] 仏教学者ジョアン・ハリファックスによると、シベリア地方に伝わるシャーマンの伝説は、魔法の木の上で自分のオスの子孫を育てた、ワシ女の物語だったという。これに類似した、生命の木の上に住むワシのシャーマンが、『ヨハネのアポクリュフォン』というグノーシス宇宙論を語る上で外せない重要文書中でも示されている。ワシ女は女神ソフィアを描写する一節に表れる。「生命《ゾーイ》という名の女性、彼女こそは生きとし生けるもの総ての母」[cxxvii]

グノーシス派の知識と実践法が、実は古代世界で開花した「エクスタシー技法の奥義」（エリアードが提唱したシャーマニズムの有名な用語）であったという可能性が、無視できないレベルである。だが残念ながら証明に至るほどの探求がされていない。

この文脈での研究を進めていた学者も大昔にはいたのだが（大体がリヒャルト・ライツェンシュタインなどのドイツ人宗教史学者）、今となっては引用されることすらほとんどなくなってしまった。ところが太古の昔からこの分野の開拓者たちは、グノーシス派は元々中央アジア一帯に住む宗教家に起源を持つと説明していた。その伝統はキリスト教が台頭する何世紀も前、もしかすると何千年単位も昔から続いていたのだという。現代にはわずかばかりだが、過去に続いていたこの文脈での秘儀の研究を再評価する動きもある。ナグ・ハマディ文書英語訳の序文で、研究者ジェームズ・ロビンソンは次のような見解を残している。「この過去の研究を見る限り、キリスト教グノーシス分派という偏った見方をされるグノーシス主義が、一般的な認識よりもはるかに深遠な神秘主義者であったのではと考えさせられる」[cxxviii] しかしながら、序文で語られたこの説も、学会のグノーシス主義の表現が一変させるようなトリクルダウン効果までは得られなかった。

神聖な証言（秘教徒たちが出会う神秘光）

女神イシスから、救済への光や、言葉にならない何かが届いた。
——秘儀伝授者アリステイデス cxxix

「奥義」に関する確固たる証拠を見つけ出すことは、難しいと考えていい。というのは、秘儀参入者は自分たちの体験を決して外に漏らしてはならないという「沈黙の誓い」を立てていたからである。しかしながら、神秘の儀式に参加した人々は一様に、現実に対しての物事の見方が一変したと証言しており、その変化も一目瞭然であったようだ。「秘儀とは、霊的体験を通して心の変容を遂げることを目的とした、立候補制で個人的、かつ秘密の入信式《イニシエーション》である」cxxx入信者は皆、儀式を通して「生き返ったようだ」とか「考え方が変わった」という感想を残してはいたものの、ユダヤ・キリスト教徒が期待するような「救われた」という感想は見当たらない。このことからも、救済教義とはそもそも相容れない別目的の儀式であることが窺える。ユダヤ・キリスト教にとっての「救い」が、自らの罪を神によって赦されることを指しているのなら、孤独や不正、苦痛を人間以上の存在によって解放され、その後はあの世で不死の状態で永遠に生きることを指しているのなら、異教徒は絶対にその救いの手を差し伸べることはできない。なにしろ世界観が相容れない。最初の地点から食い違いがあるのだから。

「秘儀」は英語で「Mysteries」であるが、これはギリシャ語の「*myo-*」という動詞に由来する言葉であり、こちらは「目を閉じる」または「口を閉じる」という意味がある。他にも「危険と恐怖の中で」や「畏怖に直面する」という意味もある。cxxxi「沈黙の誓い」があるので、密儀で何をするのかを具体的に話した者は誰もいないのではと考えてしまうが、実はそういうわけでもない。厳密に言えばこれは、儀式の全てではなく、儀式の最深部の秘密だけは絶対に外に漏らしてはならないという誓いであったのだ。というわけで、秘儀の究極の啓示の部分について口外は禁じられていたものの、比喩で表現することは許されていた。イニシエーションの効果については、そのように譬え話で仄めかすことが実際によく行われていた。『黄金の驢馬（変容）』を著した古代ローマ時代の北アフリカ・マダウロス出身のアプレイウスは、著書の中で恐らく本物の「イシスの秘儀」への参入イニシエーション儀式について描写をしている。儀式の最高潮、「啓示」の瞬間には、崇高なる声が彼に語りかける。

私は自然。全ての母。万物を愛し、万物から愛される者。時間の原子であり、霊的なことすべてを司る者であり、死の女王であり、不死の女王でもあり、地上であなた方に知ら

れるすべての神や女神の唯一の顕現である。cxxxii

アプレイウスの証言は、密儀とは生きた自然「マグナ・マーテル（現代用語ではガイア）」との出会いであったという、古代資料の報告とも一致している。このような霊的存在との出会いは、「神秘光の公現祭《エピファニー》」として伝えられている。

儀式では「透聴」や「透視」として光と交流するものや、目や鼻などの肉体の感覚器を通して神性を感じるというものもあるようだ。cxxxiii「その光は、聴き取れる言葉で満ちていた」とナグ・ハマディ文書の『セームの釈義』にある。（VII, 1,1.30）啓示の最高潮の瞬間、秘教徒たちはある種の「超自然的な光」を同時に目撃したり、聞こえたりする。この場合の「光」とは、ただ光がチラチラと輝くだけの自然現象ではないらしい。つまり、これは単なる「光学現象」ではない。それに光学現象はふつう肉眼では見えないものもあるが、儀式では光の全てが可視化されるという。さらに言えば、儀式での「光」はこの手の自然光の現象とはまた異なる。神秘の儀式で遭遇するその光は「超越的な御光」であり（古代の解説書ではこれを表す際に敬語を使う）、その光は肉眼でも視認できるという。パソコンで文字を打ち込むときに真っ白なページを見るが、画面から発せられた電気的な光の全てを肉眼で視認できるわけではない。しかし画面から発せられる透明な光は不可視なだけで、一応その光を見ているのである。

エイレナイオスの弟子でもあった神学者ヒッポリュトスは著書『全異端反駁』（第5巻）の中で、アレクサンドリアにいた「ブラフミン（バラモン）」たちの「神は光であるが、普通に見える光ではない」という発言について言及していた。ヒッポリュトスは現代の学者よりも遥かに、それこそ何世紀分もこの問題の答えに近づいていたと思われる。そのヒッポリトゥスにとって、インドからはるばるエウロパやアジア奥地までやって来たバラモン人なのだから、現地の秘儀集団に加わることも当然の成り行きであった。そして「光の秘儀」についてもお互いの秘教で共通する神秘体験であったと書き残している。さらには「神とは言説である」というような、バラモン間に共通するグノーシス主義的な見解についても述べている。ここから察するに、異教徒のイニシエーションで見えるという神秘光とは「相互作用的《インタラクティブ》」なもの、すなわち情報の送り手と受け手が相互に情報をやり取りできる状態であることを示している。聴くと同時に話すというわけだ。その「無限光」は生きている光であると言われている。ヒッポリュトスによると、その光に出会うことの意味とは「崇高なる自然界の神秘」をその目で目撃するという目的のためである。先ほど少し触れたアリステイデスの証言によると、女神イシスから届いたという光は、眩い自然光よりもさらに光度が高いものだったそうだ。それはある意味、高次の存在と人間の間でのコミュニケーションが「天の光」として表されていたのかもしれない。

「大女神」に関するバラモン人たちの教えを見ることで、ますますヘレニズム時代の古代文献の記述の信憑性が増してくる。「ブラフマーの女性面《シャクティ》である女神サラスヴァティ（弁財天）は、溢れんばかりの豊富な言葉（Vac）を操り、同時に啓示と智慧を司る」と説明したのは著名なインド学者ハインリヒ・ツィンマーだ。cxxiv 神々《デーヴァ》の乗り物として表現される「ヴァーハナ」だが、その実これは高次の存在が人間の感覚を通して顕在化するために使用する、霊的な道具であった。「白く輝く者《ガウリ》」という呼び名は、カイラス山の戴きにある乳白色の氷河を、女神に喩えたことに由来している。秘儀の最中に目撃する光が、実はこの乳白色であるというのだ。仏教で言えば多羅菩薩であり、阿弥陀如来でもある。白き多羅菩薩のことを「若々しく豊満な乳房を持つ女性」として視覚化することで、「超絶的な多幸感が滲み出る」女神は若返りと不老不死がもたらしてくれるという。cxxv ところで豊満な胸の多羅菩薩というと、トルコのエフェソスにあるアルテミス神殿の多数の乳房を持つ女神像を思い起こすのは自分だけではないだろう。

奥義を伝授された者たちは一様に、生命の秘密とその偉大さを思い知った。東洋の伝説によれば、多羅菩薩などの光の神々は皆、太古の女神の木「母親木（Mutvidr）」から生まれた子孫であるという。これは「世界樹」という別称を持ち、乳白色の黄金樹液を出すという。この樹液は「絶対的現実」を意味するとされ、癒しの智慧にとっての中心と原点への回帰の旅、「帰

郷」を表すとされている。cxxxvi

女神はその波打つ白い光の流れに身を包んだ神聖女性原理である。グノーシス主義者の修行とは、その聖なる自然の前で全身を照らすことである。

ヒンドゥー教の女神サラスヴァティのヴァハーナは目の模様がたくさんついた尾を持つ孔雀だ。秘儀は新しく台頭してきた救済宗教によって、ことごとく破壊されていった。それからしばらく後の話だが、西洋錬金術は「孔雀の尾《カウダ・パウオニス》」のイメージと共に、秘儀を保存していった。「大いなる業」の最終段階に見られる「基盤感覚《インフラセンサリー》」のシンボルである。「白い光」はすべての色を含み、つまりは全ての目を内包する、万物を見通す光なのである。いわゆる賢者の石は、「白い石」と呼ばれることがあるが、これは光の秘儀のことである。神秘光が目で見えるという意味が込められた、秘教学的比喩だ。不思議だが、「白い石」は実質的には光なのである。

グノーシス主義の開祖とも言われる魔術師シモン・マグスという人物がいる。歴史上初めて秘教学校の教師として公式に記録された人物であり、匿名性を捨てて救済主義支持者たちに公の場で対立したとされている。3世紀に書かれた逸話集『クレメンタインの認識（*Clementine Recognitions*）』には、シモンと使徒ペテロとの対決、グノーシス主義者によって秘教学に無知なキリスト教徒を徹底論破する様が描かれる。キリスト教改宗者たちに向かってシモンは宣言する。「この世には、無知なる者、法学者やモーセ、君たちの主イエスや、創造主でさえも知り得ない、偉大な御光の力が存在する。だがその偉大な御力は、御身を隠されたままにしたがるのだ」(クレメンタインの認識 第2巻49章) 当時の世情で、秘教徒が衆目の前でここまで大胆に秘教を語ることには、相応の大きな勇気が必要だったことだろう。ここで注目しておくべきなのは、ユダヤ・キリスト教の教祖であるイエスやモーセは大事な啓示を受けていなかったということを、シモン・マグスがはっきりと述べているという点だ。

ペテロがシモンに尋ねる。「その光とやらが未知の力というのなら、なぜ我々に未知の感覚が宿らないのか?」この問いに対し、シモンはこう答える。「人間は万物を五感を通して認識すると決まっている。よって、五感以外の感覚が加わることはない」何気ない一言に、グノーシス主義の教えのエッセンスが詰まっている。古典的な認知科学論である。肉体の五感に「浸透する」神秘光は、その力によって肉体に変化を加えることはない。ただし、光と一体化することで、超越感覚に目覚めることはある。啓示というのは、そのようにして身体で感じるものである。まるで十世紀の中国唐代の禅僧である黄檗希運《おうばくきうん》が残した言説のように、神秘的な教えである。「自分の本性は、妄想によって失われることもなければ、悟りの瞬間に得られるものでもない」[cxxxvii] クリーミーでマシュマロのような柔らかな乳白色の神秘光は、形を成すというよりはむしろ、何かに染み入って形を認識できるというものである。染み入った密度や質量のある存在あるいは領域から追い出さない限りは、姿を変化させることも無い。目に見える物質は、本当はすべてその光に初めから溶け込んでいる。全ては光の中に浮かぶことで「見えている」のだ。

神秘光は西欧の異教だけの概念ではない。仏教にも同じ光についての証言が残っている。「密儀の入信者は、死の瞬間に魂が経験することと、同じ経験をする。御光に照らされるのである」哲学者テミスティオスの証言は、古代の秘儀が存在していたことを示す貴重な証拠である。[cxxxviii]『チベット死者の書』を熟読した読者ならば、思わずハッとするかもしれない。その書物には、死後に柔らかな乳白色の光が、万華鏡のように「神域」から発せられているのを目撃するという体験についてが書かれている。[cxxxix] チベット大師はその柔らかな光に向かって行くことは控えるよう警告している。反対に、異教徒は真っ直ぐにその中へと入るよう助言する。そもそもなぜ、異教徒たちは死後に現れるというこの光を、死ぬ前にも経験することができたのだろうか。

ナグ・ハマディ文書では『セームの釈義』にこの「光」についての言及がある。秘教徒たちは同じ光に出会い、さらにはそれとの交信を図る。その光から何かしらの啓示を受けることができれば、儀式は大成功である。ナグ・ハマディ文書では最長の章である『三部の教え』には、この光との出会いは至高神の賜物であると書かれている。「主は、より高い光を求める者に、この清き光を見るように指導した」（87：88・10）そして『第八（オゴドアス）と第九（エンネアス）に関する談話』などのヘルメス文書にも、神光から直接知識を得られると書いてある。文書の中で登場する大司祭が弟子たちをその光の前に連れ出し、次のように宣言する場面がある。「啓示を喜び受け入れよ。これこそプレローマより来たりし我々の体を流れる光なり。刮目せよ、その深淵をしかと見届けよ」（57・25―30）

超自然光、無限光、神秘光、白光、神光、さまざまな呼び名はあるものの、同じ崇高な光である。ただしグノーシス主義における啓示の光は、心身で体感できる現象であり、比喩などではない。その光は生きており、生命力の源である。そのことから「有機光《オーガニックライト》」とも呼ばれることがある。

サミュエル・アンガスは著書『神秘宗教とキリスト教（*The Mystery-religions*）』の中で、次のようなことを述べている。「古代密儀宗教が語るすべての公現祭は、同じ光について言及している」ただしこれをトランス状態で目撃した者たちの証言を聞く限り、眩い光というよりもソフトで微かな光というように、控えめな表現をされる方が多い。秘儀参入者は集中力を保ったままこの有機光を適切に認識し続けられるよう修行を積んだ。能力によって光との出会いの奥深さや持続時間が違っていたのだ。東ローマ帝国の哲学者ミカエル・プセルロスは「秘儀参入者によってビジョンの感受性が異なる」と言っていた。例えば中級以下の秘儀参入者が神聖な光を見る時は「オートプシア（autopsia）」、上級司祭が光を見るときは「エポプシア（*epopteia*）」という具合に、階級分けがされていたようだ。cxl

この有機光の教えは秘奥義であり、公然と話すことは禁じられていたというわけだ。だが、利己的な目的のために使っていたわけでも、究極的成果を独り占めしようとしていたわけでもない。よく誤解されているが、自分たちだけが神になろうと自己陶酔していたわけでも決してない。密儀を通して学んだことを、膨大な時間をかけて書き残したり、口伝で上手に伝えていくことは、求道者《テレスタイ》の使命でもあった。ただ奥義である以上、詳細までは簡単には明かしてはくれなかったというだけの話だ。その光との出会いによる収穫については、多くの叙述がある。つまり彼らは神秘光に教えてもらった叡智の光を身内で独占することなく、他者にも正しく分け与えていたのである。

再生の神秘（個の殻を破る「共鳴《シンパシア》」の秘法）

人はいかにして、より大きな自己へと成長できるのか？　生態哲学的には、まず自分という存在が個ではなく全、すなわちもっと大きな存在であったことを認識することが、条件として求められる。そして人は、自分という個が全の一部であることを知る。cxli

カトリック教会は「救いは教会の外の教えにはない」と公式声明を発している。一方、古代異教徒は「再生なきところに救済はなし」と断言した。cxlii ギリシャ語の「再生《パリンジェネシス》」という言葉は、命を落とした生物が再び生き返るというような、超自然的現象だけを表すものではなかった。その真意は、自然との一体化によって得られる「劇的な効果《ドラマチック》」にある。奥義を知った秘教徒は、超生命力の陶酔感を同時経験する。「再生」の密儀は、自然界で実感できる現象を、感覚的に再現することであった。現存する証拠はほとんどない。だが単なる幽界への旅立ちといった類の体外離脱体験ではなく、全身が光に覆われる肉体的実感を伴った神秘体験であった。cxliii

現存する証言を読むに、これは確かに肉体的感覚を伴う宇宙意識の悟り、真理の光を見たのは物理的な体細胞であると、理解することができる。これはチベット仏教でいう「大いなる完成《ゾクチェン》」の段階で経験することと同じであると考えられている。すなわち、自らの体が物質界のみに属するという幻想の殻を破る経験である。

「身《カーヤ》」とは物質的な肉体のことだけを指すのではなく、異なる次元全ての体を表す言葉である。肉体はいま焦点を当てている次元における体の中心ではあるが、それが自分の体の全てではない。実体は静的ではなく、個と環境は動的関係にある。[cxliv]

光の儀式を終えた秘儀参入者は、超生命力の恩恵を肉体の内に宿す。まさに自然界の超自然的恵みであり、それを享受した秘教徒は五感を通して自然界との更なる絆を結ぶ。古代ローマの著述家アプレイウスが示したように、それは母なる女神との絆なのである。

死と再生の神アッティスを侵攻する秘教団の一人ダマスキウスという男が、次のような証言を残している。「自分がアッティスになったと思った。ヒラリアという神々の母を奉る祭事において、私は入信を果たした。その祭事には、個人が死を超越したことを示すという真の目的があった」[cxlv] この秘教徒の「思った」という言葉選びだが、この場合は当然、単なる空想のことを話しているのではなく、ちゃんと現実的な出来事について証言している。異教徒にとって、神と自分（人間）の人生を重ね合わせる「共鳴《シンパシア》」という技法は、自分という「個」の殻を破るために使われていた心理学的手法であった。儀式を通過した異教徒は自己意識の限界を超え、更に大きな生命力との強力な繋がりを覚え、不死の感覚を身につけ、「今、此処」に生きていることを悟った。もはや自己の境目が不明瞭になるほどの深淵な神秘体験。肉体の死を克服したわけではない。だが死すべき存在であることを恐れなくなるのである。自分は自己の中に閉じ込められ、個体としての死を恐れる存在であるという感覚を克服し、その勝利を祝っていたのだ。

下位の秘儀の中には、喜びと官能の祭典が一般的にそこそこ知られている。この場合、参加者はエゴに縛られた有限の存在であり、また自分がいつか死ぬ存在であることの恐怖から解放されるために、陽気な大笑い《ヒラリア》の密儀で恐怖心を克服しようとしていた。ところで秘教には自己批判や苦しみといった要素が元から皆無であった。そういった要素が最初から必要とされていなかったのだ。古代密儀においては、苦しみを生み出す行為自体、絶対に賛美されてはいなかった。したがって「ディオニュソスの恍惚」と「キリストの受難」を同一化する風潮には、根本的な誤りがある。学者の多くは神話におけるこのような誤謬を信じて誤った比較論を展開している。再生の至福感と受難の贖罪は全く性質が異なり、異教と救済宗教の違いを明確に表す代表例とされるべきである。

異教の秘儀参入儀式は恍惚感や陶酔感などの「気持ち良い感覚」に焦点を当てるものであり、そこには苦痛が介入する余地は一切なかった。苦痛で苦痛に報いるだとか、苦痛から逃れるために苦痛を求めるだとか、苦痛が我々の生まれ持った性質であると証明するといったことは、一切やっていない。そのような何も分かっていない盲目的信念とは、一切関係がない。恍惚に直結する他はない道である。明示されてはいないものの、ディープエコロジー提唱者のアルネ・ネスの生態学的見解は、異教徒密儀の目的と通じるものがあるように思える。しかしながら、ネスもワーウィック・フォックスなどの他のディープエコロジストが掲げる「自他同一化論」は、何千年も続いた秘教学の秘法である「歓喜に満ちた全との完全なる一体化」の高みにまでは到達していない。決定的な違いがあるのだ。その違いを理解するためにも、まずは異教徒の開いた悟りについてより見識を深めていこう。

神と自己の同一視に異議を唱える

紀元3世紀に書かれたギリシャ語古文書『ミモの魔術パピルス』は典型的なヘルメス文書であるが、ナグ・ハマディ文書に描かれる秘教学の描写とも一致する部分がある。その儀式とは、まず入信者が上級司祭に挨拶の祈禱を捧げ、神性の光へと導いてもらうというものだ。その際、次のような文言で意向が宣言される。

おお至高神よ、感謝を捧げます。あなたは感情と理性と知識を授けてくださいました。あなたを解する感覚。あなたについて思考する理性。あなたを知識として知ることのできる喜び。あなたが御身を顕していただけたことに救われ、感謝いたします。私たちを死すべき体の中にいながら神にしていただき、大きな喜びを感じます。感覚を通して感知できるあなたという光で、あなたを知ることができました。人類の生命光。生きとし生けるもの全てを包み込む母体である、あなたという光を。cxlvi

「救われる」という言葉が使われているが、これは救済主義者のような神への盲従による救済待ちの考え方ではなく、こうして生きている光に出会えたことで救われた気分になったと言っているのだ。「神にしてくれる」という言葉についてだが、これも文字通り人間が神になるという意味ではなく、「神の如く知ることができる」ようになるということを意味している。グノーシスとは直接に「真を知る」こと、「絶頂認知」なのだ。神域との直接接触と交流には、いかなる仲介も必要でない。大司祭の指導が一応あるにはあるが、儀式に絶対不可欠な要員とは決められていない。

したがって入信者にとっての「神化」とは、神との合一という意味ではない。ニューエイジ系の人間が熱望するような「内なる神との合一」でもない。秘儀とは、「神が知るように知る」という崇高な目的を目指す儀式なのだ。つまり、人である限りは決して神になれないし、秘教学の言う「救済」とは自身の神格化ではないということを、改めてここに訴えたい。ところが儀式の未体験者はこれを誤解釈してしまった。体験者を羨ましく思うあまり、真似をして同じ体験ができないかとあれこれ試みたのである。要するに、「グノーシス・ワナビー」たちが魚座の時代の夜明けとともに大量発生し、猿真似秘儀を打ち立てていったというわけだ。そして宗教家気取りがガイア理論を持ち上げて、次に狙いを定めているのがディープエコロジーである。ネスやフォックスが提唱した「大自然との一体化」だが、これはニューエイジ系の「神との合一」に転移する危険性を孕んでいる。現在では少なくとも、「エゴの死」の重要性が軽視されることがまだまだ多い。これが自然界との超越的な共感性を得るために、最も重要な要素であるにもかかわらずだ。これが原因となって、「全との合一」の本意が無視されることにますます繋がってしまうだろう。

「神化」に関する偽情報の発生源は至る所にある。特にアレクサンドリアのクレメンス（紀元150－215年頃）が元グノーシス主義者として「異教秘儀の奥義を知っている」と吹聴してまわったことから、責任を追求されるべき存在であると言えよう。この人物は「イニシエーション」を実際のものとは異なる、彼の想像を基にした「神と自己の合一化方程式」の妄想として造り替えたのである。それが巡り巡って、エレーヌ・ペイゲルスなどの「一流の」宗教学者が「真のグノーシス」として「自身が内なる神と一つであると知る」などという、クレメンス的な言説を人々に信じさせている。個人的に、クレメンスの一番の問題発言と思うのが「グノーシス主義者の生き方とは、主と言動を一致させ、同じ生き方をすることである」というものだ。[cxlvii]　シモン・マグスの「イエスは御光を知らない」という発言と全く噛み合っていない。クレメンスの主張からは、グノーシス伝統とキリスト教教義をミックスして、紀元150年以降に流行したキリスト教中心の神秘主義の、一大「かりそめ宗教」を建ててやろうという意図が見え見えである（マルキオンやヴァレンティノスのように、キリスト教比重の大きいグノーシス主義宗教がヘレニズム期に流行した。同時にグノーシス主義が初期キリスト教の分派であるという誤解を後の世に多く招いた。ここまで論じてきた通り、真のグノーシス主義にはキリスト教の中心教義である「贖罪」の要素は一切見られない）。さらには、グノーシス主義があたかも2世紀半ばから後期に始まった新参カルト宗教であるように見せる効果もある。もし学者の言う通りグノーシス派が教父たちの反論相手として出現した新参者であるのなら、なんと短命な運動だったことだろうか。たかだか1世紀の間に教会の意向に反対するためだけに唐突に出現し、すぐに弾圧されて消えたなどと、とても信じ難いことだと、普通は思わないものだろうか。

導きの御光（地球女神ソフィアとの共存）

秘教イニシエーションに関する誤情報はクレメンスから始まり、時代を経て一般認識として浸透していった。特にニューエイジ系の人間ほどクレメンスによる神と自己の同一化方程式を気に入って使っているようで、グノーシス主義が人間の本質は神であると説明していると主張しだす始末である。ところでなぜ、エゴが一時的に機能停止しただけで、自己超越の神秘体験ができるのか？「人間は神ではない」というのは秘教学の真髄であるが、全ての人間には神の知性「ヌース」がそれぞれ分け与えられている。つまり、グノーシス主義では、人間は神ではなく、神に使役される道具と教えられている。人間には確かに神性が備わっている。しかし、それを正しく発現するには相応の修練が必要である。ヌースを会得することで人は自らが神ではなく、神が知っていることを知ることができるようになる。

ニューエイジ系神秘主義者はこれを「内在する神性」であると解釈し、しかもこれが「イエスの真のメッセージ」と受け止めることがある。そうした主張者は、秘教学の理解が足りていない者がイエスが本当に伝えたかったことを曲解しただとか、教会が権力を求めて伝言を故意に歪めたと人々に言い触らしている。宗教学作家アンドリュー・ハーヴェイがナグ・ハマディ文書の「トマスの福音書」を題材にして、神を求めし者は自らの内側に隠された神を見つけ、最後は神の力を手に入れた「神人」に変身するという方法論を示していたが、これは似非グノーシス的キリスト主義というべき「野蛮人のイケイケ急進主義」を宣伝する行為であると言えよう。ハーヴェイはイエスの説いた「神の王国意識」を「内的神格化」と同一視し、各人の心の奥底には神的自己、すなわちキリスト教の神そのものが宿っていると主張した。cxlviii「神様は一人一人の中にいる」という考えは今日では一般的になってきたが、元々の本物のグノーシス主義の教えからは大きく逸脱しているということを覚えておきたい。

宗教史を見通してみると、「神と自己の同一視」という誤った解釈が長らく蔓延《はびこ》っているのを確認できる。特にエレーヌ・ペイゲルスの「自分自身という存在の最深部に神がいることを知るのがグノーシスである」といった類の珍解釈によって、このような誤解が長く浸透し続ける羽目になった。cxlix 実に絶妙なニュアンスの文章だと思わないだろうか。そう、よく読むと人は神であると断言はしていない。人は神ではなく、人という存在の根源部分に神がいると言っているのだ。クレメンスが元々このような解釈次第の書き方をしていたものを、最近だとアンドリュー・ハーヴェイなどに持ち上げられたという流れだ。東方正教会のキリスト教神学はこの「神的自己方程式」を、流石に異端とは言わずともニューエイジ臭のする紛《まが》い物であるとして否定している。そこはユダヤ・キリスト教徒だけあって、さすがに人間と神を同一視するなど禁忌であるとして、混合は避けているようだ。

クレメンスの意見は古代アレクサンドリアのコスモポリタンな雰囲気の街で広まっていき、主に教育を受けたエジプト人富裕層の間で人気を博した。パレスチナ発の贖罪者コンプレックスに一番感染していた層であったとも言える。cl クレメンス本人は預言者モーセやヘブライ語の予言から自力で秘密の知識を得たと主張していたが、これを指してヘレナ・P・ブラヴァツキーは「善き教父だから許された、過去の汚点」という皮肉めいた批評を残している。[cli] ちなみにクレメンスはグノーシス主義な修行法を「品性下劣」と蔑んでいた。さらに、理解し難いのだが、異教哲学全般にパレスチナ発の贖罪神学の原型が見えるとも評していた。そんな元異教徒のクレメンスの主張も、現代におけるエレウシスの秘儀研究の第一人者ジョージ・エマニユエル・ミロナスによって信憑性が大きく損なわれていった。

「グノーシス主義者は全員、本物のキリスト教徒である」こちらはクレメンスのものとされる発言で、よく引用される一文だ。この「本物のキリスト教徒」とはどういう意味で言っているのだろうか。その答えは、すでに述べた通り。自分の内側に宿る神が自己と同一であると認めたい人間のことである。その証拠についてさらに綿密に研究していくと、ある事実に行き着く。彼が求めていた「神との合一」とは、本当は「自我の死」という神秘体験で得られる教訓であることに。逆に言えば、自我《エゴ》を一時的に消失させることで初めて「神化」の感覚を覚えるということである。それが分かると同時に、異教徒にとって「自己の神格化」など初めから全く眼中になかったことが分かる。秘儀とは、参入者の能力を強化したり、エゴを極大化させる方法などでは全くなくて、太母マグナ・マーテルを畏れ敬い、心も身体も委ねるということなのである。密儀の目的は、その過程の中ですでに暗示されていたのだ。「とらえ難き、名もなき神光の導きを得よ」そしてその出会いから、崇高で実用的なことを学べというメッセージだ。秘儀参入者は地球女神ソフィアと共存すること、そして人類をその最高段階へと導く方法を学んでいたのだ。儀式の途中で自己認識の感覚が失われ、神あるいは自然界（「滝」「コガネムシ」といった別の呼称も）との一体感が生じる。ただ、神との一体化が秘儀の目的ではなかったというのは知られるべきである。仮にそうだとしたら、秘儀は単なる自己顕示欲増進剤の一種と一般的に看做されていたことだろう。

歴史家ロバート・ターカンは、異教密儀の目的とは自分自身への回帰ではなく、「神性」という自分とは全く異質の全体性に吸収される体験を通して、違う自分に変身するということであったと、面白い推理をしている。[clii]「神は自分だった論」が誇大広告される中、よっぽど秘儀の核心を突いた考えと言えよう。

第九章

共進化を目指す秘教学校（女神シャクティ・ソフィア）

有機光《オーガニックライト》の正体がイシスであれ、デメテルであれ、マグナ・マーテルであれ、古代世界における秘儀はただシンプルにこれを「女神の光」と一括りにして表現している。ヒュパティアと同じく新プラトン学派の秘教教師が次のようなことを書いている。

デーメーテールは私たち人間が見聞きするすべてを、彼女自身の声や信号に変えて、鮮やかな光と厚い雲に覆うかたちで封印している。その不思議で穏やかな光が神殿を満たすとき、極楽浄土が現れ、楽園に響き渡る讃美歌を聴く。そして、大司祭は万物の創造主となって、全ての秘密を明かす。これは単なる哲学的解釈ではなく、現実の話である。[cliii]

その有機光は透明ではなく、淡い乳白色に見えると言われている。異教徒や東洋のタントラ密教の両方が、その光のことを月光や真珠層《マザーオブパール》など、「母なる光」に喩えている。[cliv] 光に出会った後もさらに深く光の中に入っていくことで、秘儀参入者は白き女神がそこに居て、体に入り込んでいることに気づく。その女神の体は、鮮やかな光と厚い雲でできていた。女神は初めての他者（other）であり、母（Mother）である。そこには自我の境界線が存在しない、自己認識が放棄された世界である。イシス（千の名を持つ女神の名の一つ）に出会うには「イシスのヴェール」を取り除く必要がある。その上で初めて天の導きを得ることができる。

自己中心的な認識を捨てて女神と出会い、「不思議で穏やかな光」に心が照らされるとき、人は何を学ぶのだろうか？

秘教団と学院（グノーシス学の全体像）

秘教学校で教えられていたことの多くは、実用的で地に足の着いたものであった。秘教イニシエーションなどは限られた秘教徒の小集団の秘密結社であり、教育の場である学校とは区切られていたし、混同してはならないものとして扱われていた。本書の第十六章では16人のメンバーからなる秘教団について説明するが、彼らは最初、巨石遺跡や巨石サークル、または原始時代の壁画が残る洞窟などに住んでいた原初宗教団の直系の教えを伝えていた。時間が経つにつれ、彼らは神殿をそれら超古代遺跡の近くに建てていった。各神殿の周囲には教室や講習会として複合的な機能を持つ建物が建ち並び、オリンピア、デルフォイ、エレウシスなどで秘法を伝えていた集団は、「学院」や「キャンパス」と呼ばれた建物とも交流をしていたし、むしろ学校側は秘教団に「所属」していたと考えていい。[clv] 秘教は全てその地域に根付いた教えであったことが特徴で、地元の特色ある教えを維持するためにも、秘教徒たちは自分たちの人種と文化、歴史や言語、地理や環境の要素が教えに反映されるように、学校のカリキュラム作りを重要視していた。

秘儀について、多くはキリスト教思想家の勉強が不足していたせいで、長らく人々の誤解に晒されてきた歴史がある。聖エイレナイオス、対立教皇ヒッポリュトス、サラミスのエピファニオス、神学者テルトゥリアヌスなどの司祭が残した著作には、次のような教団の名前が百単位で記載されている。セツ派、カルパティア派、妻帯《ニコライ》派、至高女性原理《バルベーロー》派、拝蛇《オフィス》派、ヴァレンティノス派、ゴロテネス派、シモン派、フィビオナイト派、ボルボル派、セクンディアヌス派、コラルバス派、カイン派、アルコン派、カタフィリア派など他多数。[clvi] 名前によっては教義を察することができる。シモン・マグスやヴァレンティノスなどの、秘儀指導者の名前に由来する派閥もあることが分かる。中世のゴシック様式大聖堂の設計者は匿名のままでいたことが多かったが、同様にグノーシス主義の指導者も通常は公に姿を表すことは無かった。しかし、初期キリスト教時代になると救済思想に反発するために、指導者たちの中には匿名の誓いを破って、公の場に姿を現す者も現れた。「異端派目録」に連なった秘儀の名前の中には、教義の中心的存在の名前を冠するものもある。例えばバルベーロー派などがそうで、この宗派では「四相の女神バルベーロー」を崇拝していた。仏教でいう「マハムドラー」にあたる存在だ。オフィス派は至高蛇神オーフィスを信仰する秘密教団で、蛇の力「クンダリーニ」の神秘を探求する者たちであった。このように各宗派の活動内容はそれぞれの専門分野で定義されていた。さらには定住する地域によっても活動が特徴付けられてもいた。フリギア、アレクサンドリア、シリアではそれぞれ特色の異なるグノーシス主義が根付いていた。その宗派間ネットワークを横断して知識を身につけていった熟練者は、教わった秘伝をヒベルニア、イベリア、サモトラキアなどの地元に持ち帰り、それぞれの地域言語で地元民に伝えていった。

ところが、これらの秘教団はいずれも、厳密には「グノーシス派」ではない。なぜなら、「グノーシス派（gnostikos）」とは「神域」の教えを学んだ者の総称であり、どの学校にも必ずそのような人物が教師として在任していたからだ。よって教会の「異端ハンター」がとりあえず異端派目録に名前を載せただけの「グノーシス異端派」であって、本当の意味でのグノーシス派とは言えないのである。ただし、それぞれが各地で独自の専門性と地域的特徴を教え伝えていた十人十色の地方教団であったことは間違いない。全部が全部、真のグノーシス派とは言えなくとも、各宗派にはそれぞれが有したグノーシス主義的な教えがあった。それが時間が経ち、独立色を強めていき、教会からは「グノーシス宗派」と呼ばれるまでに成長していったのである。例えばセツ（セト）派の教えでは「啓示者の周期」についての教えが強調され、ヴァレンティノス派は「アイオーン・クリストス」をソフィア神話の主役に据えるなど、重要視する部分がそれぞれ異なっていた。ヴァレンティノス派が唱える「クリストス」という存在は、（不幸にも）ユダヤ・キリスト教にとっての救済者キリストと併合するにうってつけの存在と見られることになった。一方で、同じ異端派と一括りにされたセツ派では、クリストスの要素を教えからほぼ完全に排除している。「グノーシス学」の名付け親であるジュールス・キンスペルなどの学者も、この見解を支持している。要するにグノーシス主義と初期キリスト教を混合するべきではない。「現在に至るまでグノーシス主義には人間を救済する者などは描かれたことがなかったし、そもそも人間を贖罪者として描くことがグノーシス主義にそぐわない考えである。キリスト教が普及する前のグノーシス主義には、贖罪者という概念そのものが存在していなかった」clvii

グノーシス主義は興味のあるトピックごとに大別することができる。ラテンアメリカ史を専門とする歴史学の教授の授業のうち、コロンビア到達前のアメリカ大陸の芸術について興味があるので専攻する、といった具合に。グノーシス派（この言葉は、現代語で専門家、情報源、スペシャルアドバイザーとも訳すのが望ましいと思われる）は皆、高度な専門知識を持ったいわゆる「知識人」であった。少なくともヒュパティアの生きていた時代では、人々からはそう認識されていた存在だった。新入生と卒業生の両方を直接まとめて指南していたのが「テレスタイ」であった。彼らが行った授業には陶芸や造船、あるいは実地芸術や工芸などの実用的な教えもあった。古代人のカリキュラムには、そうした地域に根付いた知識、弓術から助産術、地元の動物学まで、ありとあらゆる人文知識が網羅されていたのである。他にも絵画、薬草学、航海術、地図作成など、多くの応用技術も教えられ、さらには天文学、医学、数学、音楽などの高度で洗練された多様な学問も発展していった。古代の教師陣が全員秘教密儀の入信者というわけではないが、その多くが秘教を学んだ者とされている。その参入者や「大師《マスター》」と呼ばれ尊敬された存在には、女性も多くいた。以上のような事情からも、密儀入信をしていない教師であっても入信者とは平等に、密接に連携していた実態が浮かび上がる。

超越感覚《トランセンティエンス》（白い女神との出会い）

人類の正しい教育に尽力した秘教徒のうち、何人かは生きている間に有機光から直接学ぶことに成功した。光の教えの理解のために最も大きな障害となっていたのが、「自己」の認識である。こうした秘伝について語ると必ずと言っていいほど多くの者が「自分が神と化す」という思考の罠にはまってしまう。確かに、「エゴの死」を未体験の状態だと、密儀によって神的自己との合一を果たすという、飛躍した考えになってしまうのが通例だ。だが「自我の喪失」は非常に鮮烈な体験であり、このような思い込みをも一気に払拭してくれる。ここで肝となる「より大きな自己意識への気づき」という議題は、近年でもディープエコロジー論中、最も熱く議論された分野の一つである。そしていまだに解決の糸口は見つかっていない。[clviii]「高次の自己認識《ハイアーアイデンティフィケーション》」という名前の方が、ディープエコロジー主義者には理解がし易いとされているのだが、異教徒たちが経験した神秘体験を忠実に言い表すのならば「合一」よりは「共感」の方が適切な言葉選びと言えよう。しかしながら、この言葉にも問題がなくはない。アルネ・ネスは自己認識の枠組みを広げていくことで得られる「全生物との共感覚」という、万人にも分かりやすいシンプルな言い方を好んで使用していた。確かに、これについてはこれ以上の良い言い方があるとは思えない。だが、もう少し踏み込んで考えてほしい。「自己」や「自己認識」よりも大きな意味合いでの「共感覚」が存在するとしたら、それは如何なるものであり、なんと呼べばいいのか？　そして、なぜ「自己認識の拡大」という考えが、秘教学の「エゴの死」と噛み合わないというのか？

　ディープエコロジーは適切な言葉選びができていない。研究している中で、私も少々違和感を覚える場面があり、苛つかなかったと言えば嘘になる。例えば秘教における「自己認識を超える」体験のことを、私は「超越感覚《トランセンティエンス》」と呼ぶべきと思う。「超越した感覚」という言葉の通り、自分という個の存在や、単一的な自己認識を超えた生命体的感覚を指す造語である。自己を超え、全生命の感覚へと溶け込んでゆき、個を超えて感じ取ることを表す単語だ。秘教学に近道はなく、何かを成すためには、まずその前に必要となる前提条件をクリアせねばならない。他の全生命体とただ単に「繋がっている」と知っただけでは、超越感覚に至ったとは言えない。全生命を「通して」我々は相互的に生きているのだという超感覚にまで達してこそ、超越感覚に届いたと言える。全生命は我々全生命を通して生きている。そう言う意味では、「超」と言うよりは「透」の感覚が近いのかもしれない。その感覚に辿り着くと、自己を形成していた者が空中分解して一時的になくなっていく感覚に陥るのである。個体物質の空隙率（ポロシティ）が極めて高くなったような状態に喩えられる。アプレイウスはこれを「物体の構成要素を〝通して〟注がれるような感覚」として表現している。[clix] この「自我の死の経験」を、秘教学では次のように表現している。「自己を超え、全生命体へと己を注ぎ、注がれ返される」

　私が常々提案しているのは、ディープエコロジーはグノーシス主義という哲学的観点からのアプローチを必要としているということである。それは自分を神と同一視することではなく、超越感覚によって見つけ出す真実だ。白い女神との出会いは、超越感覚を遂げた意識の中でしか起き得ない。古代ギリシャにおいて、同じ白い女神はレウコテアー（イーノー）と呼ばれていた。これは生態哲学という理性的な理論体系だけでは辿り着けない領域の話である。自然の中で自我の死というメルトポイントに至るまでは、真の意味で白い女神を理解したとは言えない。善なる生きている光をその体に注ぐなら、エゴの死は不可避の道である。グノーシス主義は単なる言葉遊びでもゲームでもない、本物の叡智だ。だがその智は、快楽《エクスタシー》でしか獲得できない叡智なのだ。ところが、環境哲学の議論では全くと言っていいほど、宗教的絶頂感も自我の死も語られざる議題として伏せられたままだ。

「秘儀」をディープエコロジー論で言い換えるのならば、「ガイアとの共進化を目指す学業」と私なら定義する。ガイアとは古代世界におけるマグナ・マーテルと同じである。実際に秘教学校で教鞭をとっていたグノーシス派は、天から落ちたソフィアという女神が地球に変身したという神話を実話として信じていた。ソフィアの名は「智慧」を表している。つまり彼女は至高の知性であり、その本質は崇高なまでに知的で、有機的で、自己創出的《オートポイエーシス》で、麗しいのである。密儀の最高潮の瞬間にしかお目にかかれない神性示現。それが秘儀の光の正体だ。

今では地球を「ガイア」と呼ぶことも、この惑星が一個の超生命体であることも、ある程度認識されている。宇宙から撮影された地球の写真は、私たち人類が青色と白色の大理石のような美しい惑星上に生きているということを伝えてくれる。だが同時に、宙に浮かぶ球体の上に住んでいるのが分かっても、ガイア・ソフィアの見えざる神性には出会えないということも痛感する。地球に住んでいるということはつまり、毎日女神と直接触れ合っているということなのだが、普通は「自分」というエゴに精神が固定されすぎていて、完全には女神を感じられない。かといって、自然界からは完全に隔絶されているというわけでもない。単に文明社会の価値観に縛られ、科学技術の功罪に縛られ、自己中心的な関心事にばかり目を向けている人間は、自分の真下にある「地上の星」の存在を忘れてしまっているだけだ。だからその先にある、「超自然的な美」にも気づかず、彷徨い続けている。「ソフィアとの共進化」、それは古代世界で秘教徒たちが経験していたような、乳白色光の女性原理との接触体験であった。単一自己の幻に意識が支配されている限りは、その接触は不可能なままとなってしまう。

宇宙霊魂《アニマ・ムンディ》（地球神性と一つになる）

秘儀といっても、大衆向けと上級者向けのものの二つの段階があった。大衆的な「下位秘儀」については、種まき、収穫、冬季食料貯蔵といった季節の境目に関連したコミュニティ祭儀であった。エウロパ先住民は自然界に見られる周期や農業活動を見て、男女どちらも神的存在の恩恵を感じていた。日常生活でも常に神々を意識しつつも、「秘儀の時間」は特別神々を称え、感謝の意を表す特別な時間として設けられていた。ところで、いわゆる「異教徒の狂宴」は古代エウロパ文化についての最悪な誤解の一つであると言っていい。実際に儀式で何をしていて、どんな効果があり、何を見て感じて信じていたのか、知識を持たない者が勝手な思い込みで作った妄想話が世の中に溢れている。例えば異教徒は人身御供に捧げていたとか、乱交などの乱痴気騒ぎを日々していたとか、ファンタジー映画に出てくるような魔法使いだったとか。そういった類の話はどれも物理法則などを完全に無視した、正義感も兄弟愛も無視した、人としての基本的な道徳心や良識も欠くような与太話ばかりだ。「密儀」という言葉が使われると、いつもこういった誤解が付き纏ってくる。誠に遺憾であるが、今も昔も世の常である。今も「異教徒」と言ったら信仰心のない無法者を連想されるのが普通だ。

より深遠な「上級秘儀」は主に、収穫の秋の季節に行われていた。通常、儀式は夜に行われることが多かった。その方が使う必要のない感覚を遮断でき、新しく入信した者にとっても「生きている光」を感じ取りやすかったからである。怪しい手品ショーのような変なランプも、燃え盛る松明《たいまつ》も実際は用意されてなどいなかった。儀式を主導する大司祭はゆっくりと厳かに、秘儀参入者を聖域内部《テレステリオン》へと誘い、そこで神秘光を「適量」だけ目撃させ、頃合いを見て地上へ帰していた。例えばベテラン司祭は新米司祭に大理石の一柱の前に立つように指示し、その柱がどのように柔らかな光に包まれているかを観察させていたという。案内された弟子たちはそこで、柱を行き来する光を見ただけでなく、「光柱」を目撃した。

上級司祭は新参司祭に「観照《エポプテイア》」の能力を促すよう慎重に指導した。有機光を直接、あるいは間接的に視認する《オートプシア》能力は、修練者に一番適切なタイミングで修得される。有機光の示現は、それを視認した者を至福感で満たすような、柔らかな光として感受された。光と出会い、晴れて秘儀参入者の一員となった司祭には「我が子よ、其方はついに乳海に落ちたのだよ」という祝詞が贈られた。clx グノーシス主義者は自身を「直立族」と呼んでいた。これは直立したまま至高光を抱き、天地の間に流れる地球の気を吸収する術を知っていたからだと言われている。彼らは天地を通るその地球の気流から、惑星女神ソフィアの叡智と導きをダウンロードすることができた。ここは「ガイアの智慧」と言った方が、人によっては分かり易いだろうか。

母なる大地、つまり生命の源たる地球から直に生命の秘密を学ぶのが直立族だ。

古代イニシエーション儀式では女神を受け入れたあとは自身を「奉納」するものと相場は決まっていた。神秘体験で得た個人的な学びは、全人類にとっての究極的、宗教的教訓であると体験者は語った。しかし教えの性質上、自分が学んだことを他人に押し付けることも、そのまま伝道することも難しいし、再現は不可能だ。そうすると、なんとか自分の言葉にして、説き聞かせるしかない。自分たちが体を張って、人々を教育するしかない。なぜなら、我々魂ある生命体は皆、「宇宙霊魂《アニマ・ムンディ》」を共有しているのであって、そこから生じる力へ呼びかける術さえ知っていればいいのだから。「地球《ガイア》と一つになる」というと、風の声を聞くとか雲を眺めるとか、土の匂いを嗅ぐなどの物理的行動を連想するかもしれないが、地球に内在する神性との密接な繋がりを忘れてはならない。「地球神性」はそもそも感傷的な夢想の産物などではなく、修練を積んだ古の秘教徒は実践して体験談も残していた。ニューエイジ系が得意気になって話す「地球女神崇拝」や、ディープエコロジストが好む話題である「自然神秘主義」などは、古代の本物の神秘体験の、微かな残響を聞いているに過ぎないのである。

シャクティとソフィア（自然母神、惑星体としての女神）

シャクティは純粋なる至福の意識、そして自然の母。彼女自身が自分の思いつくままに遊び、自分という自然界を生み出したのである。[clxi]

神秘体験とは何なのか。これについて考える時、通常感覚では捉えられない神域について扱うことになる。我々は地球の上で生きている。つまり、ガイアと直接繋がっているわけだ。ガイアは自然界そのものである。自然界は五感を通して感じ取れる。しかしながら、神秘体験で目にする乳白色の女神の可視光線は、普通に生活しているだけでは捉えられないようなのだ。自然界はガイア・ソフィアという生きた女神であると頭では分かっていても、その超自然的な光を見ることとは普通に生きているだけではできない。この秘密光は、惑星体としての地球とはまた別の、「第一次女神実体」と呼ぶべきなのかもしれない。グノーシス主義のソフィア神話では、プレローマ（宇宙中心あるいは銀河中心）から外界へと出て来たという女神が、地球という惑星に変貌した過程が描かれている。だが、彼女の元の姿がどのようなものであったか、現存する文書では説明されていない。おそらくその実体というのが、真珠のような白い生きた光の流れという姿であったのだろう。このように、地球女神には二面性がある。それをよりよく理解するには、ヒンドゥー教の「タントラ」の教えに目を向けるのが良いだろう。

ジョン・ウッドロフ（アーサー・アヴァロン）卿の著作『シャクティとシャクタ』は、西洋にヒンドゥー教のタントラの「明知（Vidya）」をもたらした傑作として知られている。本の中で、異教徒の自然崇拝宗教が、グノーシス主義テレスタイの秘奥義と酷似していることが指摘される。[clxii] シャクティは自然界の母型を指す言葉であり、自己生成と維持をする女神の名である。サンスクリット語で「シャク（shak-）」は、「力強い」という意味であり、他にも神聖な（*sacred*）、聖職（*sacerdotal*）、秘蹟（*sacrament*）、犠牲（*sacrifice*）といった言葉の語源でもある。東洋と西洋を結ぶ「ガイア＝シャクティ論」と「シャクティ＝ソフィア論」は、両者の女神信仰の比較研究に最適な入り口と思われる。

西洋の本物の神秘主義者は、人間が（他の動植物と同じように）女神の感情体と相互作用できるように設計されていることを知っていた。「この世の全ては彼女の中で、同一種《ホモジーニアス》の自然感覚の塊として存在している」[clxiii] ヒンドゥー教のタントラの真髄となる教えと、まさに一致していることが分かる。さらには、異教全般やレヴァント地方のグノーシス主義ともほぼ完全一致している。タントラの教えが素晴らしいのは、女神シャクティ（ソフィア）がどのようにして地球に変身して、彼女の本来の姿がどのようなものかを説明してくれる点である。「グノーシス主義者の言う大いなる力《メガレ・デュナミス》が解き放たれて、この世に精神と物質が創造された。その時、彼女はそのままの姿を保った」[clxiv] これはまさにソフィア神話のことである。シャクティはソフィアがであることが、ここではっきりとする。「彼女」は自然母神（の第一次実体）でありながら、自然界そのもの（惑星体）でもあるということだ。女神ソフィアは、固体惑星の物質的要素に自らを成形し、実体である有機光からあらゆる固体、流体、気体的要素を大気圏内に分泌していった。「人々から信仰されてきたこの初元の力《アディヤ・シャクティ》は、すべての自然太母《マグナ・マーテル》であり、自然界そのもの《ナチュラ・ナチュラータ》である」[clxv]

自然界における女神シャクティ・ソフィアの存在を覚知《グノーシス》する能力は、全ての人間に生まれつき備わっている。その才能を最高レベルにまで磨き高め、洗練させる試みが「秘儀」なのである。才能を規律を通して磨いていくことで、それが生態的、物理学的にどう働くかを知ることができる。自分のことを、分子レベルの生化学的活動体として窺い知ることができるのだ。「ガイアを知る」という神聖な約束を果たした者は、光の「啓示者」や「黙示者」と呼ばれるようになった。グノーシス主義という「光の啓示宗教」は、選出された男性書記官によって神域について書き記すことを一部認めてはいたものの、普段はリアルタイムで宇宙と地球の神秘にアクセスしようと思った者なら誰でも入り口を見つけられるよう、開かれた教えであった。それに彼らが読み書きしていた文書は、他所者の父神ヤハウェが地球人を脅して書かせた「聖典」とは異なる。女神の惑星体の導きにより書かれた、生き生きとした活力に満ちた記述である。

イルミナティとは何者か（真の秘教ではない）

秘儀を伝えていた賢者《テレスタイ》は、教養のあるシャーマンであった。そして「古代恍惚術」の指導者《マスター》であった。シャーマンは昔から、人間が作った「文化圏」とそうでない「自然界」の二世界間を仲立ちする役割を担っていた。二つの世界の間を行き来し、二つの世界を区別する知恵を磨いて、世界間の交流を効果的に行う術を駆使して、人々の生活に役立てていた。統合失調症はいて、異なる世界観を移動するシャーマン能力を（不幸にも）得てしまうことである巫病《ふびょう》といって、どうせなら素質として技を使いこなす特殊訓練を受けるが良しとされる。統合失調症の制御に成功すれば、俳優アントナン・アルトー、SF作家フィリップ・K・ディック、人類学者カルロス・カスタネダの著作に見られるような、偉大な神学作品を生み出すことができる。

教え子の潜在能力を最適レベルにまで高めていくことを責務としていた秘教大司祭らは、教え子に特に統合失調症が後遺症として残らぬよう、細心の注意を払っていた。密儀では精神医学用語でいう「境界状態」を自然誘発させ、それを利用するのだが、祭司たちはこの知識を熟知していたことが分かっている。自我の意識を低下させ、最後は完全なる自己認識の融解をさせるのである。すると、人は極めて高い「被暗示性」の心理状態になる。秘儀参入者はまず、潜在意識に「刷り込み」がされ、それ以降の霊能力開発に役立てられる。刷り込みは自然界においては珍しい現象ではない。世代交代の際の本能的転送手段として、自然界に普遍的に発生する事象だ。動物行動学者コンラート・ローレンツ（１９０３－89）は、卵から孵ったばかりのハイイロガンに母親と間違えられるという、刷り込み現象を有名にした。そこから更に生物の「固定動作パターン」、例えばある刺激に対しての生理的反応や傾向に、一定のパターンがあるということを説明するために、「生得的解発機構（ＩＲＭ）」の概念を発展させていった。著書『攻撃―悪の自然誌』にまとめられた彼の洞察だが、古代グノーシス主義者たちはすでに発見していたのだろう。同じ概念は、神経言語学でいう「思考プログラミング」の科学として今日教えられている。clxvi

グノーシス主義の儀式の目標は、智慧の女神と出会うことと、その衝撃の体験から学ぶことであった。人生観が変わるほどの強い衝撃ではあったが、傷ついたり害がある体験にはならなかった。まるで甘い死に溶け込んだような感覚に陥るが、本当に肉体的に死ぬわけではない。それどころか逆に、「超生命力」の注入が起きる。その際の「超刷り込み」体験は、大祭司が慎重に制御しつつ進めていかねばならない。だから上級司祭（シャーマン用語でいう「ナワル」）の出席が求められていたのである。

グノーシス主義は、古代ペルシャのシャーマニズム系統の「魔術団《マギ》」から派生した修行者集団から始まったと言える（本書でこの説について掘り下げて説明するのは不可能であるので、詳しくはNemeta.orgの私の記事『Gnostics or Illuminati?』を参照いただきたい）。歴史家にとってこの文脈での「魔術師」とは、ゾロアスター教の開祖、つまりツァラトゥストラであると理解されている。プラトンの著作『アルキビアデスI』には、「ツァラトゥストラはプラトンが生きている時代より6000年以上も昔の人物であったらしい」と覚書がある。clxvii メアリー・セットガストのあまり知られていない名著『先史学者プラトン 紀元前一万年―五千年の神話と考古学』では、古代イランでの魔術団の台頭がギリシャ史の観点から見て紀元前5500年頃であったと推察し、つまりは「双子座の時代」に一致していたことが突き止められている。

神権政治は紀元前400年ごろに近東の都市文明の政治状況と共に台頭し、そこからは司祭らが社会における上流階級を占めていった。ところが、最初期の父権制社会での司教らは、いくつかの例外を除いてほぼ全員が教養のない人間であった。そのため王室指南役の役職を求めて多くの占星術師や占い師、霊能力者が集まった。晴れてその立場に就くと、案の定政界でも意見を独占するようになっていった。この点は今も変わらないように思える。政治家の背後の「操縦者《ハンドラー》」に表舞台の政治ショーが指揮される。最悪の場合、国の指導者がマインドコントロールされて国が乗っ取られるケースもある。例えば過去には、「王室は神々の子孫」と信じるように社会全体を洗脳された国もあった。そのような壮大な王権神授の幻想物語を維持しておくために始められたのが「王権儀式」という社会事業であった。厳かな儀式を見せられると、あたかも王室が権威ある立派な神的存在であると錯覚し、支配階級と一般大衆が明確に区別されるという「社会心理ドラマ」が出来上がる。近代史における隠れエリート層がやっているような、茶番劇とそう変わらないことは、昔から行われていたのだ。

グノーシス主義者はどうだったのだろう？　このような神権劇に何かしらの形で参加していたのだろうか？　否、全く参加していなかった。当たり前だが、王位継承の儀式と神秘儀式は全く異なる別物である。生きた光に導かれて権力政治界入りするということは起きる訳がない。王位継承儀式の目的は、民衆が良い生活ができるように教育や啓蒙をすることではない。社会工学《ソーシャルエンジニアリング》である。そもそもグノーシス主義者は、政治に干渉することを控えていた。グノーシス主義者の目的は人民の社会行動を管理することではない。管理者という他人に自分を振り回されないで自然で善良な社会を作っていくような、バランスの取れた人格の、悟りを開いた熟練者を生み出すことだった。王室の操縦者は自分たちの利益のために動いていたのは言うまでもない。加えて、人間は生まれながらにして悪であるという性悪説を信じているので、人間だけで理想世界は作れないと感じていたなど、根本的に意見が合わないのである。こうした人間の本質に対しての見解の違いもあり、社会的エリートが結託して「秘密結社イルミナティ」となって、世界をコントロールすることの遠因にもなった。更にはイルミナティとグノーシス神秘主義が混同される原因にもなっている。

ほとんどの歴史家はこの違いについて認識しつつも、具体的な原因と結果についてまでは理解が及んでいないのが実状である。もちろん例外もあって、先ほど引用したメアリー・セットガストなどは事態を把握している。彼女の名著『先史学者プラトン』ではシャーマンの役割についても的確に述べられている。「シャーマンは一見矛盾ある存在である。神聖世界と世俗世界を往来し、日常世界と非日常世界の間の境界線上に立つ存在だ。ホラズム語時代の王朝や宮廷政治に介入していた世俗的精神指導者などとはわけが違う本物であった」clxviii　その本物のシャーマンのことは、ゾロアスター教聖典で用いられる言語アヴェスター語で「ヴァイデムナ（vaedemna）」と呼ばれる存在だ。これはグノーシス主義者でいう「司教」に相当する言葉であり、宮廷事情や国家運営の顧問であった「ゾアタール（zoatar）」とは同一視されるべきではない。あのプラトンでさえ、人間の教育に専念するシャーマンと、王室の黒幕であった司祭とを、明確に区別できていなかった。ただし『国家』第三巻では、現代のイルミナティと呼ぶべき「暗黒の支配者」の存在が明らかにされる一文がある。「彼らは、それ自体が社会全体の信念となるような、高貴な嘘をつく」まさに、陰謀団が今やっている犯罪行為について的確に言い表す一言である。

プラトンが初めて「グノーシス派」という言葉を使ったのが『政治家（対話篇）』であったのは、決して偶然ではない。ここでは、「理想的な政治家とはグノーシス主義の賢人である」という文脈で、「グノースティコイ」の言葉が使われている。clxix　ところがグノーシス主義の研究家たちは、この一文を酷く歪曲して広めている。この一言を見て、グノーシス主義者が古代の神権国家で行われた社会工学の陰謀者と同一視してしまい、これが西洋に伝わると共に勘違いが広まってしまったのである。これでは秘教学校の教師らがあえて「グノーシス主義者」を名乗らなかったのも頷ける話だ。少なくともヒュパティアなどの本物の知識人は、自らをグノーシス派と公に呼称することはなかった。時が経つにつれ、この言葉は侮辱に用いられるようにまでになった。教会の神父はこぞって「賢くない」とか「知ったかぶり」を表すために「グノーシス」を嘲笑語として使用した。こうして本物の知識人《テレスタイ》たちは、ローマ教会と社会工学政治の両方から攻撃を受けることとなった。

現代ではさまざまな作家が秘密結社イルミナティの悪行と起源を暴露しようと試みているが、決して真の秘教と混合してはならない。秘儀とは、イルミナティとは違い、ガイアと共に進化することを教える「女神ソフィア信仰」である。イルミナティなどという支配大好き人間が毛嫌いしそうな話であることも明白だ。

第十章　堕天女神の物語（その名はソフィア）

太母神信仰の儀式での崇高な学習経験を経て、秘教徒は非日常的意識を通して、地球上の生命体の宇宙的存在意義を探求した。学びを得た後は日常生活に戻り、人々に教えてまわった。第一章で述べたように、ナグ・ハマディ写本発見以前の最初期グノーシス主義学者であり翻訳者の一人であるG・R・S・ミードは、秘教学は全学問の祖であると主張した。人類の幼年期における、全ての芸術、神性、目に見えない世界のこと、宇宙論、人類学は、秘教徒の教えが元になっているのだ。要するに古代世界の本当の教育者も司教も、全員が秘教徒だったのである。

神聖言語（秘教学校教師の非凡な能力）

秘教学校は現代でいう「大学」である。ヒュパティアが教えていたエジプトの大学は、今日のアメリカでいうエリート大学群「アイビーリーグ」と言える。メンフィスがエール大学なら、ルクソールはハーバード大学だろうか。今ではグノーシス主義者としてよく知られる人物は、パレスチナ、シリア、トルコなどのレヴァント地方の秘教学校で教職に就いていた。その地もいわば有名大学群があったというわけだ。地中海北部からエウロパ方面、ギリシャでは主要大学に次ぐ学校群が立ち並んでいた。『黒いアテナ』を著したマーティン・バナールは、「エレウシスの秘儀」は元々エジプト人使節がその地に伝えたと主張していた。[clxx] ところでエジプトの穀物神オシリス崇拝はギリシャに伝わった後に豊穣の女神デーメーテール崇拝に変換されたと思われているが、このような単純化した記述はいささか誤解を招く。というのは、秘教は「秘密の教え」である以上、放っておけば一部の地域から周辺に伝搬していく類の教えではないからである。秘教はその地域によって特色が異なるということを思い出していただきたい。儀式の内容も、学校で教わることも、全てはその場所の外見的・精神的特徴を持っていた独自色の強い教えであった。これはエウロパ先住民の多種多様な生命地域主義《バイオリージョナリズム》を例証している。今でも一つの大陸にさまざまな文化が共存できているのは、これが理由である。

　秘教学校の連携《ネットワーク》はエウロパ方面にも広がり、当初からはその性格も多少ながら変化していったのは事実だが、イベリアやイギリス諸島の密儀までがアジア的要素に感化されていたかというと、そうでもない。特にこれまで話してきたパレスチナ発の贖罪者コンプレックスと、ペルシャ発の「二元性思想」は秘教学になんら関与していないということは、誰の目にも明らかだ。レヴァント地方シリア学校の哲学者たちは、ゾロアスター教の二元性思想に男性有利の神権政治制という問題の種があることを熟知していた。神権政治発祥の地であり、その拠点でもあった近東の教派には、その場所特有の問題があった。それ以外の点では、秘教学校全般で主要知識体系は調和していた。アウター・ヘブリディーズ（スコットランド西岸に連なる鎖上の島々）にあったドルイド学校の代表者たちも、天文学と幾何学の共通言語を使ってエジプトやレヴァント学校の外国人秘教徒ともコミュニケーションが取れたはずだ。ヒュパティアの時代のアレクサンドリアには、はるか北欧のヒベルニア発の秘儀の研究に専念する探求者グループもいた。clxxi　要因としては、エウロパ全域にケルト族の守護者役としてのドルイド大学が点在していたことが大きい。これがドルイド、言い換えればヒベリア人グノーシス主義者である。彼らは皆、複数言語に精通した博学者であった。今日スコットランドとアイルランドで絶えることなく話されるゲール語は、古代ケルト語の一種である。

現代ギリシャ語はソクラテスの時代に話されていた言語と近い言語であるが、ゲール語の場合と大きく異なるのは、紀元前900年頃から現在までほぼ3000年以上の間使用され続け、その間に大きく変化していったという点だ。詩人ロバート・グレーヴスは『白い女神（*The White Goddess*）』の中で、ギリシャ神話の英雄カドモス、最大の英雄ヘラクレス、ケルト神話の英雄グウィディオン、戦いの神オグマなどの名で知られる「フリーランスの秘教徒」の手によって、エウロパ先住民に読み書きが教えられたのではないかと推察している。紀元前600年頃から、秘伝司祭たちは一堂に会し、毎日信じられないほどの作業量をこなし、数え切れないほどの量の書物を生み出していった。ギリシャ神話の登場人物でエウローペーの兄弟であるカドマスは、おそらく紀元前1250年頃にフェニキア文字の配列をギリシャ語アルファベットで作り、ギリシャ人たちの文字としたとされる。clxxii それ以前の数千年間、秘教司祭らはドルイドや北欧ルーン文字、ウェールズの吟遊詩人のオガム文字（ロバート・グレーヴスも説明していたようなケルト人の樹木文字）などの、象徴《シンボル》を使う秘密言語で意思疎通をしていた。アルファベットが庶民に浸透する前は、秘教学校の教育者たちは独自の文字を作って流通させていた。先住民の識字率が高くなる前も、主導的役割を果たしていたのは彼ら秘教徒だった。

古代中国の占いの書物『易経』にはDNAの64通り一組の記号の秘密が組み込まれていることはよく知られている話だが、似たような話は20〜22基のオガム文字アルファベットのような古代文字体系にもある。もしかしたら古代人は生命構造を分子レベルまで深く知っていたのではないかという話はここから発生している。人類学者ジェレミー・ナービーは名著『宇宙蛇（*The Cosmic Serpent*）』の中で、ペルーにいるアヤワスカ使いの呪術師が、分子生物学の知識を直接的に知る技法を持っているという理論を展開している。確かに、設備の整った研究所に勤めるそこらの研究員よりも遥かに詳しい薬理学の知識を一介のシャーマンが持っているという事実が、彼の持論を裏付けている。神秘の光から直接指導を受けるという異教徒の秘密儀式でも、同レベルの智慧が伝送されていたと考えられる。薬草学、医学、夢治療に至るまで、秘教学校ではさまざまな分野のヒーリング知識を網羅していた。ギリシャ神話の医神アスクレーピオスや、健康の女神ヒュギエイアなどは、単なる秘教学校の学長や女校長に与えられた称号ではなく、普通の個人も名乗ることができた。

東洋のヨガの達人「シッダ」にとって、粒子レベルで「基盤感覚」から知識を得られることは既知の事実であった。ヨガの聖者パタンジャリは、この小宇宙的知覚のことを「アニマ」と呼んでいた。[clxxiii] ヨガの重要文献『ヨーガ・スートラ』ではヨガの特訓に関する性質について深い説明がされているとエリアードは分析している。「三昧《サマディ》（完全無欠の集中力）」を達成することで、特定の物事を全体的に把握することができる。ヨギは対象を全て見通すことができる、ある種のオカルト的力《シッディ》を獲得する」[clxxiv] インドのヨギは人体解剖学の精確な知識を、それこそ神経構造の細部に至るまで持っており、熟練の西洋の医師をはるかに凌駕していたとジョン・ウッドロフ卿は1900年の時点で主張していた。前に説明したようにサンスクリット語のシッダは「達成者（*siddha*）」という意味で、ギリシャ語の「達成（adipisci）」の由来でもある。グノーシス主義者とその片割れであるエウロパ先住民の秘教徒の覚者は、そのシッダであったのだ。生物学、生理学、化学の最心部を直接観察できるよう訓練された、霊能力持ちの達成者であった。

つまり秘教学校の運営委員は皆、非凡な能力を持っていたということだ。

リチャード・ラジリー著の『石器時代文明の驚異——人類史の謎を解く』では、文字はある日突然偶然出現したのではなく、既存の記号言語である神聖文字体系から意図的に進化させて形成していったものであると説明されている。それがなぜ、今日まで明確には立証されていないのか？　ここには、紀元前千年ごろの古代世界の夜明けに世俗的文字体系の普及に奔走していた人々の、知られざる冒険物語がある。「識字」という概念自体、その冒険者たちが発明したのだ。人々に読み書きを教え、文書の真意を摑むこと、他言語から母国語への翻訳を教えるという神聖な任務を引き受けたのが彼らであった。「言語を読み書きする技術」を庶民に教えることは、秘教学校の人類を導くための重要責務の一つであった。

古代ギリシャの伝記作家プルタルコスは、その業績から察することが容易なように、その冒険者の一人であった。彼はデルフォイ地方担当の秘教徒だった。プルタルコスは生涯の間（紀元46から120年頃）、ヒュパティアの殺害事件という「秘教の黄昏」の暗黒時代の幕開けを目撃した。非常に多作な作家であったが、現在は作品が部分的にしか生き残っていない。エジプトの「穀物神」オシリスの謎について最も完全性を保った説明を残していた。伝記、道徳的・歴史的随筆、神話、秘教解説に至るまで、膨大な資料を残した作品群はまさに無尽蔵の智であり、プルタルコスは秘教学校の学長の代表例的人物と言えよう。こんな人物が男女問わずイギリス諸島、イベリア、ガリア、イタリア、ギリシャ本土とギリシャの島々、レヴァント、エジプト、リビア、カルタゴにもごまんといたというのだから、古代世界の大学システムがどれくらい高度で、どのくらいの規模であったのか、想像がつく。

もし、秘教学の起源が先史時代にまで遡り、地球上最古の巨石遺跡と同時期に展開されていたのだとしたら、その年代は紀元前6000年から脈々と続いていたということになる。つまり紀元400年、ヒュパティアが教師であった時には、既に古代世界は千年以上も続く高い識字率と学習能力を誇って当然だったということだ。

自己奉献（秘教徒が実践していた求道法《テレステイツクメソツド》）

秘儀は何人にもその行動や生活を制限しない、志願者主体の活動であった。決まり事があるとしたら、それは参加者が世間でのあらゆる活動において、常に誠実であるよう尽力するということだけだろう（不誠実、嫉妬、理由なき殺人は、秘教徒失格の烙印を押される三大要因であった）。実際、秘儀参入者の目的とは、人間の持つ可能性を育て、広く世界に奉仕できる人材になるよう導き、導かれることであった。彼らが求道者《テレスタイ》と呼ばれたのは、最高目標、完成、終結、つまり「テロス」への献身からであった。ところでこの言葉は一般的には「完全性」を表すとされているが、実際には「究極性」を意味している。現代語訳するのなら、「目標指向」が意味的には近い。口語使用として「死」を表す際にもテロスは使われることがあった。「彼は最期（テロス）を迎えた」と言う具合に。彼らにとって、死は人生における究極完成の瞬間であった。死は終わりではない。有機光との直接の出会いによって、秘教徒は初めて自らの死《テロス》を超越しようとしていたのだ。古代ギリシャの詩人ピンダロス（紀元前518－438年頃）は、秘教儀式の効果を次のように証言している。「祝福されし者は冥界の事、つまり生命の終わり（テロス）と、神性の誕生の両方を知った」[clxxv] 古代求道者たちは知っていた。持てる才能を全て費やして学んできた教えは、それを言い伝える者がいる限り、子々孫々にわたりいつまでも存続するということを。人類の学習の可能性そのものは不滅で無限大なのである。知性《ヌース》は不滅であるからだ。だからこそ、慎重に導き手を見極めなければならない。私たちは物質世界という闇の檻に閉じ込められた可哀想な神聖火花ではなく、一人一人が全人類の生来の天才性を持つ希望の光であると信じていたのだ。秘儀の道徳的・教育的志向を知りたくば他にも方法はあるが、その答えはテロスという概念にいくつも潜んでいる。

「教え」と「導き」は、秘教学では重要な概念である。秘教徒の究極形は、人類が「自己主導的」になることであった。自己主導といっても自己中心的なナルシストになることでも、利己主義になるという意味ではない。彼らの実践していた「求道法《テレスティックメソッド》」は自己啓発というよりは「自己奉献」が一番近い表現と言えよう。自己啓発は自分自身の成長や利点のために何かを求めること、または欲しいものは何でも手にするよう努力するという考え方であるが、奉献だと自己以外の何かへの利益を求めること、すなわち無私のコミットメントによって達成するものである。「奉献（consecration）」という言葉には「神聖化」という意味が付与されているが、これはインド・ヨーロッパ古語の「sacr-」に由来することや、サンスクリット語の女神シャクティ（shakti）を示唆する言葉であったことと関係していると考えられる。自己主導権を促進するために、テレスタイは弟子たちに「主観」で語ること、つまり「自分の物語を生きる」ことを勧めた。自分が主人公の物語の中で、各人は自分にとっての神聖な天職を見つける。そして外界に束縛されない自己主導的な人物に成長するように導いたのである。何か考えが浮かべば、それは常に「それが共進化の究極目的に沿っているか？」を問い質されねばならない。ガイア・ソフィアとの共進化の道から逸れていないか、それが最重要の課題であったのだ。

弱肉強食や損得勘定が優先する今の世の中で、このような考え方は受け入れられることは少なく、異端とされる。それは、弱きものは強いものに淘汰される運命にあるという、ダーウィン的理論に世界が毒されているからだ。古代の哲人たちは、人類が知性と愛情の網で全生命体を包み込み、地球と共進化を遂げるという未来を見ていた。これこそがこの惑星の「完成した現実性《エンテレケイア》」である（これはアリストテレスが、生命体がその機能を十分に発揮した状態で存在していることを示すべく、提唱した用語である）。この概念は「テロス」という言葉の人間の神秘性を統括する概念を、惑星規模にまで拡大した用語である。仮に、私たちが現代社会の一員として共進化願望を個人的に持ち、それを社会的目標として提案していき、これこそが人類の最高位の願望となるべきだと主張できるようになったとする。しかしその壮大な目的は、何千年も昔に生きていた先人が既に掲げていた社会目標であったのだ。つまり、実現可能な目標なのである。既に実現されていたのだから、安心してやってみよう。先人はこれで、計り知れない成功を収めていたのだ。

世界中のあらゆる先住民はある意味で、この共通した目的を実現していたと言える。こんな壮大で超越的な展望をしっかり保って、本当にそれに従って生きていたのだ。現代人には夢物語にしか思えない生き方を、しっかりと具体的に、芸術的に、学術的に達成していたのである。現代の我々には想像すらできないほど高度な自己主導的人生と地球との共進化を、エウロパ、エジプト、近東の太母神の秘儀参入者は実現していた。メキシコの詩人パスは「過去が永久的に現在として繰り返し表れているのが、未来である」と言った。それが正しいのなら、秘教徒の経験がそのまま私たちの未来になるのだろう。では私たちの向かう先は一つ。「生きる価値のある未来へ！」ガイアへの自己奉献によって、惑星の智慧との直接コミュニケーションで学ぶ。至高光に出会い、人類という種を導く自分の物語を見つけ出し、それに人生を捧げる。

神聖物語を喪失してしまうということは、すなわち現在我々が経験しているような、全世界を汚染する歪んだ西洋の道徳的価値観という「逸脱」につながるのである。

惑星秘伝（女神ソフィアのHer Storyへ）

秘教徒にとって、銀河レベルの神話の登場人物である女神ソフィアの神話は、教えの主軸となる秘伝であった。その女神が地球という惑星に変身するまでを描いた物語が「ソフィア神話」である。この神話は、太母神マグナ・マーテルを信望する秘教徒にとって、教義の中心であった。そこで明かされる秘密とは、地球上に生きる人間という生命体の起源だけでない。地球そのものの生命と意識の歴史である。インド学者ハインリヒ・ツィマーは、ヒンドゥー教の「世界母」の神話を次のように解説している。

その神話では、偉大なる母神の起源までは明らかにされない。そこで描かれるのは、彼女が姿を現すという、ただそれだけである。彼女が「母」であるということで、この女性が全ての「始原」であるということが分かる。全てが生まれる前に存在していたのが彼女であり、彼女が全てを産み出したのだ。[clxxvi]

これを読む限り、グノーシス主義神話での「堕ちた女神」という表現は独特な宇宙論であったことが分かる。「地球は女性神である」と語る神話や土着伝承は決して珍しいわけではないが、宇宙において女神がどのようにして地球という惑星体へと変化したのかを物語る神話は、グノーシス主義だけである。ツィマーも、全てを産んだ太母神は、全存在が生まれる前から存在していたということに同意している。もしグノーシス主義者らがソフィアについて常に考え、後世に教え伝えていたのならば、彼女がどのような存在と考えられていたのかをまず知る必要がある。

今でこそ地球は「ガイア」と呼ばれ慣れ、地球全体が一つの知的生命体であるという認識も高まっている。かといって我々は、物理的な惑星になる前のガイアの正体《エンテレケイア》にまで考えを及ばせることは少ない。言葉通りの意味で「地球はガイア」とだけ信じている。だが、果たしてそれだけで理解したと言えるだろうか？

ガイアは生きている知的存在だ。生きることは彼女の生得権であり、自らの生き方を決定しながら生きる自己産出的《オートポイエーシス》な存在である。それを認識する人々の数が増えているのは、人類にとっても喜ばしい進歩と言える。グノーシス主義神話を考慮に入れれば、さらにこの考え方に深みが増す。分かっているのは、地球に具現化する前、そこには自己創作的な前身がいたということだ。ソフィアは「知恵」を意味する言葉だ。よって秘教徒たちは、地球の前身は智恵そのものであると考えていたはず。同じ智恵でも、人間の身体を動かしている知恵の極大版（地球規模）だ。つまり、もっともっと巨大で複雑で強大な叡智である。ここまでは現代の生態学者や宗教家にとっては馴染みのある考え方かもしれない。

clxxvii

グノーシス的宇宙論では、地球になる前のガイアの神話上の名前をソフィアとしていた。

環境主義者で作家のジェームズ・ラブロックもそうだが、今では「ガイア地球観」は科学的にも割と理にかなっていると言われるまでなった。ところでガイアを理解するためにはシステム理論だとか、サイバネティクスだとか、散逸構造、自己組織化トートロジーだとか、そんなセオリーばかり引き合いに出して悦に入るのは、単なる男性的な「考えすぎ主義」に行ってしまいがちと私は思う。そんなことは単に、足元にある生きる惑星と感覚的にシンクロすれば分かることではないか。実際、古代ギリシャ人にとって、「理論（theoria）」とは純粋にただ「眺める」ことであった。それが現代人ときたら、理論の組み立ての方に従順になってしまい、結果セオリーに思考が縛られて、全体図を見る目が眩んでしまっている。

「ガイア理論」は智慧の女神というアニミズム的な女神像を見せてくれるものではあるが、汎用サイバネティック・システムの複雑な内容などは期待してはいけない。だが想像するだけならいくらでも余地はある。少なくとも、太母の神聖物語『堕ちた女神』筋書きには、その萌芽となるものを目にすることができる。これより、ソフィア神話について九つに分けて概要をご紹介しよう。

【第一挿話】　宇宙という未知なる母体の中に、ある特異点が生じた。それは始原者の自発的脈動であった。各銀河（と中心である神性充満《プレローマ》）に宿る生成力《アイオーン》を超えし存在の誕生であった。解放の際の特異点については、完全な解析には及んでおらず、また痕跡もなく特徴もはっきりしない。完全な未解決事案である。そして、だからこそ宇宙には可能性がある。

【第二挿話】　プレローマのアイオーンのうち、テレーテ（本来の意図という意味）とソフィアの二柱は、自らの力で特異点を構成し、惑星系を出現させる「銀河腕」の形で顕現させた。アイオーン・クリストスは、アントローポスのDNA遺伝情報であるゲノムに「洗礼（命名）式」を施した。これにより万物は、自らの「種」という決められた体の境界内に封印され、その形態形成が自らのアイデンティティを表すことになった。

【第三挿話】　プレローマのアイオーンは、この符号化された特異点を外側の「混沌《カオス》」が広がる領域へと広げる。分子雲（オリオン星雲）ついた露は、雨上がりの蜘蛛の巣についた水滴のようだ。

【第四挿話】　この惑星系でアントローポスたちが上手く生きられるようにと願ったアイオーン・ソフィアは、自らを「夢見」へと溶かした。これが宇宙普遍の「発散（放射）」の過程である。無数にある世界だが、調和と均衡が維持されるようになっている。しかし両極性の合意法則に反して、彼女は自分勝手に仲間も連れず、予定もなしに一方的に行動した。特異点としてのアントローポスの可能性を夢見て、彼女はプレローマから離れ、漂流した。銀河核の境界を突破した彼女は、銀河腕の外部領域に飛び込んだ。そこは混沌の支配する領域だ。

【第五挿話】　神の頭部《ゴッドヘッド》から外界への智慧《ソフィア》の衝突。それは、混沌領域に不測の衝撃を加えた。

衝撃の影響で、無機物種の暴君《アルコン》が生み出された。ソフィアが人類種《アントローポス》の可能性に魅了され、どのような進化を遂げるか予見する間、女神は発生した異常種の存在を感知できていなかった。予想外の異常種の発生は、人類の進化に悪影響を及ぼす可能性が大いにあった。それだけの逸脱要素を孕む存在であった。デミウルゴスを中心に集まったアルコンらは、自分たちこそが万物の造物主であると偽った。デミウルゴスは原子物質を操り、自分たちが住む天空城を建設した。それが地球、太陽、月以外の惑星系になった。

【第六挿話】　惑星系という足場ができあがると、アントロポースの因子が埋め込まれた星雲からは新星が生まれた。新星の大きな質量に周りの惑星系が引き寄せられていった。そこがアルコンにとっての中心太陽となった。天を支配するのは、無知盲目の無機質生命の勢力であった。アルコンは宇宙核の公現無しに、意図せず生じてしまった「過ち」の存在である。対して人類はプレローマから正式に現れた存在。アントローポス自体はまだ未誕生であったが、その智慧はアルコンの知能を優に超えるよう設計されている。ソフィアは、暴君デミウルゴスに対して、そのように宣言した。

【第七挿話】　ソフィアは地球という有機惑星体へと変身し、物理的な知覚と意識を持つ体を手に入れた。しかし、地球はその後、デミウルゴスの無機質な天蓋領域に取り込まれてしまう。

【第八挿話】ソフィアの感じた悲しみ、恐怖、混乱といった感情は、そのまま地球とその生物圏の物理的構築要素へと変化していった。地球の土台が固まり、そこから原始生命が生じ、爆発的に増えたが、ソフィアは無数に増える子孫たちとの相互作用を管理できずにいた。ソフィアが苦心しているのを見たプレローマは、仲介役となるアイオーンを彼女の下へと送った。それが「集積者《エクレシア》」である。エクレシアはソフィアの世界の混沌とした爆発的多様性を中和し、様々な動植物が調和して相互作用するよう、仲立ち調整する任が与えられていたのだ。「仲裁」は、惑星全体としての共生の運命に、絶対不可欠な条件である。執り成しが終わると、集積者は生物圏に自らの残光を残し、地球を去ってプレローマへと帰っていった。

【第九挿話】生命を生み出す母なる惑星と化したソフィアは、実現できたはずの夢の渦中で、奇妙な孤立感を覚えていた。ここはアントローポス（現代人類）の一種が、ソフィアとテレーテに与えられた可能性を費やしながら、現在進行形で革新中の世界である。

革新には常に「逸脱」の危険性が伴う。ソフィア自身からすると、「夢見」に情熱的に入れ込んでしまうあまり、惑星的領域の方に没入してしまい、よって宇宙的秩序から「逸脱」してしまったのである。これが彼女の覚えた孤独感の正体だ。道を誤り、迷子になっていたことに気づいたのである。間違えた道は、元通りに「修正」されなければならない。秘教徒は彼女の進む方向性について、「修正案」を三つ持ちかけた。すなわち、進化の道を見つけること、アルコンの侵略を克服すること、そして母なる地球における自らの立ち位置と役割を明確にすることである。

「堕ちた女神の物語」は実に壮大で精巧な神話だ。そうなるのも無理はない。なにしろ、人類が地球上に現れるまでに起きた数え切れないほど多くの出来事が描かれている、壮大な神話なのだから。だが、これら一見自分とは縁もゆかりもなさそうな宇宙的事情も、人類という「神々の実験」の物語に直結しているのである。宇宙的体感ドラマを心から学び、それが今に直結する話であることを知る。それこそが、現代のグノーシス主義者の成すべき課題である。

智慧の女神ソフィアの物語のエンディングはまだ書かれていない。現在進行中なのだから、当然だ。結末がどうなるか、それは想像されなければ、物語を生き続けなければ、書くこともできない。ただし、ユダヤ教・キリスト教・イスラム教のような、今後の歴史上のある一点で破滅的エンディングを迎えるようには、設計されていない。相互理解が前提の「共進化ストーリー」なのだから、善と悪の最終決戦のシナリオは、そもそも想定されていない。そこには超自然的な全知全能の力もなければ、人間を超える存在に関わる宿命も、最終的結果を事前決定する要因もない。それよりは、個性を超えた普遍性《トランスパーソナル》を現実として自分たちで実現する目標を持つ人にとっては、番人を受け入れるオープンな性格の物語であると言える。生命圏を拡張するという至高目的に沿うのならば、どんな想像で何をやっても構いやしないのだ。生物学者リン・マーギュリス式のガイア理論のように、人類が本当にすべきなのは、創造性を使って「歴史（History）」でなく「彼女の物語（Her Story）」の一員になることなのだ。ガイアの法則は「適者生存説」を支持していない。だが彼女の至高目的、夢見と一致する者が、最後に立つ勝者になるだろう。

それは、彼女を一番悦ばせることができた者であるはずだ。

女神が描いた未来（地球修正）

古の時代、ソフィアの神聖な物語を学んだ男女がいた。物語の結末は完全に決定されたわけではないのだが、智慧の女神と人類との関係性がその終わり方を決定することは、共通の認識であった。ある意味で、ソフィアは人類の救世主であると言える。なぜならばソフィアは人類に「エピノイアの閃き」という特別な力を与えているからである。彼女の生命創生はそこから顕れる。エピノイアとは想像力のことだ。人間がソフィアの「修正」へと意識的に関与するには、想像力が必要な能力なのである。合意も得ず、伴侶も伴うことなく、人間の世界の登場人物になることを決めた彼女の、宇宙根源に再接続するまでの道のりには、エピノイアが鍵となっている。言い換えるのなら、ソフィアは人間を頼りにしているのだ。彼女が自分自身の望みを達成できるように、そのために人間が生まれ持った可能性を信じ、伸ばしてあげようとしている。そのためにも、この実験をまずは成功に導かねばならない。智慧の女神がテレーテの協力のもとでアントローポスに力を与え、やがて人間たちがその全才能を発揮できるかという実験だ。

アイオーン・ソフィアは神性充満《プレローマ》から人類の輝かしい未来を夢見て、宇宙の中心から飛び出した。そして私たち自身が彼女の想像通りの姿になれるよう、彼女は私たちの生きる世界になる。彼女がこの世界に存在する限り、神性は人間という胞子の中でいつか開花する。最高の未来を望むのならば、人はソフィアを夢見るべきである。

人間は地球生物の中で唯一特別な種というわけではないし、他の種族よりも優れているとか劣っているとかもない。他の全種族もガイアと密接に関わって生きているが、人間とは全く異なる形なだけだ。ソフィアのプレローマからの脱出と、その結果としての脱線に、人間は他の生物よりも深く関わっているというだけのことだ。ソフィアの物語は、ソフィアが世界に秩序をもたらし美しく仕上げようとしていることを教えてくれる。同時に彼女が、アルコンの異常行動によるダメージを埋め合わせするための対抗策を練っていることも示唆されている。プレローマからの天の介入と、それに対するソフィアの返答については、ナグ・ハマディ文書「ヨハネのアポクリュフォン」に詳しく描かれている。

見えざる初源者の聖霊の同意により、プレローマ全体から彼女へ至高力のアイオーンが注がれた。彼女の呼びかけに応えて来たのは彼女の伴侶ではなかったが、アイオーン「クリストスを通して」プレローマ全体から救援がやってきた。これで彼女は力不足を補ってもらえた。そして彼女自身による修正が終わる頃には、生み出してしまったアルコンの領域より高い、第九天の位に就くだろう。(II, 1, 14.5-10) clxxviii

「第九」とは、「第七（ヘブド）」と呼ばれる無機質惑星系とは異なる、有機的な惑星体としての地球を示す暗号である。「9」が女神の数字であると伝える神話は世界中にある。3が三つで、女性原理の神性を示すというものだ。「三重の女神ムーサとは、神性女性原理の中でも魔性の女、つまりそれだけ魅力の高い女性を表している。男性歌手の詩に出てくる、永遠のテーマだ」とグレーヴスは述べている。clxxix

「第八」は夜空での定位置から動かない「恒星」、つまり星座を表している。『アダム黙示録』(V,5)には、「十三星座を通り、グノーシスの生きた果実を残して去る啓示者《イルミネーター》周期」について語る長い詩的記述がある。それによると「永遠の絶対者の知識を心の中に映し出す者たち」は、星空から直接その知識を得ることができるという。おそらくこのようにグノーシス主義者たちはソフィア神話という宇宙物語について閃きを得ていたのだろう。『この世界の起源について』によると、星座は女神の創造物であるという。「そして女神は、地上を照らす星々を空に配置し、時間を表す象徴を用意し、季節や年月、昼と夜で時を示した。天はこのように装飾されていった」(II, 4, 112:28)

テレスタイは教育活動の一環として多くのことを書き残していたが、教えによっては口頭でのみ伝えていたものもある。「アイオーンの起源に関する情報を保存できたのは、教えが本に書かれなかったからである」(アダム黙示録 85・5)ナグ・ハマディ文書中にあるこの記述は、ニンマ派仏教における「テルマ」のような、「心的伝達」を思わせる。智慧とは普通、このように文字なしで伝達されていく奥義なのだ。[clxxx] グノーシス版のテルマとも言える秘密の教え。これはチベット仏教での、巻物に象徴的な文字で書かれた「大地のテルマ」に相当するものであり、『ジュウの二冊』(ブルース写本)にもその伝達法についての面影が見られる。岩場の間にひっそりと隠されたメッセージを発見するというチベット仏教の伝統は、グノーシス文書にも見られる伝統でもある。「秘密の教えは高い山の上、真理の岩山の上にある」（85・10）もう一つの特筆すべき記述がナグ・ハマディ文書『アロゲネス』（XI,3: 68.5-25）にある。秘儀参入者は「これから伝えることを書き留めておくように。次の世代の者たちに伝える価値がある教えである」と、教えの文書化を指示されるのだ。そしてその文書を山の上に放置し、守護者の立場を放棄するよう伝えられる。「さあ来い、恐ろしい者よ」これもニンマ派の伝統と共通している。宝を発見するに相応しい人物が現れるまで、隠した文書を獰猛な悪魔に守らせるのだ。仏教学者トゥルク・トンドゥップは、「純粋なビジョンの教え」というテルマの一種に触れ、こうした現象はニンマ派などのチベット仏教ではない教えでも、発生し得ると指摘しているのだ。

「第八」は秘教団の中核メンバーを表すコードネームでもある。彼らは星座から秘密の教えを読み取り、それを衆目から隠していたと考えられる。テルマには徐放性、つまり時間の経過に応じて解放される性質がある。何世紀も後になって適正な者によって発見される時まで、教えは隠された場所に留まり続ける。clxxxi テレスタイにとって星空は、世界の時代に対応した巨大な文字盤、「宇宙時計」であった。それぞれの時代に人類が学ぶべき教訓を星空から汲み取っていただけでなく、星座が発する細かな暗号まで解読する方法を知っていた。十三星座のそれぞれには、人間の潜在能力（遺伝的言語と言った方が良いかもしれない）を記録した暗号があり、それを読み取っていたのだ。有機生命体の持つ可能性を余すところなく書き記した秘密言語が、星々の光に表れているのである。

宇宙的観点を持ち自然界を観察して情報を読み取る能力。これは天体観測と占いを生業《なりわい》としていたシャーマニズム文化の賜物だ。チベット土着信仰「ボン教」は古代シャーマニズムの面影を今に残している。修練者は天体観測と本能的予見の能力の両方に長けた者たちである。ヨーロッパ全土に残された古代の巨石遺跡などの聖地が、いずれも天文学的に整列して建っている証拠もあることから、古代エウロパ原住民のシャーマンたちもまた、「星々に導かれし者たち」であったことは疑いようもない。歴史家ヨセフスは著作『ユダヤ古代誌』（1・68－72）の中で、古代ヘブライ人は「セトの息子」を名乗る教団を指して、これを「天空を見つめる者たち」と呼んでいた。彼らは夜空を見上げて、天体の動きを観察し、パターンを読み取り、それを科学していたのである。この智慧は「大洪水」以前の先史時代から存在していた。秘密の教えは約束の地「セイリス」にある二つの石板（石柱）に刻まれているという。セイリスの聖山は、セトの息子（グノーシス一派の自称）にとっての聖地であった。clxxxii 作家ジャック・ラカリエールも、グノーシス学派の原型は天空物語の知識であったと考えた。clxxxiii 確かに、ソフィア神話のような宇宙SF映画的なシーンが散見される作品は、そのような知識が基になって組み立てられたと考えるのが妥当だろう。

デンデラ星座（グノーシス破壊部隊の出現）

ナグ・ハマディ文書発見地のすぐ近くにあるナイル川西岸には、デンデラの地がある。その地には「エジプト神話のイヴ」とも言える存在である女神ハトホルに捧げられた、壮大なプトレマイオス神殿がある。そこにある小さな礼拝堂の天井には、浅浮き彫りの彫刻が唯一無傷で保存されていた。これがあの「デンデラの黄道帯」だ。歳差運動から考え、この彫刻の作者は天の赤道が約26000年かけて一周することを知っていたと考えられる。このような高度な天文学的宝物が、ナグ・ハマディの洞窟に近接していたということは学者もあまり注目しない事実であるが、ここで注目すべきは、エジプト写本がデンデラ神殿の公式図書館、あるいはその遺構から引き出された教えを元に作成した文書であるという可能性についてだ。

デンデラから川を渡ると初期コプト正教会修道院「タベニシ修道院」がある。紀元345年頃、まだ写本が洞窟の中で眠っていた頃の話だ。修道院の創始者であるセノビティック修道僧パコミウスが死没してすぐ後のことである。一世代後、修道院はアスリビスの聖シェヌート（348-466）の管理下に置かれた。シェヌートはコプト正教会のキリスト教会では、おそらく最も有名な聖人の一人に数えられる。アレクサンドリアのキュリロスの側近であり、おそらくヒュパティア殺害事件を画策した真犯人の一人である。シェヌートは迫害を逃れたグノーシス主義者の小残党がハトホル神殿に避難するのを見て、狼狽えた。そしてキュリロスに手紙で「異端者は悪魔の文書を大量に所持している」と訴え、必ず全てを破壊しようと約束した。シェヌートはグノーシス主義者たちに命じた。「お前たちのその倒錯信念を捨てて、キュリロスを精神的指導者として受け入れよ」当然のことながら、異教徒らはこれに抵抗した。するとシェヌートはこう警告した。「大司教キュリロスを認めよ。さもないと、剣がお前たちを斬り捨てるまで、お前たちは許されないであろう。仮に生き逃れたとしても、流刑に処されるのは間違いない」古代世界に栄えた秘教学校の、何千人という数の教師や生徒たちは、忽然といなくなった。何処へ行ってしまったのか？　その答えがここにある。キュリロスは「真の信仰心」を試しながら、間接的に大量殺戮を命じたのである。

「以前、魔術を学んでいた」と公的に宣言した者の多くは、書物を集めて公の場で燃やした。その価値を計算すると、銀貨五万枚にもなる。このようにして教父の言葉はその権力を見せつけていった。そして権力はますます強まり、効果的に広がっていった。clxxxiv

ナグ・ハマディ写本が隠されていた場所からわずか50キロメートルたらずのところで起きた出来事である。写本を隠した者が誰かは分からなくとも、エジプト大修道院長シェヌートの威嚇から逃れて来たことが分かれば、十分だ。世界が悪魔に破壊されぬよう、悪の根城や偶像を探し出して全て破壊すると宣告したシュヌートは、当然の如くグノーシス文書を目の前から残らず徹底的に燃やし尽くした。[clxxv]　エジプト白修道院院長のこの「暴力的な破壊活動」は、さらに彼の支配下にあった2000人もの修道士と、1800人もの修道女によって強制的に行われた。セノビティック僧侶は規制の下でコミュニティ生活を営んでいた。そこでは、グノーシス主義の伝統を根こそぎ駆逐することを義務としていた。エジプトは古代の秘教徒たちの拠点の一つであったが、これを破壊しようとするシェヌートの手下である修道士たちは、新興宗教キリスト教徒で構成される「グノーシス派破壊部隊」と形容されることもある。[clxxvi]

川を挟んで対岸のデンデラ。この地にいた秘教徒は、自らの教えが今まさに消滅しかけていることに気づいた。同時に、この星天神殿が彼らの最後の砦であろうことを理解した。星天の叡智は永遠不朽の智慧である。テルマの宇宙暗号の教えも同様だ。それを知っていた彼らだから、そこが最後の砦になるとすぐに理解し、覚悟を決めたのである。

第十一章 夢見を科学する（ガイア・ソフィアの夢の中で）

ソフィア物語の幕開けは宇宙の始まりではない。それは初めも終わりもない宇宙の、計り知れない悠久の時の、ある一点から始まる。この場合の「宇宙」とは、時空基盤《マトリックス》の中にある銀河集合体を指す。ソフィア物語が始まった時には宇宙はすでに存在していた。と言うより、宇宙が存在しなかったことはなかった。宇宙には生まれた瞬間もなくなる瞬間もない。グノーシス主義者はビッグバン宇宙論を信じていなかった。ヒンドゥー教もタントラ密教も、仏教もそうだ。ビッグバンはなく、全ては宇宙や人間の精神で起きる「発散《エマネーション》」と「鏡像投影《ミラーリング》」の結果であると信じていた。造物ではなく発散による影響、原因と結果ではなく投影である。永遠という言葉は不変の性質のことであるが、この宇宙は本質的に不定である。宇宙は永遠に流動的であり、常変化であり、常変形であり、常循環である。生命現象も同じだ。人生は絶え間なくシームレスに、常に何かに為り、一つの場面から別の場面へと休むことなく動き続けている。それは、一つの「主軸」を中心に展開していく、生きた夢物語である。その主軸とは、時間が存在しない瞬間、「今」である。

宇宙において、変化しているのは根源たる力ではない、力の「発生条件」の方である。神秘詩人ウィリアム・ブレイクに言わせれば「永遠は、時間の産物に恋をする」ということだ。「永遠の今」の奥底から出ずるは特異点であり、つまりは全ての瞬間に特異点が出現する可能性が秘められているということだ。「革新」はそうして現れては消え、既存の世界に波紋を投げかけてから再び姿を隠す。その可能性の源泉たる特異点は、全ての銀河（プレローマ）にある。

宇宙は隠れ動力源から生まれた物質的幻影である。自分自身について直接的な表現はしないが、それは確かに基盤意識として全ての根底に存在している。それこそが「初源者」である。ゾクチェンではこの基礎意識のことを「リクパ」と呼ぶ。ヒンドゥー・タントラでは「パラサンヴィト（parasamvit）」、グノーシス派は「プロノイア」と呼んだ（こうして各教義での名前を挙げているのは、別に博識を示したいからではない。ただ、宗教学者の多くがグノーシス派の思想をイカれた異常思想だと思っているのを批判したいだけだ）。タントラ形而上学が伝えているように、「根源の力は、それ自体を隠す傾向がある」のだ。よって「それ」は、「それそのもの」には見えないのが常である。自己をベールに隠す力は「幻力《マーヤー》」と呼ばれる。幻というと「錯覚」を思い浮かべるのが普通だが、それは誤解である。実際には時間、空間、物質を超えたところにある基盤意識が、時間と空間を物理的に体感できる場における多様な活動を通して現れる力のことである。矛盾しているようだが、力は「表現されるために隠される」のである。なぜなら、基盤意識はそれ自体の行為や外見などの目に見える物事には留まらず、それらを操縦している力であるからだ。星々、人間、微生物などの、目に見える物質体は幻ではない。これは現に生きている実在の存在である。グノーシス派は物質世界を幻であるとは言わなかった。しかし、これは後々述べることになるが、宇宙と人間の心の中には幻惑も確かに存在していることは指摘していた。我々はそれが原因で、世界の正しい姿を誤認し、自分たちの本来の立場まで見失っているのだ。神聖物語の第四挿話は、このアルコンの幻惑にまつわるエピソードである。

ガイアの創発（力の天使軍団アイオーン）

「我々を夢見ている夢がある」アフリカ南部カラハリ砂漠のブッシュマン族の言葉である。その通り、宇宙は生きている夢なのだ。何十億とある銀河にある無数の星の中で、自らを覆い隠し、自らを多重化させるゲームをプレイしている力がある。初源者は決して自分自身を明らかにしない。言い換えれば、創造主は実質、無力なのだと言える。自分で進んで世界を創り上げげようともしない。自分では何もしない代わりに、力の天使集団「アイオーン」に任せている。自らの持つ無限の力は、こうして無作為に使われる。アイオーン（イオン）は「神」「周期」「発生」「原動力」という意味を持つ言葉だ。アイオーンには最高位のもの「ゴッドヘッド」と、無数の従属的なもの「神々」がいる。唯一神、あるいは創造主は、アイオーンたち「製造業者」に力を分け与える。これが神の力の「翻訳」の作業にあたる段階である。初源者、いわゆる「神」とは、父親に象徴される男性神ではない。陶工が陶器を作るのとは違う。直接判断を下すことをしない。創造神は無私無欲の「力の流出」だけをする。力が流れ、あとは製造元に「可能性」を委託する。純粋な特異性だけが提供される。そして宇宙にありとあらゆる機会や変化が生まれるのである。

その創始者に従うのが製造手たちである。彼らは受け取った特異性を、それ自身に任せるように展開させていく。実際にその手で意図した世界を創り出すよりかは、「夢見」に喩えられるように、ただ「夢散」するのだ。この過程で、形を持たない特異性に「形成的意図」が芽生え、個別の発散へと変換される。この発散のことを、ヒンドゥー教タントラ密教では「廻向《パリナーマ》」という。ギリシャ語だと「アポリア」という完全な同義語があり、『大いなるセツの第二の教え』で次のように使われている。「永遠のもの、未知のもの、測定不能の無定義からの単一発散《アポリア》」（54・18）発散はそれぞれ唯一無二《モノゲネース》の独特なものとされる。神話についてこうして語っていると、グノーシス派宇宙論の言う「発散」は現代天文物理学の「特異点」の概念ではないかと思えてくる。

「発散説」はグノーシス派が研究していた宇宙論であり、東方世界では形而上学的体系であり、そして人類普遍の考えである。聖書の創世論と真っ向から反対するようだが、人類にとっては宇宙自然界を説明する最も筋の通った理論と思われる。聖書の創世記がこれに反対し、まったく違う観点からまったく異なる比喩をしているというだけだ。ソフィア神話というとまるで聖書版創世記やビッグバン理論と対比される神話のように扱われがちだが、これは一つの神が世界を製造していく神話の類ではなく、世界がそう「示現した」という話であり、全く毛色の異なる神話であることは強調しておこう。

オーストラリアのアボリジニは物質的宇宙源のことを「ドリームタイム」と呼んだ。タイムと言っても、全ての時間の起源となる過去の一点を指す言葉ではなく、「永遠の今」の集約する次元を言い表している。岩のような無機物や、その形が連なって見られる山脈の風景も、この世界で知覚可能な全て、ドリームタイムのアニメーションである。どこまでも続く、永遠のアニメーションだ。始まりも終わりもなく、永遠に続く一つの出来事である。そして絶えず現象を起こす。ドリームタイム中に何かしらの知識や行動が示されると、アボリジニはその知識や行動を体現している生き物の「夢見」を参照する。例えば「カンガルーの夢見」がある。目の前にいるカンガルーだけでなく種族全体、つまり祖先を含めたカンガルー種のドリームタイムが司っている知識と本能的行動を総称して、「カンガルーの夢見」と言う。

奇妙な考え方と思われるかもしれないが、アボリジニの夢見の概念は科学で言う「本能的動因」、つまり種族の遺伝情報《ゲノム》の働きを司る力と深く関わっているものと、私は思うのだ。フロイトとユング以降の心理学は「動因」、つまり生理的欲求に対して行動を起こそうとする心的エネルギーによって精神のあらゆる機能が働き、調整されていると説明する。夢見は遺伝情報が物語形式で伝えられることであり、その分複雑な構想の大長編神話《ソングライン》になる。伏線が各所にちりばめられた難解で複雑なストーリー、神話的要素や詩的表現も豊富にある壮大な種の歴史物語が、遺伝情報では語られている。自然な心で見れば、夢見はリズミカルな舞台劇に見えている。そして物語には概して男女のように二つ極性を持つ登場人物がいて、その二人の相互作用で話が進んでいく。南インドのヒンドゥー教シヴァ派が行うシャーマニズム儀式は、グノーシス派の「蛇信仰」との共通点が多い。彼らにとって夢見は「微細体《リンガ・シャリーラ》」といって、「性的体」、つまりその種全体を表す原型であるという。いわば肉体の設計図であり、肉体を方舟として自らを移動し、進化の物語を進めていく。ヒンドゥー教や仏教などインド発祥の宗教では「任務《ダルマ》」と形容される。ダルマ、つまり達成すべき目標のことである。**clxxxvii** ソフィアなどのグノーシス派が言うアイオーンも、同じ「夢見」であると言える。サンスクリット語の「パリナーマ」もギリシャ語の「アポリア」も、「夢を見る」という行為を表す言葉なのだ。そして夢見とは、宇宙論的には進化を表すというよりは、「創発」の概念により近い。これは「複雑性理論」と呼ばれるまだ若い学問が、古参である生物学と天文学との和解を目的として提示する、最先端理論となっている。

　発散理論（ドリームタイム物理学と言い換えても良し）は自己形成、自己秩序化、自己組織化という「オートポイエーシス」の概念を前提とする考え方だ。今注目を浴びているこの概念だが、これは物理宇宙の構造だけでなく、地球に見られる自然界全体にも明らかに存在していることが確認できる。生物学者リン・マーギュリスは、ガイア生命体はいずれも最も麗しく複雑な形で地球オートポイエーシスを示していると述べている。「自己産出型世界」とも呼ぶべきこの概念は、新しい科学分野である複雑性理論（旧称カオス理論、または確率論）の中心概念になっている。現在、このような革新的理論によく使われるようになった用語が、「創発《エマージエンス》」なのだ。生命と意識の成長は、全てが共有される母体《マトリックス》内で行われ、そこに生じた新要素が分離した極性同士を繋ぎ合わせてゆき、結果として全体が最適化していくというプロセスだ。

clxxxviii　決められた規模での自己相似的パターン（フラクタル）を示すことは、生物の細胞や超生物にとって共通する特性である。生命の特性を理解することは、すなわち宇宙の構造を理解することに繋がるのだ。銀河中心部の万華鏡的フラクタル構造、これは神々の創造の舞であり、これを解明することは全生命と全意識を理解することであるとグノーシス主義者たちは見抜いた。神性は「発散する」ということは、非局在性を示すということだ。発生源や、効果を及ぼした場所だけに留まらないのである。「ここにある物は、他にもある。ここにない物は、何処にもない」ヴィシュヴァサラ・タントラの美学である。

宇宙にある何十億もの銀河は原初の場から発散した際、自らを物質として出現させようとはしなかった。それはただ単に、できる限りの「革新性」を示した結果であった。出現したすべてのものには、お互いに自己秩序化と自己制御していく性質、つまりオートポイエーシスの二大特徴があった。全生命体はお互いに部分的に混ざり合っているというわけだ。地球という惑星は、自己産出と発散の二つの特性を隠すこともなく、むしろ誇らしげに提示している。

ここで一つ疑問が湧いてくる。「その前に、ガイアはどうやって自己産出型生命になることに決まったのか？」

ソフィア神話の最初の挿話では、永遠の宇宙の中にどのようにして「革新性」が周期的かつ予測不可能な状況下で出現したのかが説明されている。「唯一なるもの」は何からも生じない。

その唯一者から、「特異性《シンギュラリティ》」が生じた。「独生子《モノゲネス》」とも呼ばれるこの意外性の因子である（禅宗もゾクチェンも、私たちの日々の思考は明快なものから意外なものも含め、全て同じ源から生じると考えている）。特異性は発散し、「永劫回帰」の海をかき回す。そして宇宙に革新的なことが起きる。意外性は全て、決められたパターンに沿って、無数の異なる場所で、繰り返し起きるようになっているのだ。ソフィア物語はこの「宇宙の特異性」に焦点を当てた物語である。つまり、女神は人類に「革新」を起こしてほしいと思っていた。時間が存在しない宇宙秩序の宿命の中で、革新を起こして宇宙的現実にしてほしいと願っているのだ。

私たちが住むこの渦巻状銀河がこの宇宙の全てではなく、ここはあくまで宇宙全体の極一部ではあるが、私たちにとっての「世界」であると言える。我々にとっての小宇宙の物語は、一般的な意味で物理法則を理解することでも、抽象的な宇宙の話を理解することでもなく、「母なる銀河《ホームギャラクシー》」とも呼ぶべき世界を理解することで、初めて読み解くことができる。そしてグノーシス派宇宙論の核心部分が、我々の故郷であるこの銀河の理解なのだ。ジャック・ラカリエールによると、グノーシス主義者はその豊かな想像力を極限まで伸ばすことで、世界システムの特性や条件などを見抜くことができたという。「彼らは予言を的中させることができた。現代天文学用語で言う星雲や渦巻き銀河、超銀河団の発するメッセージを読み取ることで」

clxxxix　形而上学的な古代の教えは数あれど、グノーシス主義の宇宙論はやはり独特だ。しかしながら、ソフィア神話にちりばめられた秘教学的宇宙論をいくつかの点で裏付けている古来の教えなら、一応存在している。

ナグ・ハマディ文書では、ソフィア神話の舞台についての説明がある。次のような惑星伝記だ。

全てのプレローマは初源者の発散である。そして、それら全ての発散の根元にいるのが「一なるもの（絶対者）」であり、発散の起因である。全ての発散の辿る運命もまた、そこで定められている。各プレローマは自律的に顕在化し、独自の方法でオリジナリティを発揮する（『真理の福音』41・15－20）

現代科学は大昔のグノーシス主義者が提唱した「多世界仮説」を今になって提唱するようになった。ハッブル望遠鏡の写真を見れば時空間を飛び交う無数の銀河の多様性や独自の働きを確認できる。まるで輝く星の種を見ているようだ。どういうわけか、一なる神秘的存在がこれら全ての銀河に広がって偏在しているのだという。それぞれの銀河には個別のアイオーン（神々）がいる。そういった存在は特定の身体を持った天使画のような個体ではなく、巨大な「流動体」であると考えられるべきだ。ドイツ語で「精神」を表す言葉で「ガイスト（Geist）」

というものがあるが、これは源流であるインド・イラン語で「力強い流れ」という意味の「ガイ（ghei）」が語源である。cxc 宇宙の至高存在なのだから、余程パワフルな流れなのだろう。固体ではなく巨大な流れである。神的流れはうねり、循環し、合流し、分裂し、淀み沈静することもあれば、再び打ち寄せる。神々はこのように舞う。

アイオーンは形のない、力強い流れである。その神格も流れの強さで上下する。cxci ただし、神格は測ることができても、神々はそもそも一貫した実体を持たないのである。ニコライ・リムスキー＝コルサコフの交響曲『シェヘラザード』は複雑な音色と旋律の組み合わせで構成されるが、あくまで一つの曲である。しかし演奏して分かるように、これを単体として数えるべきではない。同様のことがアイオーンにも当てはまる。確かに強度や光度といった単位で区別はできても、秘教徒が何度も教えを与えてもらうのは「光」からであり、光は光であり、一個二個と数えるものでもないし。それ以上でもそれ以下もないのである。ただし、熟練した秘教徒ならば、光や音の質などの特徴からアイオーンを識別できるという。『シェヘラザード』を楽譜なしで演奏できるまでに熟練した演奏家であれば、一つの音から曲全体を認識できるだろう。グノーシス主義者はアイオーン・ソフィアには特別な量の知能と豊かな感性があると気づいた。彼女の呼び名を「智慧《ソフィア》」と呼び区別したのは、それ相応の光の強度や特徴があると知ったからである。グノーシス主義者は超越意識に入ることでプレローマの原動力、天文学用語で

「銀河中心」を直接体験することができ、その特徴について記述することにも成功していた。

ヒンドゥー神話の女神サラスヴァティは、ソフィア的知性の顕《あらわ》れと言える。それだけサラスヴァティにはソフィアの特徴となる光の流れが垣間見える。「知恵と学問の女神。ヴェーダの母。ブラフマーと世界に触れし全ての知」[cxcii]「智慧（Wisdom）」は、印欧語根の「weid-」に由来する。アラビア語の「hikm」やヘブライ語の「chockmah」と関連する「vidya」「veda」「wit」の語源である。ヘブライ語の方は訛って「アカモート（Achamoth）」と呼ばれるようになった。地上へと堕ちし女神ソピアー・アカモートのことだ。

アイオーン・ソフィアは堕天する前、プレローマにおいて他のアイオーンと共に崇高な儀式に参加していた。

アントローポスとは（人間種の宇宙的原型について）

天から墜落した智慧の女神について語る物語は他にも数多くあるが、ほとんどは別のアイオーンである「クリストス」あるいは「油注がれし力」との活動について言及するものである。「油注がれし」というのはこの場合、気体から液体に相転移して露になる力を示している。気泡が液体に変化するのを想像してほしい。泡は液体ではないが、液体になると露と呼ばれる。これがプレローマで起きる「聖油の儀」である。その結果算出されるのが聖油「クリスム」であり、神々の愛の汗と呼ぶべきものである。界面張力を働かせ混相流となって歓喜の舞に酔いしれるうち、アイオーンたちは芳しい、光り輝く汗をかいた。これが「宇宙聖油」である。

天体物理学者たちは現在、銀河中心ではないものの、銀河腕の中には「分子露」が存在することを認めている。とはいえ、これが生物学的特性を持つ可能性にまでは言及していない。「定常状態プラズマ宇宙論」の理論家などは、アイオーン流（イオン電流）について認識し始めている。近いうちに泡状だが高密度で、低質量の多孔性のアイオーン流の特性に気づくことだろう。プラズマ宇宙論は現在、ビッグバン幻想論に取って代わる可能性のある革新的理論である。cxciii

ソフィアともう一体のアイオーン、テレーテの天の川銀河の中心における交流が、ソフィア神話の導入部である。初源者から出でた特異性は、この二体のアイオーンの創造力によって設定付けられた。それが「アントローポス」である。これはギリシャ語で「人間性」を意味する言葉だ。つまりは男女に分かれた現生人類そのものを表す言葉ではない。混合されやすい言葉に「アンドロジナス」つまり「両性具有人類」があるが、これとは異なる意味での「中性」を表していることから区別すべきである。アントローポスとは、人間という種の「宇宙的原型」を表すグノーシス用語である。ソフィア神話はノーベル賞受賞者のスウェーデン人化学者スヴァンテ・アレニウスが、１９００年頃に発表した「光パンスペルミア説」の土台にもなった。宇宙汎種説、または胚種広布説とも訳されるこの革新的な学説は、天文学者のフレッド・ホイル、ノーベル生物学者フランシス・クリック（分子生物学者ジェームズ・ワトソンと共同でDNAを発見した科学者）、他にも著名な生物学者リン・マーギュリスをはじめとする、現代の多くの著名人に支持されている。[cxciv]

共同でアントローポスを設計したソフィアとテレーテだが、これは宇宙秩序を遵守した結果であった。というのは、「プレローマ内では交接（スィズィジィ）以外は許されていないという初源者の意志があった」からだ（『ヴァレンティノス派の解明』36・25－30）。「スィズィジィ」は今でも天文学者が「天体の連接」を示すために使う、不思議な響きのギリシャ語単語である。初源者はプレローマ内でのすべての活動を対存在となるアイオーン同士によってなされることを望んでいた。望んでいただけであり、これは厳密には規則でもなければ強制でもなかった。だが実際、ソフィア・テレーテ組によるアントローポス設計の接合《スイズィジイ》も、起源者の意志が介在した結果であった。一組のアイオーンが儀式的な舞を踊り始めれば、特異性はいつか形となって宇宙全体に具現化する。

プレローマ内で次に起きたのは全アイオーンによる共同作業であった。ここでは、ソフィアとテレーテ以外のアイオーンも参加した。第三挿話によると、プレローマの神々が全員力を合わせて、合唱したり踊ったりして、符号化された特異性を具現化しようとした。外側の宇宙へとその種を撒いてから、プレローマ中心を軸として、銀河系の手足を回転木馬のように回して攪拌させたのである。こうして撒かれた特異点は、星雲の中に潜り込んでそこを揺り籠とした。「神々」だとか神話のような描写をしているが、これはあくまで銀河系内部で起きる科学現象として無理なく解釈することだってできる。確かに現代の科学ではまだ知られていない天体物理学的プロセスについて示唆されてはいるが、おそらく今後のプラズマ物理学や複雑性理論、それに追従する形で新たに出現するであろう「創発」についての学問によって、全貌が解明されていくはずだ。

プレローマとは「充満」、つまり神性が満ち満ちている状態を意味する。銀河渦はあらゆる形態を持ち得る「聖杯」であり、膨らんだ中心核を持ち、周囲にらせん状の円盤がある、平坦なトーラスである。銀河中心であるプレローマは、これまた平坦な「回転子」の対抗力によって、平衡力が保たれている。この力が「ケノーマ（欠乏または虚無）」と呼ばれる「下位領域」である。プレローマは無限の可能性を秘めた充満であり、これが「欠乏」という名の有限領域に流れ込むという構造だ。プレローマではすべての可能性が完全である。欠乏は何もなく、すべてが満たされているのだ。そこでは何もかもが可能な限り最大値にまで進化する。ソフィアなどの神々はただ与えることしかできない。無私無欲で、相手に等価交換や条件を求めず、相手の本来の表現（発散）に一切手を加えずに、ひたすら尽くす。プレローマの神々が無欲に手助けをし続ける存在であるというのは、ソフィア宇宙論においては重要なテーマである。つまりは、人間も同じような生来の寛大を持っているということを説明しているのだ。

ケノーマは銀河の回転電機子であり、限りある潜在性《ポテンシャル》だけが発達してゆく無秩序《カオス》領域である。それは過去世界の残滓、暗黒物質要素《デーマ》で構成された領域、有機物質になる前の原子、亜原子で満ちた世界である。太陽は銀河腕の中に生まれ、それに連なって惑星系が現れる。いくつかの惑星では有機生命が繁栄するが、生命の起源となるものは発生源となった惑星にいつまでも居座り続けることはしないようだ。DNA構造の発見者で、ノーベル賞受賞者の一人であるフランシス・クリックは、地球生命体のDNAの圧倒的複雑さを見て、これは地球外のどこか遠い宇宙から撒かれてきた種に違いないと考えた。ガイア説の共同提唱者であるリン・マーギュリスも、微生物（むかご）が宇宙空間を移動できる可能性に気づき、研究成果を発表している。宇宙はある意味「埃だらけ」であるが、それはその分、有機物の残骸だらけということだ。ソフィア神話の第三挿話でも述べられているように、銀河回転腕にある惑星で発生した生物は、実は元を辿れば皆、銀河中心に起源を持っているのである。ところが、このような考え方は現代の科学でもまだあまり認識されていないと言える。この理論を認めるということは、銀河中心が超有機的な力の坩堝《るつぼ》であり、意識も感覚も持つ超生命体であるということを、頑固な科学者たちが認めないといけなくなるからなのかもしれない。現代の科学者にとって、このような宇宙的生命構造を想像することも受け入れることも難しいのである。しかし一般人が受け入れようが受け入れまいが、少なくともグノーシス派はこのようにプレローマを知っていたのである。

タントラ宇宙論ではケノマの構成組成を「余剰分（アドリスタ）」と呼んだ。科学界も言っているように、これら星屑は過去の宇宙進化周期の残滓であると考えられる。始まりも終わりもない永劫回帰である。

いま、永遠（絶対真理）は外界に何の影響も落とさない。無限の光であるので、万物はその中にあり、外には何もない。外側にはしかし、暗闇と呼ばれた影がある。闇からは形のない力が生じる。際限なき混沌領域という影である。この領域からはあらゆる神性示現が生じる。我々が住む世界も、その領域に含まれる。カオスの中で起こることは全て、それを生み出したものによって予め定められていたのである（『この世界の起源について』

98・20–30)。

まるで秘教徒が神秘体験を通して知った宇宙論を素でそのまま書いたような一文だ。銀河中心は秘教徒の言う「有機光」の回転渦であり、ヌガーというお菓子のような乳白色の柔らかい光を放つ。その光は、決して影を落とすことはしない。闇は光が及ばない銀河の外部領域「ケノーマ」にしか存在しない。過去世界の残骸は、回転する巨大な渦の中で絶えずリサイクルされ、再加工と再利用がされる。しかし、ケノーマで発生したものは何であれ、予めプレローマがそこに埋め込んだ予定調和なのだ。人類もそうで、他のあらゆる種族も全て、計画されたプレローマの神性示現なのである。

グノーシス派のこの思惟は、日本の「国産み」の神話概念に驚くほど似ている。『古事記』によると伊邪那岐（イザナギ）・伊邪那美（イザナミ）の対となる二柱が、宇宙の中心（天浮橋）から「天之瓊矛（宝玉で飾られた天の矛）」で渾沌の海をかき混ぜたところ、最初の島が生まれたという。[cxcv] 同じような「宇宙的受精」の神話概念は、エジプト神話にも見られる。天空の女神ヌトは弓なりになった体に埋め込まれた十二星座を持ち、出産を司るとされている。[cxcvi] 宇宙的胎芽の原型は、地球上のあらゆる場所の「土着創造神話」で伝えられているのである。

ナグ・ハマディ文書のうち『この世界の起源について』（II, 5）では、プレローマ核の境界のことをメニックス（膜組織）、ヒュメーン（神殿膜）、スタウロス（杭あるいは十字架）、またはホロス（境界）といった言葉で記述されている。アイオーンは銀河中心部に留まりながらカオス領域である銀河腕にも示現することができるが、自身をそうした外領域に身を投げることはしない。アイオーン集団はオパール色の光の矛を放つ。白い幕屋の中で輝くクリーグ灯（映画撮影用の強力な光源）を想像してほしい。光線は幕を通り抜け外界へ届くが、光源は幕の内に留まる。グノーシス文書はこれら二つの主要な条件、すなわち「アイオーン対存在」と「境界内からの示現」は、起源者によって予め定められた「設定」であると伝えている。条件、つまりこれは宇宙普遍の法則とも言えるが、強制ではない。したがって例外はある。

ソフィアがまさに例外の一つである。

ソフィアの神的願望《エンテイメシス》（超活性力、アイオーンの夢見）

天体物理学者も近年、我らが銀河系の中心にある「卵黄」と全く異質の、生細胞の多孔質壁の間に、明確な境界線を想定するようになった。境界膜を越えて外に発散する世界は、自己創作的で自己秩序的な性質を持つようになる。なぜならそれがアイオーンの示現の仕方であるからだ。しかし、このときアイオーンはそれに何ら意図を加えて創造したり、管理したりはしない。このように、生きる宇宙に生じた生命はどれも、それ自体が独立した自己秩序体なのだ。我らが地球も、その例外ではない。物質体へと自身を別つに至ったプレローマの神々は通常、自己秩序体として自ら進むべき道を歩んでいく生命体には干渉せず、自らの運命を委ねさせる。それがこの宇宙における基本ルールである。だが、そこには例外もある。

ソフィア神話の第四挿話において、ある転機となる重大な事態について語られる。そこではソフィアが、どのようにしてアントローポスの宿命に関わり続けているのか、理由が明らかにされるのである。「神的願望」の力は、グノーシス文書においては「エンティメシス(enthymesis)」と呼ばれている。この言葉は語源的に「胸腺(thymus)」と関連している。古代ギリシャ人は魂を表現するにあたって、「精神は蝶のようだ」のような絵空事で曖昧な比喩表現で終わらせることを好まなかったようだ。吟遊詩人ホメーロスの語った伝説の登場人物を見るに、昔は男女ともに感情をありのままの肉体的感覚として感じていたことが窺える。昔の私たちにとっては、思考することでさえも肉体的感覚として捉えていた。最古期の古代ギリシャ詩作品『イーリアス』では、登場人物の胸腺がいきりたつ感覚が描かれるが、これは心臓を包む膜である「心膜」が激しい感情によって実際に震えていることを示していた。[cxcvii] また、

「エンティメシス」はギリシャ語の「thumon」の派生だが、この言葉は恐らく「燃える」や「燻る」、あるいは「犠牲となる」を意味する「thuein」に由来している。したがって、ソフィアの神的願望《エンティメシス》とは、彼女自身を他のアイオーンから引き離してでも行きたいという、燃えるような情熱を指す言葉でもあるのだ。女神を突き動かしたのは、「助けたい」という感情的衝動である。アイオーン特有の複雑なエネルギー的反応が、彼女を行動へと動かした。それは、こみ上げる至高の想いの力、「超活性力」とも呼ぶべき神力、これこそ「アイオーンの夢見」である。

第十二章　狂った偽物の神（アルコン、デミウルゴス）

アイオーン・ソフィアの神的願望が極限まで高まった結果、彼女は銀河中心部から境界外へと流出した。一見、無謀にも思える「夢見」行動であることから、彼女のことを邪悪な魔女だとか、図々しい女だとか、無計画な女だと呼ぶ声は、途絶えることはなかった。いつしか彼女は聖娼《プルニコス》と呼ばれるようになった。「知恵の売春婦」という、奇妙な別名である。そんな中、ヴァレンティノス派がそれまで伝えられてきた説に一石を投じるようなことを言い始めた。「アイオーンの最後の三十人は全て両性具有であり、ソフィアもそうであった。彼女は至高神を一目見ようとして、逆に至高神によって突き落とされてしまった。プレローマから落下したのである」この説を採用するならば、いわゆる「堕天使ルシファー」の発想の元となったのは、ソフィアであったと考えられる。cxcviii ヴァレンティノス派説とセツ派説のどちらが正しいにせよ、その後起きたことはグノーシス宇宙論というSF物語の中でも、最大の奇妙な出来事であった。アルコンの出現である。

孤高の情熱に駆り立てられた挙句、プレローマから脱落した。これが女神ソフィアについて知ることができる、ただ一つの運命である。それが描かれる第四挿話のシーンは、他の数多くの神話や民間伝承でも伝えられる「女神の堕天」や「大地に変身した宇宙女神」を想起させる。アメリカ北西部のトンプソン族なども、次のような伝承を持つ先住民である。

はじめ、大地の地母神クジュム・チャントゥは人間の女性のような姿であった。体には頭部と両腕と両足があり、大きなお腹を持っていた。人間の原生種は彼女の腹部表面で生活していた。彼女は天空の女神から大地の女神へと変身した。その髪は草木に変わり、体は土、骨は岩や小石、そして血は泉へと変わった。cxcix

似たような神話は他にも多数ある。ここから分かるのは、グノーシス宇宙論が土着信仰の叡智に由来していることと、その智慧は洗練された「大地に根付く感覚」を通して得られるということである。ソフィア神話では彼女の出自がプレローマであること、そしてアントローポス（人類）の誕生に関わっていたことが明らかになる。そして、堕天によって生じた悪性の副作用と、それが人類に及ぼす永続的悪影響についても、詳細にわたって理由が説明される。私の知る限り、グノーシス文書ほど神性示現についてここまで独特に言い表している書物は、他にない。

ソフィアは自分自身の夢見によって出来上がったその惑星に、自らをプレローマから分離させた後、変身することとなった。しかし、銀河腕の片隅に我らが青い星が新惑星として誕生する以前、銀河腕の片隅で、ある異常事態が起きた。高密度の物質で構成される「デーマ領域」では、彼女がプレローマから脱したことで「飛沫効果《スプラッター・エフェクト》」とも言える宇宙現象が起きてしまったのである。このことは彼女自身も「夢見」で予測できなかったようで、後に地球となって出現した際に、自分が産んだ宇宙異常の影響を受けることとなる。

狂気の造物主（早産の擬態生物アルコン）

ソフィアが夢見た世界が彼女の思考の力によって顕在化したとき、それは通常のプレローマの「発散」の域を超えていた。なにしろ、彼女自身をその世界に落とし込んだのだから。アイオーンは普通、プレローマ境界外へ出ない。これが全て秘教徒たちの作り話だとしても、なんと豊かな想像力か。堕ちた想像上の女神への哀れみの念を果たしてここまで昇華できるものだろうか。ソフィア神話を作り上げるには、何世代にもわたる規律ある超常現象の研究の持続と、精力的な共同作業と、強固な協力関係が必要だったに違いない。女神の目標を知るには、有能な幻視者たちの活躍も不可欠だったことだろう。女神ができるなら私たち人間にもできるはずだと、勘づいたのかもしれない。ここで、「アントローポス」の草案がデーマ領域に滲みついた分子露の斑点であったと想像してほしい。さながら、真っ黒の鏡に色付きの息を吹きかけたような感じだ。染み付いた斑点が「銀河星雲」と、今日我々が呼んでいるものである。天の川銀河内で最も身近な例を挙げるとしたら、やはり肉眼でも確認できる「オリオン大星雲（M42）」だろう。永い時間をかけて太陽を生み出す、星の乳児の揺り籠である。このような星雲は有機化合物を集積するクモの巣のような膜を展開し、そうして生命誕生の地となっているという説もあり、先程述べた通り、一部の天体物理学者にとって注目すべき研究分野になっている。

銀河中心から脱出した後、ソフィアは銀河星雲領域へと下降していった。正確には、星雲そのものに降りていったのではなく、人類の設計図へと自ら出向いたのだった。銀河腕の間にある星間空間は、物質的要素で満ちている。ここは通常、プレローマから発せられた流体光《プラズマ》だと空隙率《ポロシティ》の尺度が高すぎるため、デーマ世界を直接通り抜けることが不可能である。この光流は質量ゼロの超活性化力である。したがってソフィアがその領域に当たった瞬間、その衝撃で予期せぬ副作用が起きた。衝突部分が異常特性を持つに至ったのである。そして、グノーシス宇宙論の中で、いや、おそらく人類がこれまで想像した宇宙論の中でも、最大の異常事態がここで発生する。リチャード・スミスなどの学者をして、グノーシス主義者が書き残した「超異常性」の塊は、現代文学の最新鋭のＳＦ小説と比較しても遜色ないほど大した設定だと言わしめている。[cc] グノーシス派宇宙論はある種「神学的ＳＦジャンル」の文学作品とも言える。

アイオーン・ソフィアがデーマ世界に突入した瞬間、彼女の巨大な有機光流は飛散効果を生み出した。デーマ界は混沌の世界。そこには形あるもの秩序あるもの、命あるものは存在し得ない。しかし、アイオーンの神力がぶつかった瞬間、そこには活性生命の「自己産出化《オートポイエーシス》」の力が作用したことで、「それ」は瞬時に組織化してしまったのである。アイオーンの夢見は宇宙秩序の源である。しかしそれが無機物要素に作用すると、物質は自律的になる。それがデーマ世界で起きてしまったのである。通常の方法よりも歪《いびつ》で、時期尚早なやり方で、発散が起きてしまった。ソフィアのプレローマ脱出は通常の手順を踏んでいなかったことが原因である。『アルコンの本質』(II, 4: 93.30 ff.) には、このときの様子が次のように描かれている。※［　］内は本書の著者による注釈。

上の世界［銀河中心界］と下の世界［銀河境界外］の間には、幕《ベール》が存在する。幕の下に影が現れた。影の一部［暗塊］は［原子］物質となり、［デーマ要素として］個別に具現化した。［突入の際の衝撃で］ソフィアが作り出したのは、流産した胎児［ほぼ新生児型］

のような物体であった。［一旦形成されると］それは影によって形を成していき、結局はライオンのような凶暴な獣になった。両性具有であったのは、元となる物質の特性［中性、無機質］故である。

アイオーン・ソフィアは生きて自意識もある巨大なエネルギー流である。それとは対照的に、デーマ界に具現化したこの物体は「不活性体」、つまり生きてもいないし活性化しているわけでもないが、疑似生命体、要するに生物の「ような」振る舞いをする物体なのである。第五挿話において、ソフィアの夢見による超活性力により、銀河腕の外側にある混沌世界に生み出されてしまった「悪霊」について、更に語られる。

グノーシス主義者はアルコンを「擬態生物」であると定義した。「アルコーン（Archon）」という言葉は、ギリシャ語の「archai」、つまり「初代」や「原初」に由来する。この用語についてはすでに説明済みであるので、もう一度アルコンの出現は「早産」的であったということについて、深く掘り下げてみよう。ナグ・ハマディ写本ではこの存在がアルコン、つまり「誰よりも早く生まれた」という意味の言葉で表現されているのは、つまり意図せぬ早産であったという意味だ。さらには、この異常種はソフィアが自らの体である神聖物質を変化させて地球へ変身する前に、物質界に出現してしまった。そういう意味でアルコンは、言ってみればソフィアの直系の子孫である。だが、人間などの生物種とは血縁者でありながらも、全く異質な存在である。なぜなら彼女の神聖物質である有機光で創られたのではなく、デーマ界の無機質粒子がソフィア突入の衝撃により異常変化してできた物体だからである。無機物組成の変種であり、通常種とは生き方も考え方も何もかもが異なっている。

まずアルコンは特定の生息地を持たない。まるで星間空間に吹き荒れる昆虫の群れのように、ソフィアの光流に吸い付いては、跳ね除けられていった。そもそも、誕生にプレローマの意思は皆無であったので、生命体特有の自己創出的能力を欠いていた。つまり、なんら生きる目的を持たない、神的願望《エンノィア》を持たない存在である。これはプレローマの当初の想定の範疇の外の出来事であった。まさに宇宙的逸脱（アノミア）である。原始物質界での発散も、予定外で時期尚早なことから、流産した胎児に喩えられた。実際、アルコンの体型は「未熟児」に似ているとされている。グノーシス文書で最も想像するだけで気分が悪くなる部分であることは否めない。アルコン未熟児たちは、まるでシラミのようにソフィアの体に次々と付着していった。女神の「宇宙流産」は、その後の人類に多大な悪影響を及ぼすこととなった。

第五挿話でも異常な話が続く。なんとアルコンの群れの中から第二形態の「悪魔形態《ドラコニック》」へと突然変異を起こした者が現れたのだ。『ヨハネのアポクリュフォン』によると、アルコンの群れの指導者の出現の主たる原因は、ソフィアにあるという。

そしてソフィアは願った。生きる意志を持たない、紛いものの主が形成されることを。そして彼が原始物質の支配者となり、彼女が原因となって発生してしまった全ての力を統治させようとしたのだ。これが混沌の主の誕生となった。獅子のような外見の、両性具有の怪物である。何者にも勝る権力を有していると錯覚し、しかし自分の出自も生きる目的も何も知らない白痴である。（II, 5:100.1–10）

これが「デミウルゴス」と呼ばれる者である。異常性が実体化した恐怖の変異種だ。「恐ろしい竜の頭を持ち、体は獅子のような化け物」（ベルリン写本37.2-25）アルコンには胎児型と怪物型の二種類があるようだが、残念ながら現在残っている資料だけでは詳細の特定には及ばない。資料では淡々と描写されていくが、とりあえず大変な事態になったということは伝わってくる。獅子とトカゲの合いの子のような「ヤルダバオート」については、こちらは未熟児の形をした他の受け身なアルコンよりも、凶暴で攻撃性が強いようだ。この「アルコン酋長」は両性具有であるものの、明らかに男性主義的、いや、もはや「男尊女卑」と言うべき極端な態度を示している。ソフィアの突入以来、このアルコン王が全ての異常事態の指揮を取っている。第五挿話では、デミウルゴスが広大な銀河腕の中に自らの居城を造る過程が描かれる。

デミウルゴスの造った仮想天国（太陽、月、地球以外の惑星系）

グノーシス主義者は「デミウルゴスは何も創り出せない」と言っていた。なぜならデミウルゴスは創造の拠点であるプレローマから力をもらっていないからだ。よってアルコンは、一人では無から何も生み出すことはできない。だが、既にある何かを「模倣」し「複製」することならできる。その模造能力によって造られた世界は「ファンタジア」と呼ばれ、アイオーンの創造した世界「エンノイア」と区別される。『ヨハネのアポクリュフォン』では、ヤルダバオートは「偽の精神（*antimimon pneuma*）」と呼称されている。天の大豪邸「ステレオマ」を建てることを画策していたが、実際のそれは「立体映像」の虚像である。こうしたホログラフィック像は無生命であるが、いくらでも複製が可能だ。コプト語で「ＨＡＬ」は「シミュレーション」の意であるが、グノーシス派宇宙論によるとデミウルゴスの天の居城はこの技術を使って次々に建てられてゆき、仮想世界《バーチャルリアリティ》はこうして造られた（ＨＡＬというコプト語の言葉だが、文書ではギリシャ語のアルファベットで大文字で書かれている。よって本書でもそれに倣い、大文字で書くことにした）。出来上がった居城はプレローマのような超生命力に溢れた場所ではなく、無活性の化石のような場所であった。そこには何の生命流もなく、全てが沈み澱んでいる。だがデミウルゴスにとってはこれで十分だった。自分と下級アルコンたちのための王国を造れたのだから。

アルコン王は格上のアイオーンたちの世界を真似して、自分の世界のすべてを造った。その模造の力は不朽のアイオーンの力ではなく、「母」から取り上げた力であった。母の方も、彼に模倣品を造る力ならばと与えたのだった。（『ヨハネのアポクリュフォン』II 32.30-33.5）

アルコンの造りし宇宙は、人間の生存には適さない世界である。単純に、そう足り得ないのだ。ソフィアは一方的に向こうみずな夢見をして転落を急ぎ、結果このような世界が造られることを予想していたのではない。この神話は大事なことを私たちに伝えている。この神話は物理学的にも真正である。我々人類は太陽系の惑星に満遍なく住んでいるのではない。住むようにできているのは、この地球という惑星のみだ。アルコンなどは惑星系に満遍なく住み着いてはいるが、本来ならば地球人である我々にとっては、部外者である。ヤルダバオートの世界など、ただのシミュレーション（ＨＡＬ）ではないか。本来のプレローマの創造性溢れる有機曼《マン》茶羅《ダラ》世界は、こんな模型とは一線を画す。そこは革新性と美が統治し、誰にでもその機会が与えられる「常変化」の世界だ。偽の惑星系、「時計仕掛けの宇宙」など「アイオーン世界」の劣化コピー品であり、比べようなどとするのは片腹痛い。惑星系を運用している幾何学的法則や周期的法則は確かに至高神の生命力を反映しているが、そこに肝心の生命力がない。あくまで無機物の模型である。それとは対照的に、地球上の生命はプレローマに関する全てを教えてくれる。

「アルコンの発生」は確かに解釈に困るし、グノーシス宇宙論の中でも理解が及ぶことの少ない難題である。星間空間における無機物の大量発生など、誰が言い出したのかと疑いたくなるような実に奇妙な話であり、とても理論的とは思えない。そもそも発生と言うが、発生場所も生息地もなしに、どうやって何かが新しく誕生するのか？　どうしても気になるという方には、1837年にアンドリュー・クロスが行った「ダニの無性生殖研究」について調べてみてほしい。彼の実験では、電磁媒体の刺激でナノボット的な昆虫が、無から創造されたことが記録されている。

デミウルゴスの造った仮想天国は、太陽、月、地球以外の惑星系のことである。つまり、この三つの天体は他と隔絶した宇宙体である。地球、太陽、月を包むのが「生命共生システム」であり、他の時計仕掛けの機械的惑星体のメカニズムとは別物である。デタラメな考えに聞こえるかもしれないが、実は科学的な理論として矛盾がないということも、説明しておこう。「カオス」という用語を生み出した物理学者として名高いジム・ヨークは、「科学で何でも説明がつくと私たちは思いがちだ。月が地球の周りを時計のように正確に回っていることは科学的に説明できる。しかし、だからと言って宇宙が時計のように動いているから現実世界も全部そうだと決めつけることはできない」と述べている。[cci]

ナグ・ハマディ写本の中でもとりわけ難解な概念に「三体のプローテンノイア」がある。この題名だが、「三つの原案」という意味であり、言うなればソフィアが突入前に見た夢の中で予見されていた「三体体系」を示す専門用語だ。もしアイオーンがデーマ界に衝突した際にアルコンが発生していなかったら、我々の惑星系には地球と月と「母なる星太陽」しかなかったかもしれない。太陽と月の活動が地球の陸上生物の活動と密接に関係していると解明できれば、「三体のプローテンノイア」を理解することは、基本的にガイア理論の理解と同じである。どちらの天体も「地球外」のものではあるが、ガイアのエコシステムに不可欠な要素だ。

よって地球上に住む我々は「三体宇宙」に住んでいると言える。[ccii] ソフィアは本質的に片親家系であり、女系一族の女神であり、惑星女神としては独身であると言える。一方で、代理の体としての太陽と月の支援にも頼っており、彼らに陸上生物の管理をしてもらっている。これまで数多くの地球に似た惑星が発見され、また我らが銀河系には太陽系のような惑星系も数え切れないほど存在することが知られるようになった。今のところ、天体物理学の知識からしても、このような「三体世界」は宇宙に珍しくない。よって、グノーシス宇宙論はもっともらしい説明をしている。

第五挿話の後もソフィア神話はさらなる奇想天外なシナリオを追っていくのだが、ここで理解不能と思って読むのをやめてしまう読者もいることだろう。だがそれは、非常に勿体無いことである。グノーシスとは、知る者が知ったことと深く繋がっていくことで、やっと知ることである。この物語について熟考することは、それだけでソフィアと深く関わることになるのだ。ここでアルコン宇宙論が理解不能だと感じたのであっても、それは理解への道を歩み始めたという意味に他ならない。恐らくグノーシス主義者ならば、そう言って後継者たちを励ましていたのではないだろうか。

宇宙的ミス（アルコンにとっての喜びとは、欺くこと）

アルコンの造った天界は全宇宙にとっての狂気の舞台である。

銀河外縁に造った天界を自分の軍隊で堅固にし、支配系統が整いつつあると、デミウルゴスは更に高慢になった。天使軍団は彼を讃えた。それを喜び、彼は自慢し始めた。「見よ！　余は何者の助けも借りぬ。他の神々の助けなど要らぬ」そしてこうも宣った。「余こそが真の神である。余以外に神は存在しない」（『この世界の起源について』103.1–15）

高慢で盲目なデミウルゴスは、自身こそが万能の神で創造の中心であると考えていた。グノーシス文書には「ヤルダバオートは狂っていて正気ではない、偽の神である」とはっきりと書かれている。確かにデミウルゴスは造物主である。ある意味、独立した自律力を持った宇宙存在だ。だが、プレローマに由来するアイオーンではない。自分自身のアイデンティティが分からず混乱し、自己神格化をしただけの、本来はただの虚しい無機質の幻影である。比喩や神話的言い回しをしているのではない。実際にそうなのだ。グノーシス文書によると、上級秘教徒たちはヤルダバオートやアルコンのことを我々の惑星系の物理界に実際に生きる、実在する住人として見なしていた。だがあくまでそれは、我々の生態系に侵入しようとする異星人としてだった。そして、さらなる異質な部分についても指摘をしていた。

神は存在する。だが、その神は狂っている。人間に優しくない。それがキリスト教の教義を否定する際に、ソフィア主義秘教徒たちが唱えた、世間には衝撃的な発言であった。人間はこの惑星系と共存するが、グノーシス派は我々の心を介して侵入してくる狂神がそこいるということに気づいていた。元はソフィアの生み出した「息子」といえばそうなのだが、控えめに言っても問題児である。デミウルゴスによる地球生命に対する脅威については、わずかながら認知度が高まっている兆しはある。

アルコン天界はプレローマ境界外にあり、アイオーンが創った世界ではないという理由で、「異常（Anomou）」な世界と言われている。異常、この言葉と同質の言葉「逸脱《アノミア》」については、第一部でパレスチナ発の救済神話の狂信者について論じたときに使用してきたが、この「異常」は外宇宙の無機質惑星系で起きた他人事ではなく、地球人の精神に直接影響している。グノーシス主義では、アルコンの手口は全て「詐欺《アパトン》」であると定義されている。『ヨハネのアポクリュフォン』を参照すると、「アルコンにとっての喜びとは、欺くことである。世界をありのままの姿ではなく、アルコンの所有する世界として見せかけている」コプト語で言うと「SOREM」であるが、これは「エラー」とか「脱線」と言う意味の言葉だ。つまりグノーシス主義者は、アルコンのことを宇宙的秩序の線から脱線した「宇宙的ミス」として発現するとはっきり言っているのである。同じ言葉には、ギリシャ語では「道に迷う（plane）」という単語が充てがわれるが、これも「エラー」や「逸脱」という意味を持つ言葉だ。

ソフィアが落下した時に発生してしまった「副作用」についてグノーシス派は警戒していた。結果、全人類は本来の道から外れ、迷子になってしまった。もはや革新のチャンスを逃し、

「ガイア生態系」という独特な進化論を生み出す力を、自分が持っていることすら忘れてしまっている。惑星系に君臨するアルコンが、人間のために「思考を逸脱させるための」箱庭を作って、そこに住まわせている。『フィリップの福音書』にはこう書かれている。「私たちが住むこの世界は、誤りから生まれた」どうだろう、史上最高に難解な観念だと思わないだろうか。

だが我々人類が種の保存を目指すのなら、そして迷える世界の行方を確かで幸せなものにしたいのなら、実話としても精神論としても、我々はこの神話について熟考しなければならないのである。

第十三章　女神ソフィアの受難の物語（創造する人類へ）

グノーシス主義者にとって、アルコンが宇宙に遍く存在して人間の心にも影響を及ぼしているという問題は最大の懸念であった。レヴァント地方のグノーシス主義者は「人間性の逸脱」を検出するいわば専門家であった。一流の超心理学者、言い換えれば「超能力探偵」とも言える、「ハイパーセプション」を駆使する存在であった。同時に彼らは優れた宇宙学者でもあった。彼らにとって、超越感覚を使って宇宙のどこか遠くで起きた出来事を観測すると、それはこの地に生きる人間の身に起きた出来事でもあった。「外界で起きることは内界でも起きる」それが彼らの結論であった。

このように宇宙上の出来事が心理的現象として「作用《アクショナル》」反射するという世界観は、グノーシス主義では典型と言える。私などは、「作用反射」と言う時にただの受動的な鏡像だけのことを指すのではなく、「実行」された動的なものとしても見るようにしている。それは上演され、作る側と観る側の共同作業によって織りなされるものであるのだ。ユングの提唱したシンクロニシティ論は単なる出来事やシンボルの類似性を説明するものだが、グノーシス主義は宇宙と自己との平行性を巨視的にさらに深く洞察していると言えよう。さらに、それを実践することで、宇宙的現実をその身で体感できるのである。さらには、人間の精神が宇宙の蓋然性を創り出しているということまで、知ることができる。これをディープエコロジー論に付け加えていけば、その範囲を地球だけでなく宇宙空間にまで広げていける。それをするには、ソフィア神話を自分たちの主観として話せる（作用できる）くらいにまで、自分を神話の中の登場人物に仕立て上げるよう、積極的な修練の姿勢が必要となる。

ソフィアの苦境を解決する策として「常に人間らしくあること」がよく引き合いに出される。だが、これはただの解決策ではない。神話を読み進めていくと、実は私たち人類が彼女の苦難を説明できる存在であることが明らかになっていくのだが、要はソフィアの抱えたジレンマを私たち自身が説明できるようになればいいのである。ソフィアの苦難を説明できるということは、つまり人類がソフィアの共生命体として自らの進む道を「創造」することになるのだ。

太陽の改心（ソフィア神話のクライマックスへ）

アルコンが銀河の混沌領域から生じた時、アントロ一ポスはまだ近くの星雲で培養中であった（第五挿話）。このときソフィアはまだ人類が後に出現する惑星には姿を変えていなかった。だが我々地球人類種の未来は、この時我々の近接種から少なからず既に影響を受けていたと言っていい。アルコン、特に狂った神デミウルゴスの狙いは、地球上に生じるアントローポス種の人間意識へと絞られた。地球の生命を逸脱させてやろうと目論んだのだ。新たな脅威が近づいてこようという時に、宇宙の他の領域では、地球人類が今後どのようにアルコンを克服するか決定づけるような出来事が起きていた。

それまでは彼らの舞台となる惑星系の話が中心であったが、第六挿話になるとアントローポスが発生予定の星雲から生まれた「新星」についての話題に移る。その新星は、ソフィアがデーマ界に衝突した際に生まれたものではない。しかし銀河の各所では星生成プロセスにより、それまでも、そしてそれからも、絶えず新しい星々を生み出していた。デミウルゴスの王国（天文学用語で「原始惑星系円盤」という）は、より強い質量を持つその「新星」の重量に急速に引き寄せられ、その軌道上に乗った。磁石の上に置かれた紙に鉄粉を振りかけると対称的な模様を形成するように。そして惑星系は固定された軌道上を回り続けるようになった。しかしそこに地球は無い。まだ存在していなかったのだ。傲慢なデミウルゴスは、そこで自らを宇宙の唯一神と宣言した。目に映るもの全ては彼の支配下にあるものだと。

自惚れたアルコンらを叱責するように、ソフィアはオリオン大星雲に入れ込んでいた輝くアントローポス原型を示した。「これが輝きの子」(II, 5:103)である。コプト語で言う「光の不死者(OYRHOME NATHANA TOS PPMOYOIEN)」の存在のことだ。そしてソフィアは、アントローポスがアルコンよりも優れた存在であることを宣言した。さらには有機体として発生した人類がいつか、デミウルゴスの世界に打ち勝つと予言した。それを聞いたアルコン王国が周回する中心新星サバオートは、改心し、ソフィアへと帰依することにした。要は、母なる太陽が無機質勢力の統制に反旗をひるがし、有機質勢力に寝返った瞬間であった。女神ソフィアがいつの日か地球に完全変身することを予期した結果であった。堕ちた女神は新星のこの選択を受け止め、彼女自身に似せた神性示現「生命力ゾーイ」を発散させた。このようにして女神はアイオーンの神力を、この太陽系の中心にある母なる太陽の力と結合させたのである。

それにしても、この複雑な神話を要約するのも一苦労である。だが、ここがソフィア神話のクライマックスの一つでもある。「太陽の改心」は語ることの多い深いエピソードではあるが、なんといっても神話特有の曖昧さが薄い部分であるというのも、そのエピソードの魅力の一つと言える。それほどまでにグノーシス神話は複雑怪奇な展開が続いて、疲れてくるのだ。さて、地球が元々この惑星系に属していなかったという、驚くべきことが書かれていたわけだが、ついでにもう一つさらに驚くべきことが明記されていたことも忘れてはならない。太陽系の中心星である太陽は、我々生命体の味方として、他の惑星系の無機質勢力に立ち向かった、意識を持つ宇宙存在であるということだ。[ccii] サバオートは宇宙情勢を鑑みて、アイオーン・ソフィアの側につく方が賢明と判断したわけである。

サバオートが元々アルコン側からこちら側へ「改心」していただなんて、当然の如く理解し難いと思う人も沢山いるだろう。太陽系の中心である偉大な恒星が心変わりをするなど、簡単に信じられる訳がない。それこそ、ただの無意味な原始人たちの神話に過ぎないとして、拒否する人が出てきて当然だ。しかし、踏みとどまって良く考えてみてほしい。この話は、ガイア理論にかなり近いものであると言えないだろうか？

ガイア仮説は提唱されてから30年ほどで、「分かりやすい惑星誕生物語」として人々にすんなり受け入れられていった。１９７０年にＮＡＳＡのジェット推進研究所に所属していたジェームズ・ラブロックは、火星に生命が存在できるかどうかを調査していた。そこで火星などの他惑星と地球の大気組成を比較してみたところ、地球の大気が他の惑星系と比べて明らかな違いを見せていることが分かり、同僚であったダイアン・ヒッチコックとこのことについて推理している間に、地球生命が一個の超生命体であるという「ガイア仮説」が誕生した。現代宇宙論がソフィア神話を実証した瞬間であった。

地球と他の惑星系は明らかに異質である。私たち生命体が存続できる環境かどうかという観点で言うならば、まず三つの大きな異なる点について指摘すべきだろう。第一に、酸素について。ここでは常に大気中の酸素量が約21％に保たれている。続いて海の塩分濃度。これは約3～5％に保たれている。そして温度。地球が形成されてから43億2000万年の間に、太陽の熱は30％も上昇しているのだが、それにもかかわらず地球の表面温度の範囲はそう大きくなく、生命が繁栄しやすい温度に保たれている。なぜか？　グノーシス主義者にとっては、地球自体が生きている有機体であることと、それそのものに変身したアイオーン・ソフィアの意志が環境を維持していることの証明であった。こうして他の惑星にはない、地球生命に適した独特な環境を地球は提供しているのである。

今挙げた三つの特徴のうち、第三の「温度」については、「太陽の改心」物語とも深く関係していると言える。太陽系の中心にある恒星太陽は、水素と金属元素を核融合することでエネルギーを生み出している、巨大原子炉と考えられている。融合によって莫大な熱と放射線を出すが、その太陽風が地球に到達すると、生命の出現と繁栄が可能となるちょうど小さな範囲に収まるように、実に丁寧にコントロールがされるのだ。これまで30％も太陽温度が上昇したというのに、大気圏内の環境は大きく変わらない。まことに驚嘆すべきことである。この制御を僅かでも誤れば、地球は何度も一瞬で焦土と化していたことだろう。

母星サバオートは、地球に善意で接してくれているのである。

二源ホログラム（アルコンの挑戦）

ソフィア神話での「異常《アノマリー》」には二つの意味合いがある。残りの無機質な惑星系とは異なる生命の「本星」のことを指している場合もあれば、逆に惑星系全体を指して異常だと示す場合もある。『フィリポによる福音書』（II, 3:75.5）の有名な一節がある。「私たちの住むこの世界は、過ちから生まれた」この「過ち」というのは、なにもこの世界全部を指しているのではなく、地球という惑星だけのことでもなく、地球をその中に捕らえている無機質惑星系のことである。『三体のプローテンノイア』には、ソフィアという創造種にとっての理想環境図が美しい表現で綴られている。アントローポスがその真価を発揮するに理想的な環境となるのが、「三体系」

の宇宙設定であるということだ。しかしながら、「ソフィアの堕天」が招いた不測の事態によって、この構想は実現することなく水泡に帰したのだった。もし実現していれば、この太陽系は中心星の太陽と、月と地球しかなかった可能性もあったのである。

私たちは地球上に住んでいるが、それは大きく分けて二つの「系」に同時に生きているということだ。すなわち、地球人でありながら「太陽系人」でもあるということだ。神聖物語を裏付けるかのように、科学はこの事実を解き明かした。しかしグノーシス主義者たちは、それを単なる科学的事実として受け止めるだけに留まらなかった。地球外での出来事も、社会心理学的に人間に「作用して」影響を与えているのだと知っていたのだ。惑星系で起きる出来事は、地球上の私たちの生活の仕方にも密接に関わってくる。太陽、地球、月（正確には惑星でなく衛星）を除く他の惑星系は、アルコンの領土《テリトリー》である。アルコンの肉体と精神は、無機物で出来ている。そして本物を模倣して作った機械仕掛けの惑星系に棲みついている。それだけでなく、アルコンは我々地球人の心の中にも棲みつき、思考や知覚にも影響を与えている（アルコンの厄介さについては、第二十一章を参照のこと）。

グノーシス派思想に深い影響を受けたSF作家フィリップ・K・ディックは、これについて見事な比喩を用いている。彼にとって、人間の現実は「二源ホログラム」であると述べた。一見すると綺麗なログハウスのように見えてもそれはホログラムで、そこには牢獄のホログラムが上乗せされている。これが私たちの住む現実の真の姿だとしているのだ。ここに元々あったソフィアの三体現実の夢見も、一応存在はしている。見ている夢に浸りすぎているとはいえ、一応夢見自体は継続中だ。なにせ地球そのものに変身したのだから。地球は虚像ではない。しかし、私たちは太陽系人でもあるというのも現実だ。この太陽系は無機質な機械的宇宙である。グノーシス派にとって、この「惑星系」の方が異常場であったのだ。ここまでしてきた話をたった一度で理解できたのならば、賞賛に値する。それほどまでに難解極まりない概念である。想像を絶するほどの不可解さなのは一目瞭然だろう。

これはある意味、「アルコンの挑戦」なのだ。これをリアルな自分自身の現実として、どれくらい受け止められるか、それを試されているのだ。日常生活の中で、どうすれば彼奴ら隠れんぼの達人を見つけ出せるだろう。常人には不可能である。グノーシス派などの認知科学や超心理学の専門家が総力を結集して、ようやく発見に到ったことだ。今こそ我々はその古代のテクニックを再び学ばなければならない。この宇宙は遠い世界のように思えて、我々とは切っても切れない関係にある。

グノーシス宇宙論は二元論的である。しかし、ペルシャ発のゾロアスター教宇宙論のそれとはまた違う見解を持っていることは、はっきりさせておきたい。前述した通り、ゾロアスター教はユダヤ教神権政治の勃興に深く関わっている。少しばかり復習になるが、バビロニア捕囚の際にヘブライ人たちが吸収したペルシャ流二元論宗教教義では、この世は善（アフラ・マズダー）と悪（アーリマン）の相反する属性が対決している結果の反映であるということが教え説かれていた。これは「絶対二元性説」であり、善も悪も全てを内在する一なる神の頭が、善と悪の二つに分かれた結果だという説だ。つまりは、元々一つだったものが結果的に分かれた（単源分離双対性）というだけであって、「本源分裂二元論」とも呼べる世界なのである。すると、初源者は善も悪も含む同一者であるということになる。グノーシス主義はこの点に対し、きっぱりと反論したのだった。キリスト教に対しても抗議をした一方で、ユダヤ教が支持していたこのバージョンの二元論を否定していた。グノーシス主義者にとって、ユダヤ・キリスト教神学の支持する「憤怒と処刑の父神」は極めてペルシャ的二元論であり、さらにはその父神の行いが至高の愛によるものだという教義は、極めて不自然で異常だと判断したのだ。[cciv]

ソフィア神話のどこにも本源分裂二元論は提示されていない。グノーシス主義はプレローマが二つに分裂したとは言っていない。よって、善と悪は二つの異なる起源から来たという「二元性二元論」を支持した。ペルシャ発の善と悪の絶対二元性説は信じていなかった。ペルシャ教義とグノーシス教義はこの点で大きく見解が異なっているということが知られるべきである。

実際、グノーシス主義者はアルコンをこの世界の「絶対悪」と位置づけず、宇宙的な「過ち《エラー》」として話を組み立てていった。過ちがどのように作用するか、注意深く観察していけば、この世界に生じるあらゆる諸悪の根源を理解できると彼らは考えたのだ。したがって、地球創造物語におけるアルコン出現の出来事を「過ちの発生」と呼称していた。

二元性二源論は本源分裂二元論とは違い、深い倫理的および心理学的意味合いがある。神学論争を例証する4世紀の逸話集『偽クレメンス文書』では、グノーシス派論者シモン・マグスの「善と悪は同じ起源を持たない」という主張に憤慨したキリスト教改宗者たちの、論争の様子が描かれている。これがグノーシス派異端視の火種にもなった出来事と言える。人間世界に生じる「悪」を、全て神の御心のせいにして臭い物に蓋をするキリスト教徒の試み。これを全否定した秘教徒には、巨大な敵意が向けられた。グノーシス主義者は、悪は唯一神が創ったのではなく、宇宙外来生物であると伝えた。しかしこのような語り方は、ユダヤ人のペルシャ発二元論を導入した神学的教義を追従する初期キリスト教徒たちを激怒させることに繋がった。ユダヤ人もペルシャ起源の二元論を採用したことは明らかで、クムラン洞窟で見つかった死海文書には、主たる神は善だけでなく悪も世界に送り出したと記されている。グノーシス主義は、善と悪の源が全能の親神であるならば、初源者だった時点ですでに分裂症を発症していたに違いないと考えた。キリスト教の神はせいぜいが情緒不安定な統合失調症患者、最悪の場合はサイコパス殺人犯に違いないと考えたのである。

「無限の善の神は、世界に悪をもたらすことはない」と指摘した秘教徒を、キリスト教徒もユダヤ教徒も許すことはなかった。ペルシャ発二元論教義の論理的不合理性が指摘されただけでなく、その代わりに「悪は外来種」という受け入れ難い事実を持ち込んできたのだから。キリスト教徒もユダヤ教徒も当然、すぐには相手の語る理論を受け止めようとはしなかった。ちょっと考えれば分かることなのに、なぜか？　それは、グノーシス主義の話が難しすぎて理解不能だったからである。それに、教会から異端視されると破門されて、社会から孤立してしまう危険性があった。「我らが父なる神は地球外から襲来した凶暴なエイリアンだ」などと言い始めれば最後、社会から総攻撃をくらって自滅すること請け合いだ。信仰の裏側を暴露されたキリスト教徒やユダヤ教徒は、当然怒って反論者を潰そうとした（今でもそうだが）。しかし、聖域から表の世界に出てきて大きな秘密暴露をした秘教徒らも、相応の代償を支払う羽目になった。

「二元性二世界源性」は惑星系だけでなく、物質の本質として自然界にも見られる。「生命起源論（*Abiogenesis*）」という言葉がある。これは、地球上の最初の生命体が、無生物質から発生したという説である。生命とは、無機質の下地の上に有機形態がいるように見えているのを、現実として捉えているのである。パラドックスに聞こえるが、生命は無機質起源と有機質起源を両立しているのだ。有機物である肉体を構成するタンパク質やポリペプチド鎖をさらに細かく、元素成分にまで還元していくと、そこには無機物の領域「アルコン界」がある。ガイア理論も有機化学と無機化学の間で揺れているのをよく見かける。果たして、どのようにして無機物から有機生命が生じることを説明できるのか（誰かの言葉だが、「水素は軽く無味無臭の気体だが、時間をかければいつか人間になる」なんとなく分かっていただけると思う）。この異常中の異常を、グノーシス主義者の世界最高レベルの頭脳が結集して解明しようとしたのだ。これを単なる偶然や不可知の領域の出来事として捉えてはいけない。人生に関わる完全に現実的なこととして捉えなければ。古の賢者たちは真面目に、この最大の謎への答えを導き出そうとしていたのである。

オリオン大星雲（我々の惑星系の母星の起源か⁉）

生命起源論でソフィアが地球に変身したのを説明するとして、変身過程は彼女の堕天から今もずっと続いている。その実体を構成するのは、有機光。これは我々でいう血液のようなものだ。あるいは「粘菌」とも言えるかもしれない。粘菌は時に驚くほど機敏で、知的な生物と考えられている。アイオーン流は泡のようなスカスカの、質量を持たない物質で構成される。プレローマのアイオーン光流に、ケノーマに見られるような無機物はなんら含まれていない。ケノーマはカオス領域であり、素粒子のスープであり、そこにあるものは全て余剰分《アドリスタ》であり、宇宙的残渣である。その領域に衝突したソフィアは、ケノーマ無機物を自らに吸収し始めてしまった。乾いたスポンジが液体金属の中に放り込まれたようなものだ。CCV

太陽の改心の物語はソフィアの惑星変身と同時進行で展開していく。さすがの女神も有機生命と無機生命の混合などという厄介な状況に置かれ、困惑したことだろう。エイレナイオスの『異端駁論』では、この場面について次のように書き表されている。

> ある時、異端者たちはこう断言するだろう。暗闇と空虚の中に一人残された彼女は、嘆き悲しむ。またある時は、彼女は喜びでいっぱいになり、笑う。その後、彼女は再び恐怖に襲われ、狼狽し、困惑するだろう。

サバオートの改心はつまり、彼女がもう孤独ではなくなったということを意味している。これは女神にとって大きな安堵となる出来事であった。困難を共に乗り越える仲間ができたのだ。ケノーマはプレローマ外の劣等領域である。その元素を用いて、アルコンによって太陽系の惑星系が造られた。しかし、中心となる恒星は惑星ではない。サバオートという名の希望の

「新星《スター》」なのだ。これはソフィア激突の衝撃で生まれた星ではなかった。独自の過程、アルコン界とは異なる世界に生じた我々の太陽である。

アルコン界が形成される間、銀河腕の片隅（今日ソフィアが置かれている場所）のケノーマにも、ある出来事が進行していた。「銀河回転電機子」は止まることなくプレローマを中心に回転する。そして素粒子領域を攪拌し、光り輝く粒子へと変化させる。この粒子が、「星々」の素となるものだ。現代の天体物理学も、銀河内では常に星々が生産されているとしている。星が直接、銀河中心から出来上がって発射されるのではない。回転する腕の働きによって、星の素となる素粒子が撒かれることから始まるのだ。あるいは、宇宙プラズマの力場から生成されるとも言い換えられる。「神々の製粉機《ミル》はゆっくりと回転し、何よりも細かく挽く」という古い言葉がある。この銀河臼によって、アイオーン発散に依らない独自の生成物が生じる。原子や亜原子レベルだと、銀河腕中の全ての活動は銀河中心の直接指図を受けずに、独自の活動を展開しているのだ。

我々の惑星系の母星は狩人の星座「オリオン座」の大星雲から放射されてきたと考えている天文物理学者もいる。神話によると、サバオートはすでに始まっていて進行中であった星間活動に途中で遭遇した。それが銀河腕の中でのソフィアの活動であった。プレローマから来た輝かしい乳白色の有機光は尾を引きながら、ちょうど活動も節目を迎えていたところであった。シダ植物を想像してほしい。例えば、シダの茎上に生えた葉はフラクタル・パターンを減少させながら成長してゆく。そして最後の葉先のところで、それまで続いた成長パターンが閉じる。これが「節目《ノード》」であり、有機形成の終点である。宇宙にはあらゆる節目が存在している。宇宙プラズマ場における新生太陽が現れる場所がそうで、そこが渦状の力場となるのだ。サバオートとソフィアが連携したということは、二つの節目が連動したということになる。恒星を取り囲むガスと塵からなる回転星周円盤「原始惑星系円盤」は、近年立場を弱めつつある理論だが、グノーシス神話は既にこの時点でこの説を否定していることが解る。円には中心点が一つである。しかし、卵型の楕円には、二つの焦点があるのだ。

二つの焦点、ソフィア・サバオートの起こした「化学反応」の神話は、どう現代宇宙論に対抗し得るのだろうか。ところで、太陽系惑星の周回軌道は円形でなく、楕円形だということは既にご存じだっただろうか。地球を含む太陽系の惑星の軌道には、二つの焦点がある。すなわち太陽から遠い「遠日点」と、太陽に近い「近日点」である。二つを総称して軌道極点《アプシス》と呼ぶ。太陽は惑星軌道の「中心」にあるが、その軌道は円ではなく、実際には二つの中心点がある楕円なのだ。1604年に惑星軌道が実際には楕円形であることを発見したヨハネス・ケプラーは、同時に「エジプトの秘教」を再発見したと宣言した。

中絶胎児（アルコンが2020年代に起こしていること）

アントローポスが最後にアルコンに打ち勝つという予言は、ソフィア神話の主要テーマである。「人類は滅ばない。子々孫々まで存続する」という主張はなかなか衝撃的で、心揺さぶられる人も多いだろう。グノーシス賢者は人類に複数宇宙系統の遺伝情報が入れ込まれていると見抜いていたのだろうか？　もしそうなら、M42星雲に埋め込まれた遺伝的鋳型が現在の人類の多くの起源であると、既に知っていたということになる。つまり地球人であり太陽系人である我々は、「オリオン大星雲人」でもあるということだ。そしてまた、女神であるこの惑星上に初めから住んでいるということは、「アントローポス地球原住民」の肩書も持ち合わせているということである。

ここまで考え抜くには、人間としての心を限界近くまで研ぎ澄まさなければならない。人類は本当はどこから来たのかなどと、普段は考えもしない話題をここまで突き詰めていたのである。誰もが不思議に思うだろう。「そんなこと、ただの人間にどうやって分かるのか？」と。

グノーシス派の「人間創生」に関する資料は、現存するものはどれも欠損ばかりで、これだとまるで支離滅裂だし、役には立たない。『アルコンの本質』と『この世界の起源について』に描かれる宇宙論は幾らか一貫性が見られる部分はあるが、同じ場面でも多少食い違う部分があったり、片方では語られていない話があったり、全く異なっている部分があるのを発見することも珍しくない。読んでいるこっちが「大丈夫か？　この話……」と不安になってくるような、ごちゃごちゃした意味不明な話にしか思えないのだ。そうした理由もあり、ソフィアが地球に変貌する前に起こったことについては、画一的な筋書きが現存していない。まるで、話は奥深いが編集が下手なせいで何を言いたいのかさっぱり分からなかった大作映画を観ているような気分になる。悪評ばかりになりがちだが、しかしこれらの場面は実は物語を追うには必要不可欠な箇所であることも、後々明らかになってくる。

例えば『この世界の起源について』では次のような文章がある。「天と彼の大地（ＫＡＺ）は、彼ら全員よりも下位の問題多き者によって滅ぼされることになった。混沌の勢力がそれを破壊したため、六天は激しく揺さぶられた。（中略）ソフィアはこの不穏な動きを察知し、力を使って彼（デミウルゴス）を追い出した」(II, 5:102)。こんな短い文章ごとに何度も読み直して再検討し、考察していくのは非常に骨の折れる作業である。しかし、結果を見ればそうするだけの価値はある。第十章に示した「保存版」のソフィア神話よりもはるかに高度なことが明らかになっていくのだ。例えば第一次アルコン帝国《ステレオマ》がいかに不安定で、どのように崩壊したのか？　それが明らかになるのである。これは現在のような太陽系惑星が出来上がる前の、先駆けとなった出来事である。さらには、これらの出来事は今の地球と月が形成される前に起こった。その体制に、太陽という新要素が介入したことで体制は揺らぎ、ステレオマ第二形態の設立が確定した。第一形態では粗末な回転木馬のようだった惑星系で、中心星は土星だった。しかし、土星は中心点としては十分な質量を持たない惑星体であった。太陽はその惑星系の中心的役目を果たすに相応しい度量の恒星体であったので、惑星系第二形態の次期中心者の立場に位置するに至った。

この筋書きをこじつけだと思う人は、電気的宇宙（プラズマ宇宙）論の支持者集団「サンダーボルツ・プロジェクト」の研究を参照してほしい。天体物理学に新しいパラダイムを創り出そうと努力を続ける科学者集団だ。その主張には、グノーシス主義ソフィア宇宙論とも通じるところも多い。その彼らが「土星を中心とした、かつての惑星系の姿」が実在していた可能性を示したのだ。ソフィア神話の現代への復活の、徴《しるし》を感じる。

全九話あるソフィア神話のうち八話は、ソフィアが地球になる前に起きた出来事についての話だ。人類の出番は、物語も終盤に差し掛かったところでようやく来る。といっても、それまでの挿話の中で何度も人類の到来については示唆される。ここで、デミウルゴスの傲慢な性格について言い表す発言を見てみよう。「私が神であり、私のほかには神はいない」（II, 4:94.20）アブラハム三大宗教に共通する唯一神教教義があり、その中でも至上のものとされているのが「我らが創造主だけを崇める」ことである。これこそグノーシス派が本来の人間性に反するとして「詐欺行為」認定した教義だ。グノーシス主義者は「アルコンの原動力は羨望（phthonos）である」と念入りに警告していた。人間になりたいと願いつつも絶対にそうなれない彼らに、選択肢は二つしか残されなかった。人間たちを騙して仲間に入れてもらうか、目の前から消えるよう完全に破壊してしまうか。しかも狡猾な連中であるので、破壊工作に綿密な策略をたてるのである。最悪なのは、人類が自ら滅亡するように仕向けてくることだ。

地球誕生以前の物語について語っていたところだが、一旦話を現在の2020年代に戻してみよう。アルコンの策略が長い時間をかけてついに実行に移されている。ソフィアもテレーテも、マイクロソフト社やアップル社のOSで動作する人造人間など、設計していないことは言うまでもない。アントローポスの原動力は純粋観想「ヌース」であり、これの他はない。これに対抗すべく、世界の超スマートなグローバル主義者たちが陰謀を企てたのである。「グレート・リセット計画」これの要綱には、機械に人間を管理させることや、ナノテクでOSを人間に植えつける準備をして、全人類をロボット人間にしてしまおうという驚愕の計画が示されている。計画実行の鍵となるワクチンには「ヒト胎児肺由来正常線維芽細胞（MRC－5細胞）」

が含まれていることは、もはや常識だろう。このまま放っておいては、IT技術で社会全ての財務取引が処理されることになり、テクノクラート（技術家政治の主張者）やトランスヒューマニスト（科学技術で人間を人工進化させるという信念の主張者。超人間主義）の支持者によって「人間とは何か」という定義が書き変えられてしまうことになる。

2020年からは、全世界がアルコンの形跡をついに目の当たりにすることになった。ご覧の通り非常に攻撃的で、非常識で、非人道的だ。あらゆるものを契約で縛り、激しく懲罰する性質を持つ。この悪夢から抜け出すにはどうすればいいのか？　どうすれば世界は正気を取り戻せるのか？　こんな恐ろしい欺瞞だらけの廃墟から、どうやって真の新世界を誕生させられるのだろうか？

グノーシス主義者は、旧約聖書に登場する予言者のように予言はしなかった。だが、ソフィア神話には「アルコンが最後には敗北する」という我々の勝利宣言が既にされている。だがこれは戦って勝つ予言というよりは、自らを宇宙の支配者とみなすアルコン王のヤルダバオートに対して示した、「不服従」の意であると言えよう。

あなたは何も分かっていない、盲目なる者よ。あなたが来る以前、そこには不滅の光の子が来ていて、あなたの王国の内に現れるだろう。そしてあなたは陶工に打たれる土のように、崩れ去るだろう。あなたは従属する者たちと共に、元の奈落へと落ちる。あなたの業が成就するとき、真理が全ての欠陥を暴露し、滅びることになる。それは、初めから存在しなかったように消え失せる（『この世界の起源について』103）。

地球になる前、ソフィアは後の人類であるオリオン星雲に埋め込まれた「不滅の光の子《アントロポス》」の、宇宙的母体《コズミックマトリックス》であった。オリオン大星雲は夜空に肉眼で見える。ただし、人類の起源となる宇宙の一箇所を知ることと、目の前で繰り広げられる「人間性」について知ることは、また別の話である。3枚のプレートを重ねて撮影する「三焦点眼内レンズ《トライフォーカル》」の撮影法というものがあるが、人間の精神は自己認識の能力として、これと同じような能力を生まれつき持っている。これを使うためにはまず、自分の「主観」を自分に取り戻さなければならない。自分こそが唯一の主体であると認め、主格としての自己を認識するのだ。次に、自分の中に本来の人間性があることを認識し、それをもって自分が人類の一員であると示せるようになることだ（要は、人間の系統がどこから来たのかを本当の意味で知るということである）。そして最後に、他者の中にも人間性を見出すことである。IT技術はこの三つの認識を全て乗っ取り、完全消滅させようとしてくる。なにしろ、どの学校も同じ教義を押し付けてくるのだから。全ては「人間とは何ぞや」の定義を、圧政者たちの都合の良いように歪曲してしまおうという陰謀なのだ。これがグレート・リセットの目標である。

ではそもそも、「人間とは何ぞや」について我々はどこまで知っているというのか？　分かっているのは、地球の正当な住人が人間の起源と真理について意思統一ができたのなら、もはやテクノクラートもトランスヒューマニストも脅威ですらないと、断言できるということだ。絶対に失ってはいけないものを人類全体が知ったのなら、それを守るべく異星人の陰謀にも立ち向かっていける。少しばかり話が大きくなりすぎてしまっているかもしれない。だが、如何思われるだろうか？

ソフィア物語には、自然界における人類の自己認識と本来の役割について、多くの教訓が盛り込まれている。素晴らしい物語だ。さて、智慧の女神は稍《やや》あって大地に変身したのだが、第八挿話以降では物語を決定づける、ある変化が起きる。

第十四章　アイオーン共生者、降臨（自然界への介入）

ソフィア神話の最初の七つの挿話では、女神がアイオーンの本来の姿から惑星地球へと変身するまでを描いている。それが第八挿話になると、惑星上での生命体の爆発的増加に話の焦点が移行する。既にそれまでの話とはまったく趣向が異なるが、さらにもう一つ、決定的に異なる出来事が描かれる。

しかし残念なことに、この重要な出来事に関する記述は、現存する資料が極めて乏しい。肝心な部分が欠落しているのだ。物語の他の重要部分、例えばソフィアが地球に変貌したことなどは秘教の中でも最重要項目の一つと言えるが、欠落した部分で何が伝えられていたのかを理解するには、どうしてもグノーシス派を弾圧した初期キリスト教の教会神父たちの著作「ポレミック的神学」を参照せざるを得ない。そこにしか残された手がかりがないのだ。控えめに言っても非常に疑わしい情報源ではあるが、教父らが書いた「異端反駁」と呼ばれるグノーシス主義批判書を読むことで、彼らが無意識に誤解釈をした点や、意図的に歪曲し誤伝した点を揶い取ることができるようになる。敵側の資料からグノーシス派知識の真髄をサルベージするのだ。反グノーシス主義は、当然のように情報の欠落がある。というより、理論が穴だらけである。教父たちは明らかにグノーシス派神学や哲学を何も理解しておらず、一体何に対して反論していたのか、おそらく本人たちも分かっていなかったのだろう。それでも、彼らは自ら発する反論をもっともらしく聞こえるようにするため、明確かつ正確に異教徒を表現しなければならなかった。せめて神話をベースにしたり、トランス状態で述べたことであれば、資料についてもう少し正確に提示できる代物になったかもしれない。そうすれば連中の不条理でグロテスクな、歪んだ男性原理の性質が自明となっていただろうし、そうすればもっと話が早くついたことだろう。

言いたいだけ言わせていただいたが、つまりは、有名なグノーシス主義者の著作を読み漁って真意を摑もうとするよりも、逆にキリスト教の著作を読む方が、ソフィア神話の詳細を知る近道になるということだ。

フォーマット問題（人類以前、共生者の介入があった！）

ソフィア神話第八挿話では、ソフィアが地球体をもって生命力を爆発させる段階について描かれる。一般的な地質学的時間枠で言えば、ここは約5億8千万年前の、カンブリア紀に相当する。地球上に大量の貝類や節足動物、藻類が繁栄した段階だ。その後のオルドビス紀には、最初の魚類や陸上植物が現れた。この間、地球生物の進化は急速に進んでいき、多種多様な動物や植物が地を満たした。ソフィアにとっても意外な展開であった。アイオーンといえど、彼女も新米お母さんであったということだ。だが、第二挿話で登場するアイオーン・クリストスの「塗油式」のおかげもあって、なんとか切り盛りしていたというところだった。惑星という実験室に解き放たれたプレローマの霊は、密封《ヘルメス》から解放され、しかし設定された生物圏内で、種としての純粋性を保ったまま繁栄していった。しかしながら、異なる種同士のお互いの生活圏への介入までは、全てが想定されていたわけではなかった。異なる種族間の相互作用は全くの偶然の産物であり、無秩序であり、放っておくと共食いを起こし全体崩壊してしまう傾向があった。ソフィアは増えに増えた多様化生命の間に発生する相互作用を、管理調整するのに予想以上の苦戦を強いられた。それほどまでに、地球生命圏の共生的調和を確立することは、大仕事であったのだ。単純に、彼女の能力《キャパシティ》をオーバーしていた。生命の成長スピードが彼女の自己創出能力を凌駕したのだ。彼女が経験した苦境は、最初から全てを目撃していたプレローマの神々を突き動かした。

そして始まったアイオーンたちの次なる一大プロジェクト「地球介入作戦」その全貌とは？

現代では聞き馴染みのないプレローマのアイオーンたちの名前も、古代資料には多くが羅列されている。それらの名は、「想像」、「交流」、「沈黙」、「深淵」、「結合」、「自生」、「快楽」、「不動」などの意味を持つ言葉になっている。ギリシャ語に転用されたこれらの名を表す言葉の、真意まではそのまま翻訳されたとは言い難い。というのも、言葉というのは、単語自体では本来伝えたかった意味までは表せないからである。正しい答えを知るには、生成理由と目的に応じた関数に当てはめないといけない。「電気工」、「ドラマー」、「伝書使」などの言葉だけでは意図は伝わらず、文脈によって捉え方が異なってくるのと同様だ。文脈によっては、「伝書使」はただの配達人というわけではなく「メッセンジャー」、すなわちメッセージを正しく誰かに伝える者を指し、つまりはそのような「役割」について言い示している。これはペプチド、酵素、ケトンなどのイオン（アイオーン）化合物の名前もそうで、同様の働きを見せる。このような難解な生物学的専門用語も、人体について包括的知識という下地がないと、ただ暗記することは無意味に聞こえるというものだ。

これは「聖油塗布式」一つ見ても分かることだが、「アイオーン的関数」は複雑難解であるものの、針の穴を通すような正確性を持つ。ソフィアが抱える問題をピンポイントで把握・解決するためにプレローマから送られてくる使者というのは、いわばその問題解決専用の特別機動部隊なのだ。それだけ無数に増えた種の間を共生的調和の道へと誘引する作業は、その時の彼女一人では至難の業であった。一つの種を保存するだけなら密封するのが最適解だが、異なる種間の完全な協調となれば、別の解決策を見つけ出すことは避けられない。アイオーンたちはソフィアに、惑星超生命体から多種多様の要素をかき集め、全く新しい「集合能力」を付け加える必要があると助言した。これが「凝集《アグリゲーション》」である。なんと、この力一つを加えるだけで、ソフィアの持つ自己創生（オートポイエーシス）能力に欠けていた部分を補うことができるというのだ。ただ、そんな能力を持ったプレローマの使者とは、一体何者であったのだろうか。

　神話の欠けた部分をここまで忠実に現代に復活させようと試みているのだ。もはや学者たちが検討することを放棄してしまうほどの領域にまで達してしまったと私も思う。確かに難題すぎて放棄したくもなるが、このまま無視したままではいられない。ソフィア神話を単なる古代宗教の遺物で、「終わったもの」と見てはならない。これは撮影中の映画と同じ、想像力を駆使して創っている、現在進行中のプロジェクトである。幸いなことに、必要な関数の名前は分かっている。「エクレシア（Ekklesia）」だ。今の言葉では「教会」や「人民会議」と訳されているので、これだとプレローマで宗教集会を開くための建物なんかを想像してしまうかもしれない。だから、一旦その既存の定義を忘れてほしい。「エクレシアア」はギリシャ語の動詞「呼び合う・結集する（kaleo）」に由来する。となれば、プレローマでの専門用語として解釈すれば、そのまま「凝集する」ための力として理解できる。自然界にはさまざまな異なる種が蔓延っているにもかかわらず、それぞれが適切な境界を保って生命を営んでいる。普段はこのような奇跡が道端で起きていても気にも留めないものだが、散歩道でふと立ち止まって、自然を観察してみてほしい。そして想像してみよう。「もし生命がそれぞれの境界を保って協力し合って生きていこうとする、この見えざる力がなかったら、この惑星上の生命はどうなっていたのだろう？」それが母なる大地《ソフィア》が直面し、対処しようとしていた問題である。

こうして地球生命圏への介入が始まった。目的は、自然界において多様化し続ける生命同士が、最大の相乗効果を生み出させるようにしてやることだった。これによって異種間の共生調和能力が確保させるというわけだ。そのためのプレローマ選定仕事人が「凝集者《エクレシア》」であった。いや、生物圏共生を誘導するという意味では、「凝集者《エクレシア》」よりも「共生者《シンビアン》」の方がこのアイオーンの呼び名としては相応しいと思われる。

エイレナイオスの『異端駁論』と、損傷が酷いがナグハマディ写本の『ヴァレンティノス派の解明』だけが、共生者の自然界への介入という重大な歴史的出来事について語っている。どちらの文書でもヴァレンティノス派のアイオーン・クリストス中心教義をベースにしているため、クリストスがこの「仲裁者」であったと定義しているのだが、実はヴァレンティノス派の「堕ちた女神」の物語は、セト派の世界観が基となって描かれている。このことから分かるのは、元にあった「共生者」が勝手に「クリストス」にすり替えられたということである（本書の序文参照のこと）。このような不正行為は言語道断である。したがって、言葉を適切に言い換えるとエイレナイオスの言葉は次のようになる。

共生者は姉妹のアイオーンを哀み、スタウロス［プレローマ境界］を越えて、ソフィアに知恵を与えた。しかしその行為はあくまで対等の別個存在としてのものであり、上から下へ知性を与えるようなものではなかった。共生者から分け与えられた知恵は、ソフィアの受難の傷を癒やした。ただしその方法とは、心の傷を無理矢理本体から引き剝がすのではなく、凝集された傷を、彼女の心から出ていくように促すというものだった（異端駁論第一巻第四章より　加筆修正）。

この一節はグノーシス派特有の、微妙なニュアンスを含む言い方で示されている。異教の神話に強く反対していたエイレナイオスの原案とは考えにくい（所詮、彼には荷が勝ちすぎる問題であった）。もしこの文章で合っていたと考えれば、元々このソフィア神話を書いたグノーシス派預言者は、プレローマの神々が行った「救出作戦」についてすでにかなり正確な事前知識を持っていたことになる。この文章を私なりの解釈で意味を変えないよう注意しながら、言い換えてみよう。「共生者は自然界での出来事に環境設定を施したが、その際ソフィアが自然を通して既に設定していた基本生命知能には、何ら変化を加えずそのまま設定を引き継がせた。また、自然界の分裂と混乱を取り除くことで彼女の苦闘を和らげたものの、自らが彼女の活動を引き継ぐことはしなかった。そうすればまたいつでも、好きなようにソフィアが再開できるからだ」

「知恵を与えた」というのは要は自然界の出来事を任意の条件に「再設定した」ということだ。コンピューター用語で言えば「フォーマッティング」である。ソフィアが地球に変身したばかりの頃は、自身の身体から生まれた多種多様な生物相が自らの手に負えなくなってしまうという「フォーマティング問題」に悩まされていた。その解決のため、本社から共生者が送られてきたわけだ。ところで紀元180年頃にエイレナイオスが当時のギリシャ語（現在残っているのはラテン語のみ）で書いたというこの文章に、いったいどれほどの信頼を寄せていいものだろうか？　議論の余地があることはもっともであるが、少なくともエイレナイオスは明確に、ソフィア自らが統括する惑星体の活動と、共生者が提供する共進化とを、区別していた。私はこの区別については正確だと思っている。この非同一視の影響は非常に大きく、深い。なぜか？　それは、共生者の介入が、人類種が地球上に生きる人間として出現する以前に起こったということがはっきりするからである。ここから類推されるのが、広大な生命共生網における「人間という動物の役割」の大いなる謎への答えである。

共生者の残り香（異教アニミズム）

紀元180年ごろに異教反対運動を主導したリヨンの聖エイレナイオスは、同世紀にエウロパで起きた反グノーシス主義運動にも力を入れていた。彼はギリシャ語で著作を残していたのだが、現在はギリシャ語原書は断片的にしか残っておらず、完全版はラテン語版しか無い。我々が今読み解いているソフィア神話だが、これは元々ギリシャ語で書かれたものが後にコプト語に翻訳されたものであり、これについては学者たちの意見も一致している。言語的には大きな隔たりがあるものの、そこには「真実の残り香」もあると言っておこう。

エジプトの砂漠は何世紀にもわたって多くの宝物を世に送り出してきた。1900年ごろ、エジプト北部の街のゴミ捨て場で、後に「パピルス・オキシリンコス 405」と呼ばれることになる、ボロボロになった四片の文書の欠片が見つかった。そこにはエイレナイオスがギリシャ語で書いたものと思われる約20語の文章が確認できた。書かれたのは紀元200年。失われた『異端駁論』の原本が書かれたのが180年であったので、内容はその原型に限りなく近いとされる。エイレナイオスがソフィア神話ギリシャ語版の著者その人ではないことは明らかであるが、エクレシアによるプレローマからの介入について話している人物としては、貴重な情報源である。パピルスは見つかった時にはひどく損傷していたが、ナグ・ハマディ文書の『ヴァレンティノス派の解明』にも同じ事柄についての情報が記載されているため、こちらを第二の一次情報源と見てもいい。書かれている内容だが、そのまま読んでもほぼ解読不能である。分かるのは、これがアイオーンの行いについての記述であることだけだ。ここまで大筋を理解していれば、何について書いているのかが分かるはずである。「あの場所から…愛《アガペー》…は発散される…プレローマ全体…それは永続する、そして…にとっても…その時…より多くの［つまり］…偉大な愛の徴《しるし》」（XI, 2, 18-30）ここに手がかりがある。「永続する《ヒュポメネーム》」という言葉だ。恐らくこの文章では、「プレローマの愛は永遠に続く」ということが主張されていると思われる。問題は、どのように永続するのか？　これを理解して、それで何が分かるのか？　答えが分かったとして、それが物語の全体像のどの部分に当てはまるのか？

『ヴァレンティノス派の解明』では、クリストスがプレローマから遣わされた介入者であるとしている。セト派の主張は、これとは違ってもっと古代の教えを論拠にしている。しかし、ヴァレンティノス派によるこのろくでもない「すり替え」があったという証拠を見つけるのは、実質不可能に近い。ゴミためから発見されたその破片の一つには、次のようなことが書かれている。「天の鳥、地の底または地上の獣、そして海の魚群、これらは自分達を天へ導くものである」(パピルス・オキシリンコス 405)

これは異教アニミズムだ。このような教えに、分かりやすい言葉で簡潔な表現を求めることは酷である。アニミズム的感受性を認識することに難ありの学者たちは、アニミズム世界観を「汎神論」、すなわち「神は万物に生きている」という説で一括りにするに到った。人は、自然界で神と直接会うことができる。これが、人間という種の「デフォルト設定」である。共生者は、他の動物と人間との間の絆を、その生得的能力によって結びつけ、神への道への誘導を永続させているのだ。アニミズム文化では、異種同居人としての自種と他種との結びつきを重要視することを目的に、動物を「擬人化」するようになった。汎神論の「汎(pan)」は、「あらゆる場所に存在する、包括的な」という意味であるが、このpanの接尾辞の理解が、ここでの鍵となる。第二章で詳しく考察したように、「パーン(pan)」は古代ギリシャ民族の「自然神」の名前であった。牧羊神はヒトとヤギの雑種の姿で描かれるが、これは異教徒にとっての共生者の神性顕現であったと言えるのだろうか。あるいは、そうなのかもしれない。アメリカ先住民の豊穣の神ココペリは笛を吹くことでその土地に豊作・子宝・幸運をもたらすことで知られるが、これもパーンと同種の「共生者伝説」と言える。『ヴァレンティノス派の解明』によると、エクレシアによる仲裁はソフィアのすぐ近くで起きたという。「そして彼は去ろうとした…第三十代…人間と教会、つまりソフィアとの連結…アイオーン境界を越えてプレローマ…落とす…」(XI, 2:31.36) 細かくなるが、同じ文章内で、仲裁活動を表すのに「精子《スペルマ》」という単語が何度も使用されているのも見逃せない。

ラテン語に「ある場所の守護者 (genius loci)」という言葉があるが、これは自然界における「現象」と、人間がそれを「目撃する」こととを結びつける力であると定義されている。この「共生者の残り香」こそが、世界中の神話の登場人物の、原型であるのかもしれない。「それは永遠に続く…プレローマの偉大な愛の徴」本書で何度か説明したように、自然と人間の精神が常に結びつき、一体となって作用するというアニミズム的な考え方は、生態心理学《エコサイコロジー》の基礎である。ということは、共生者は外的な自然界の中だけでなく、我々の精神の奥深くで永久的に存続しているのだろうか。時にはかりそめの姿をもって、共生者は我々の心の中に現れるのかもしれない。神の残り香を辿っていけば、いずれは誰にでも。

この探求の続きは、第二十三章にて。

第十五章　啓示者の道（ソフィア〈地球自身〉の意志）

女神ソフィアは生きる大地《ガイア》になる過程で、多くの情動を経験した。それがどういうものだったか、静かに自然の中を歩けば、感じ取れる。今、自分はそこで何を感じているのか、自分の気持ちを観察してみるだけでいい。もちろん、ソフィアが地球になった時に感じたことを全て我々が感知できるわけではないが、少なくとも地球が今感じていることを、そのまま感じとる方法を学ぶことならできる。人間はソフィアの受難に共感できる。私たち人間は、畏敬の念をもって修練を積むことで、いつかは超越感覚を身につけられる存在なのだ。人間には、そうした知られざる感覚が備わっていることに、いつかは誰もが気がつくはずだ。

グノーシス派の言っていたことが正しかったのならば、我々にはソフィアに共感できる超越感覚能力があり、それでやっと彼女の神話の一員になれる。

自然の智慧（なぜ秘儀を守り通すことができなかったのか⁉）

グノーシス主義者の「啓示者」たちは、自らを「セトの息子」と称し、有史以前の時代から続く神聖な教えの系譜を主張した。こうも偉大で永続的に思える知の巨人たちが、なぜ紀元400年以後には秘儀をそのままの形で継承できなくなったのか？　考えられる一つの理由に、人間にとっての神聖な教えは、侵略行為や支配に全く加担しないからだと言われている。力を貸したくない者を保護する道理はない。さらには、神秘体験を通した教えや実践だけでなく、人間という種に生来備わっており、尚且つ種の生存に不可欠な「尊き自然神」の認識自体も、救世主を崇める宗教が普及するにつれて弾圧され、やがて失われていったという理由もある。なぜこのように重大な支配行為が成功してしまったのか？　それは、支配に成功した者たちの心境を考察することで、理解することができる。

ジョン・ウッドロフ卿曰く、「古代のグノーシス秘儀において、シャクティが目覚めた者をプラブッダとして、そうでない者はパース、つまりまだ眠っている素材としていた」女神ソフィアを信仰する者にとって、この素材《マテリアル》とは「物質的人間」、すなわち物質主義的な物事の見方をする者を表す言葉であった。自然を人間的な目的に利用されるだけの資源の山としか見ていない者や、気分次第で破壊することも厭わない者のことだ。「自然は、自然界の母が形になったものである。霊的というのは、母が彼女自身でいられるということである。そしてその二つは本来、同一のものであった。秘儀参入者だけがそのことを知っている」[ccvi] このことから、物質主義者とは物質世界の本質を認識していない者であると理解できる。本質を理解していないから地球をここまで無頓着に痛めつけられるというわけだ。

しかしながら、社会があてもなくただ自然界の破壊に全面的に乗り出してしまうと、それは「最悪な段階」になった印である。多くの者は最悪な状況になってようやく、自然界の神聖さを思い出し、物質主義の侵攻に反抗する姿勢を示すようになる。自然破壊が行くところまで行くと、自然にガイアへ共感せざるを得なくなるというものだ。自然防衛こそが自己防衛本能である。物質主義者は基本的に野心家だが、その能力を動物や植物を守るなど、地球の神聖さを保つ目的のために味方してくれれば、一気に心強い存在になる。人の本能とされる「狩人的攻撃性」と「自己防衛のための攻撃性」の違いについては、心理学者エーリヒ・フロムの著作で説明されている通りだ。「ヒトは系統的に非捕食性動物である。したがって、神経生理学的に言って人間の攻撃性は狩人的ではない」[ccvii] 人間が本質的に略奪好きで「その爪と牙は相手を攻撃するためにある」と言ったダーウィニズム的「適者生存論」をどうしても信じたい者は、そう信じていればいい。そこは、個人の思想の自由を尊重しようではないか。だが、常識的に考えれば、攻撃性そのものと自衛のための攻撃には違いがあることは、見分けられるはずだ。問題は、地球に向けられた狩人的攻撃性を、どのようにして自然を守ろうとする自己防衛的攻撃性で防御できるかということだ。

ヒュパティアが生きていた頃の西欧の秘教徒などは、拡大中の物質主義の危険性を既に察していた。父権制の救世主贖罪論の皮を被っていても、その本性がアルコンであることをすぐに見破っていた。しかし秘教徒たちには実戦能力に欠けていた。自己防衛的攻撃力が足りず、肝心の秘儀を守り通すことはできなかった。救世主待望論の狂信者の津波は、ものの数世紀のうちに秘教徒を全滅させてしまった。

人間だけが見せる意外性（女神ソフィアの期待）

キリスト教の熱波は、秘儀もグノーシス文書も、完膚なきまでに破壊し尽くした。ガイア・ソフィアの崇高なる神性示現は、不完全のまま終わってしまったかのように思えた。しかし、求道者《テレスタイ》たちにとってそれはある意味、想定済みであったとも言える。古代タントラ経典には「示現《アカサバニ》は決して止むことはない。本物の預言者《リシ》がいつか、どこかに必ず現れるからだ」とある。

ccviii ただ、秘教学の「大いなる業」の完成する日が遂に来なかったというのは、悲劇以外のなにものでもない。人間の秘められた可能性を育むために、何千年も続いてきた取り組みが、残酷で無知な妨害と仲間割れ行為によって、凍結してしまったというのだから。

しかし、大いなる業は終わっていなかった。ソフィアの物語はまだ続いている。第九挿話では、魅力的な概念である「ソフィアの矯正《ディオトーシス》」について説明されている。これはソフィアの転換《エピストロフ》、つまり彼女がその本質を保ちつつ地球へと変身した行為とは、また異なる転換の概念である。だが、どちらの概念も女神を知るには欠かせないものだ。前者には、我々人類も女神の矯正に組み込まれた要素であることが示唆されている。後者には、地球上の物理的な生物圏におけるソフィアへの共感を通してのみ、女神が夢見た人類の本当の役割を果たせるということが示唆されている。

任務を終え戻っていった共生者の後ろには、女神と資源が残された。今ではソフィアは惑星体であることを生命活動としていて、それによって彼女の「夢見」の世界と一体化している。自ら孤立を選んだことは、「自閉症的」であると言えなくもない。多様化する生物の中からは、やがて現生人類が現れ、ガイア生命圏の先輩たちに加わっていった。女神は期待していた。人の持つ可能性、それは人間だけが見せる「意外性」であった。彼女の物語に、どんな意外な展開が待ち受けているのか？　ようやく目の当たりにするところなのだ。途方もない壮大な物語の中で、たかが人間に大それた事ができるのか？　そう考えるのが普通だろう。しかし、それが地球《ソフィア》自身の意志なのだ。ソフィアは絶対に人間の本来の役割を、変更しない。人間が彼女の夢見にどう関わっているのかを理解するため、挿話を少しばかり要約して斜め読みしてみよう。

〈第一挿話〉ソフィアとテレーテは、宇宙の本源から無私無欲の「贈りもの」として放出された。

〈第二挿話〉ソフィアとテレーテは儀式的な舞踊によってアントローポスを設定した。

〈第三挿話〉我々人類種の遺伝情報に特別な資質と才能がエンコードされた。その後プレローマ全体でアントローポスを銀河領域内にある原子や亜原子物質が流れる「デーマ界」に投射した。

〈第四挿話〉ソフィアがプレローマから墜落した。

〈第五挿話〉人間の斬新性に魅了された彼女は、夢見の向かう方向をカオス領域に出現したばかりの一領域へと向けた。まさかその世界そのものに自分がなることになるなどとは、露知らず。彼女のいささか軽率な行動は、無機物生命体アルコンの発生原因となった。地球が形成される以前、アルコンたちは自らの世界系を急ピッチで作り上げていった。頭領は自らを宇宙の唯一神と豪語する、傲慢なデミウルゴスであった。

〈第六挿話〉デミウルゴスに対しソフィアは「不死の光の子アントローポス」の原型をオリオン大星雲から召喚した。ccix 星雲より生まれし母星サバオートも、最初はアルコンの惑星系同様、無機物で構成されていた。しかしアントローポスとアルコンの可能性の差に大きく感銘を受けた彼女《サバオート》は、改心してソフィア側についたのだった。

〈第七挿話〉ソフィアが地球に姿を変え、太陽系に連なる惑星体となった。

〈第八挿話〉量産されたソフィアの子孫の管理を支援するため、プレローマのアイオーンたちを総動員した救出作戦が始まった。そして共生者が地球に到来した。

ソフィアは夢見によって人間の特異性を約束した。しかし、意外性ということは、常に「逸脱」のリスクを伴うということでもある。ソフィア自身も宇宙秩序から逸脱した行動を取ったことを思い出してほしい。エイレナイオスによると、ソフィアの逸脱は「愛と大き過ぎる切望に突き動かされて」衝動的に行ってしまったのだという。願望を抑えきれず、周囲の同意を得ないまま勝手な行動をしたとして、女神ソフィアは堕天聖娼《プルニコス》と呼ばれた。軽率で恥知らずなビッチと揶揄されたのだ。神性流動体を、感覚を持った物質体に変化させたのは、物質と淫らな情事に耽るための娼婦の悪知恵という言い草だ。[ccx] 実際には情熱と快楽を得ることと引き換えに、ソフィアは深い傷心と混乱期を経験した。

　異教徒らの言うソフィアの受難には、この世を形成する物質の起源が言い表されている。なぜなら、自らに生命を与えた存在への回帰を望むという彼女の思いは、デミウルゴスを含むこの世界の全てが同じ受難という根源から生じたと言い表すに等しいからだ。全ては彼女の経験した恐怖と悲しみから始まった。彼女の流した涙から、液体の性質を持つ全てのものが作られた。輝きを持つ全てのものは、彼女の微笑みから生まれた。そうして彼女の悲しみと当惑からは、この世のあらゆる有形物質が生み出された。彼らも認めているように、彼女は闇と空虚の中に一人取り残された。泣き悲しむ時もあった。見捨てられたと思っていた時に照らされた光を見て、大喜びで笑うこともあった。だがまた恐ろしさに震えることもあり、落ち込んだり、狼狽することも、困惑することもあった（エイレナイオス I, 4.2)。

女神の窮状に共感することは、地球上で私たちが自身の窮状にどう向き合うかを知る上で、不可欠であると言える。我々人間も、女神と同じように、感覚的にも肉体的にも地上世界に編み込まれた存在だ。さらには意図せず誕生してしまった地球外無機質物体であり、ソフィアの堕天の影響の中でも最も異常性の高いアルコンの影響も、大いに受けやすい存在が我々人類だ。ソフィアの修正、それは宇宙の中心と女神の再接続である。そのためには、彼女の逸脱に最も深く関わった種の助力が必要だ。グノーシス主義は人間という種がソフィアの修正にどのように貢献できるのかを、一切定義しなかった。仮にしていたとしても、今は残っている証拠は無い。しかし、手元に残る文書を見れば、人類が克服すべき三つの課題が浮き彫りになっていることに気づく。一つ、人類がプレローマの意思で生じた宇宙存在であるという自らの宿命を知ること。二つ、故郷である地球生物圏において進化の道を見つけ出すこと。三つ、自分たちの特異性を進化させ、究極の進化の道「テロス」を達成すること。それこそが、この宇宙における人類のやり遂げるべき課題である。かつてのソフィア信仰者は、それをこそ我々に伝えたかったのだ。同時に、狡猾な異種族アルコンの策略を克服できないようであれば、この課題をクリアーすることも叶わないとも警告していた。

グノーシスに問う「人はなぜ過ちを犯すのか？」

自分自身を知ることが先決。自己知識は自己啓蒙であり、全ての知の基礎である。証明された物事よりも、それを証明した者よりも、さらに先を行く超越性が自己知識にはある。これこそが真の自己実現《スヴアヌバーヴァ》である。しかし、中世インドの思想家シャンカラが云ったように、自己知識は天啓《シュルティ》より生じる。そのためには、自らへの知に関する誤った概念を全て取り除く必要がある。上に重くのしかかった人為的ミスの層を取り除くことができれば、それは自ずと現れる。ccxi

秘教学校の教師たちは、理性と啓示の間に違いがあることに異議を唱えることはなかった。それを生徒たちに教える方法としては、理性も啓示も一方だけでは成り立たないので、両方を組み合わせることで一方が他方を引き立たてさせるという伝え方をしていた。ただし、可能性を減少させていく作用を持つ「理性」の働きには、注意を向けるようにしていた。理性が我々に生来備わる自然界の神秘を感受する能力を、阻害することがあるからだ。ウッドロフの「上にのしかかった人為的ミスの層を取り除く」ことで天啓を得るという発言には、グノーシス主義者としての才能をひしひしと感じる。彼が言った通り、「人為的過誤《ヒューマンエラー》」はアルコンの手口と密接に結びついている。ソフィアの永遠の啓示の守り手であるグノーシス主義者は、そのことを深く認識していた。

「ミス」や「エラー」についてのグノーシス式の理論は、人間が自分自身の心を正しく理解する方法として考案された説の中では、最も洗練された考え方の一つであると言える。まず、アルコンは全ての人為的ミスの発生源ではないことを理解する。アルコンは一つ間違い《エラー》があったらそれを暴走させ、修正できる許容範囲を越えさせることができる。このように、心の内側から作用する要因なのだ。アントローポスは学習しながら成長する動物である。何かを学ぶには、失敗を重ねる必要がある。だから自分や他人の犯した誤りそのものに囚われないように、心の鍛錬をしなければならない。人間という種特有の方法（トライ&エラー）で学習過程を進めていくしかないのだ。それが誤りを正すということだ。私たちがここまで進化できたのは、それだけ多くの間違いを許してきたということだ。我々は途方もない許容範囲を持っている。学習することだけで進化してきたのではない。全ての知覚を持つ生き物同様、過去の過ちから我々は学び、その度に許し、そして進化する。人間の特異性の一つが、非常に広い「エラーの許容範囲」なのである。しかし、もし過ちが誰にも気づかれないまま修正されずに放置されてしまう場合、この特異性は破壊的、つまり「異常性」として我々の前に姿を現すことになる。そのため、人類だけがソフィアの生命圏設計から大きく逸脱できる力があるということだ。数多くの種の中で、人間だけが自らの生存を脅かすことができ、地球全体の運命をも左右する存在になっているのである。

秘教学では、啓示者となるために必要な「求道法」の四大要素が示されている。一つ、有機光の密儀を通して女神ソフィアの「今の」啓示を保持すること。二つ、個々の才能を多面的に発揮して人間の可能性（アントローポスの持つ特異性）を育むこと。三つ、「人の過ちについての理論」を広く教え伝えること。特にアルコンの高い異常性を周知させることは忘れてはいけない。四つ、ソフィアの修正の道と、その中での人類の本当の役割を果たせるよう、霊的鍛錬に励むこと。キリスト教による残酷な攻撃で強制断絶された偉大な「共進化研究」の大計画の大枠は、以上だ。

グノーシスと仏教（グノーシス啓示者は仏陀そのもの）

前述したジョン・ウッドロフ卿の一節は、グノーシス派の教えと東洋の秘教との類似性について強調している。どちらも言葉は違えど、同じ意識の根底にある「自己解放」について話している。その意識の根底はゾクチェン用語で「リクパ」と呼ばれる。これはグノーシス用語だと「プロノイア」、言葉通りに訳すと「予知」になる。何かを知る前にすでに知っているという、基底意識を指す言葉である。「前感覚モード」、行動を示す前に心が既に行動していることを表すサルトルの用語だ。プロノイアはあらゆる知を可能にする。禅宗やゾクチェンでは、原始意識は決して汚染されたり不明瞭にならないと伝える。自分の心が汚されたように見えても、それはそう見えるだけなのだ。悟りの実現とは、根底意識が自分自身の解放を直接知ることである。それは自発的に、時と場所を選ばず起こり得る。グノーシス主義者は皆、このような超越的な洞察を実践していたのだろう。グノーシス啓示者とはつまり、「仏陀」そのものなのだ。悟りを教え広める者である。秘教の教師《テレスタイ》は仏陀ではなく、仏陀候補者とでも言うべき存在である。しかし彼らの教えは悟りや自己解放にだけフォーカスすることはなく、人間という種に生まれつき備わる創作性という天性を使いこなし、進化させる方法を教えるようにしていた。その教えが今日のあらゆる文化、文学、科学、芸術の種となったのだ。

西洋の秘教は東洋のものと比べ、二つの点で大きく異なる。一つは、先述したように次世代への「教育」を重視するかどうか、もう一つは、ガイア・ソフィアという太母崇拝があるかどうかである。大乗仏教の般若経をグノーシス派のアイオーン・ソフィアと同一視する動きもあるが、そこには無視できないレベルの相違点がある。東洋学者ジュゼッペ・トゥッチや仏教学者エドワード・コンツェなどは、二つの伝統の類似点を多く挙げたことで知られている。それぞれ一例を挙げるなら、トゥッチがヒンドゥー教のタントラ奥義のことを「インド式グノーシス主義」と（相違点については何ら触れずに）呼んだことや、1979年出版のコンツェによる随筆『仏教とグノーシス主義』で八つの基本類似点と23の相似点が論じられたことだ。ただしコンツェ説の方では、次のように二体系の間の違いも書かれてはいた。

グノーシス主義と仏教には本質的な違いがある。より完璧に近い世界からこの世界に墜落した人間という仮定には、なぜ堕天が起きたかという原因と過程を突き止めようとする意図がある。一方で仏教はその点について、語られざることについては触れようとしない姿勢を示す。ccxii

グノーシス派の堕天について多少の解釈の誤りが窺えるものの、グノーシス主義と東洋の教えの違いを明確に説明している、優れた発言である。「人間はより完全な状態からこの世に落ちてきた」とは、確かにグノーシス派は言っていない。多くの人々が誤解していることだ。そして同じ誤解が修正されることなく、何度も繰り返し言及されてきた。正しくは「神の頭の一部が崩れ落ちて、正道でない物質的進化と結びついた」である。それから、崩れた部分は人間ではない、ソフィアだ。さらには、これもよく誤解されるが、ペルシャ発のゾロアスター教的二元論とも全く異なる考え方である。だが、なぜ堕天が起きたのか？　それは、神域にあった寛大さが、外へと溢れ出たからである。ソフィアは自らの夢見へと墜落した。しかし、彼女の夢見の行為は、プレローマにおいて本来正道とは言えなかった。女神はそれをプレローマの合意なしに一方的に決定し、境界の外へと足を踏み入れたのだった。異例のプレローマ光流の流出先が、現在の我々が住む場所そのものになった。

よって、女神ではなく人類が堕天して苦んでいるという考えは、本来のグノーシス主義ではない。秘教学における「地球人精神」と矛盾する考えであることは自明である。ソフィア神話には人類が神のような状態から墜落したということを示す文章は、一つもない。その代わり、我々の片割れとも言える、元々は異星人のアルコンが引き起こす異常性に曝されているということなら、しっかりと書かれている。神話が発する警告にはまだ続きがある。宇宙秩序において人類が独自の能力を発揮しないまま、ただ流されて生きていく限りは、それは人類という種そのものに対する裏切り行為になってしまうということである。神域由来の能力を生まれ持っているというのに、それを知らないでいるのは実にもったいない。せっかくの才能を伸ばしようがなく、そのままドブに投げ捨てるようなものだ。

コンツェによると、人類はなぜ自身の才能に無知なのかということを仏教は説明してくれないが、古代の秘教徒たちはそれを知ろうと努力していたという。「なぜなのか知りたがる」それは実際、正しい努力と言える。仏教はしばしば、心が自然に知りたがっていることをも煩悩だとして排他的に扱うことがある。ここがグノーシス主義の「完全自然志向の探求精神」に及ばないところと言える。仏教は自然界における人間の居場所を見つけることを手伝ってくれないが、グノーシス主義は支援してくれる。

秘教徒たちは自らを「グノーシス主義者《グノースティコイ》」とは名乗らなかった。それは教会からの侮蔑を込めた呼び方であった。一方、「テレスタイ」の方は「究極を目指す者」と言う意味合いで本人たちが使用していた呼称だ。「テロス」は、「完成」や「究道」の意味を持つが、テレスタイが目指すのは完璧人間ではなかった。「究極形」であれば可能性を最適レベルにまで発展させれば理論上は達成可能である。しかし、「完全性」の達成は、人間には不可能である。完璧超人になろうと真剣に考えていたのが、死海のゼデク派のカルト集団だ。彼らは人間としてできる限りの修行を積むことによって、完璧超人の域に達することを夢見ていた。ゼデク派の超人思想では、救世主が贖罪を語り、それを宗教にして、信者を非人間的な人生を歩むよう強制することを正義とする。しかしテロスは「正しい行程を踏んで探究していけば、誰でもいつかは達成できる究極のゴール」を目指すという、方法論である。ゼデク派教義とテロスとの間には深く、決して超えることができない大きな溝がある。

秘儀とは、人間の全能力を最適レベルにまで高めることを目的とした、目的論的なテロス儀式である。高位の秘教徒には人類を導く神聖な責務が与えられた。「求道法《テレスティックメソッド》」ならば、個々人のニーズを満たす以上のことができ、超越精神の域にまで目的を高めることができた。超越精神だけが個人的精神を満たしてくれる。個人だけでは、それ自体をも満たすことはできないのである。これはグノーシス啓示者が遵守した指導鉄則でもある。エウロパ、レヴァント、エジプトの秘教徒たちの緩やかな繋がりにも、守っていた共通ルールがあった。それは、「光」から指導を受けること、啓示者を目指す者は団体に参加し、アントローポスの奉献、内なる神秘の導き、その導きを頼りに自分の物語を展開していく方法、そしてソフィア神話という物語の一員になれるように教え、学ぶこと。これが永久不変のグノーシス賢者の約束事である。グノーシス、それは究極の智慧を表す。「神々が知るように知ること」

第十六章　一束の麦穂（秘教徒が見る有機光の感知とは？）

古代ローマのラテン語話者で雄弁家のキケロは、エレウシスで教育を受けたことで知られている。エレウシスで学んだことについて、彼自身は次のような記述を残している。「秘儀では、神々についてよりも、自然についてを多く学ぶ」（『神々の本性について』1・42）ソフィアの堕天神話を自らの世界観として、異教徒たちは自然界の中に超自然界を探す旅に出た。女神との永遠の生きた霊的親交を求めて、何度も自然界に入り浸った。究極の学習体験、それは女神から直接教えを受けることである。ホメロスが歌った穀物豊穣の女神デメテルへの賛美歌を見てみよう。

彼女は自分を讃える儀式の主催者たちに教え、自らの麗しの奥義を明かした。その秘儀は、背信も詮索も大衆暴露も不可能であった。神々を敬う気持ちのあまり、筆舌が止まってしまうのだ。

賛美歌はまた、女神の儀式で供される聖餐についても語っている。「大地は美しく白い脚を持ったデメテルのはかりごとにしたがい、その白い麦穂を隠す」ccxiii

エレウシスの彫刻（神秘光との邂逅）

異端狩りの取締役であったヒッポリュトス（紀元１７０年〜２３６年）は、秘儀の目撃証言をかき集めた。どの時代の学者たちもその正誤不明な数々の証言に踊らされることになった。しかし共通点として、秘儀参入者が神秘光との出会いを果たした瞬間、儀式を指揮する司祭長は「麦穂の小束」を提示するという。そしてこれを「究極天啓の最高潮」と表した（『全異端反駁』5.28–31）。エレウシス遺跡を詳しく探ることで、この秘教団の構造や儀式の方法、そしてグノーシス秘儀の超自然現象についても説明できるようになる。

小プロピュライアにある古代建築のエンタブラチュア（柱頭の上部へ水平に構築される部分）のアーキトレーブとフリーズ部分には、女神デメテルのシンボル「麦の束」が彫られている。通称「白麦」であり、神秘の白い光を生き物の象徴で表したものである。その隣には、内側と外側8弁ずつ合計16弁ある「円花飾り《ロゼット》」があり、そのさらに横には、直立した円筒壺（環

状の柱にも見える）が彫られている。[ccxiv]

この円花は16人いる「熟練者《アデプト》」を指している。組織は8人の男性と8人の女性からなる、計16人で構成される。秘教オルフェウス教の遺物として、16人の男女が翼を持った蛇を囲って円になっている様子が描かれた鉢がある。それから、ピエトロアーサで発掘された金の皿にも、同じことが描かれている。この二つの過去の遺物は、密儀について多くを教えてくれる貴重な遺品である。[ccxv] 緑がかった雪花石膏《アラバスター》から彫られたと思われるオルフェウス教の鉢には、16人の裸になった秘教徒の男女が交互に並び円を描き、お互いの足に触れるくらいの距離で、仰向けで横たわっている様子が描かれている。鉢の中央には「超生命力」「再生力」「超能力」の源のシンボルである、有翼蛇「クンダリーニ」が彫られている。

秘教学では、数字の8や8の倍数は特別な数字である。エジプトのデンデラ神殿の外側正面の高いところ、雄牛の頭の横に8枚の大きな花びらの円花が彫られているところがある。このグラフィック・コードを読み解く術を知っていたのが、紀元前44800年に始まった「牡牛の時代」の秘教団だった。デンデラ神殿はプトレマイオス朝（紀元前３０５年－紀元前30年）後期の構築物だが、そこには２５８００年で一周する「宇宙歳差周期」の完璧な知識を持っていたことが窺える「デンデラの黄道帯」の彫り物が残されていた。そこに彫られた軸は、牡羊の時代の特定の時期を示していたのだ。それは、エジプト王朝史にとっても重要な瞬間であった。デンデラ秘教団は前述したようにナグ・ハマディ文書を書き記した集団であった可能性もある。あるいは、それ以前の何千年もの間続いた神聖知識の守護者であったのかもしれない。「究極《テロス》を目指す」ための求道法では、人と惑星の進化について広範な知識が必要とされていた。そうすることで、牡牛座の時代以外にも各星座の時代に応じた人類への助言や教訓を伝えることができたと推測される。数字の「8」または「第八《オグドアド》」は、「星座」を表す秘教記号であり、同時に、星座を読み解くことでガイアとの共進化を目指す秘教団を指していた。[ccxvi]

チベットの瞑想法に「白多羅菩薩への祈り」というものがある。胸のチャクラの中心に8本の輻《スポーク》のある「白い車輪」を視覚化するという瞑想法だ。修行者が女性仏像と一体化する視覚化をすると、白い光が流れ込んでくるのが視え、その後に合図としてこの車輪が光の中から現れるのだという。これが如意輪観音《チンターマニチャクラ・ターラ》の視覚化法である。[ccxvii] 八正道の法輪は仏教教義のシンボルであるが、これは東洋版の「円花（ロゼット）」なのかもしれない。アレキサンダー大王の東征により、ヒンドゥークシュ山脈のガンダーラ地方で仏教とグノーシス主義が融合を果たすといった経緯もあり、なかなか無視できない有力説である。

エレウシスの16弁ある円花のうち、内側の8弁は神秘光の啓示を受ける役割に徹した8人の秘教徒を表している。対して、外側の8弁は内側から届くメッセージを受信、解釈、自分の言葉として翻訳し、光の指示を外世界へと伝える役割を持った8人を示している。といっても役割は固定されているわけではなく、二つの役割は定期的にローテーションする。よってそれぞれの熟練者は流動的に、異なるシフトで異なるタスクに就くというわけだ。このように活動内容を平等かつ補完的にすることで、秘教団としての隠密活動（「オージー」の語源である「オルギア」と言い、本来は「仕事」を表す）を適切に続けつつ、秘教団外郭メンバーの教育と訓練も維持してきた。それぞれの役割も一時的なもので、時代の移り変わりとともに変わっていった。女神の死と再生の奥義を保存しながら、裏から社会を正道へと導いていった、優れた手法であったと言えよう。神殿については、時期に応じて儀式が本来行われるべき場所を選んで建てられていった。

神殿が建設されるようになる前は、儀式は開けた自然の中で行われていた。星空の下の神聖森林《ネメタ》や、巨石サークル、ドルメン、メンヒルなど。

どの遺跡にも、神秘光との邂逅《かいこう》があったという証言を残している。その光は通常の人間には見ることはできない。これは自我《エゴ》がフィルターをかけてしまうせいで、通常の感覚では見えないのである。自我像という精神的化粧で、光が隠れて見えないのだ。窓ガラスを通すと外の光が見えにくくなるようなものである。だがひとたび自我が融解すると、知覚限界が変動し、光がずっとそこに在ったことが分かるようになる。実体世界、それは柔らかく、白く、影のない世界。それに、その世界には知覚する力がある。生きていて、生かされていて、活動をする光。自分が何者であり、誰と接触しているのかも解っている。ベルリン写本の『イエス・キリストのソフィア』に登場する賢者曰く、「それは影を落とすことなく輝く光であり、言葉に表せない程の快楽と歓喜に満ちている」と、光の美しさを褒め称えている（ベルリン写本115）。有機光は探さなくとも至る所にあり、あらゆるものに沁み入っている。光は、普段見えているものには映らない。だが、見えているものから出ているのを視ることならできる。マシュマロのような質感の柔らかい白色光の中に、漂っている「物質」ならば普段から視認できる。

秘教徒は変性意識状態になり「自我の一時的な死」を経験している間、生きた光と対面できた。変性意識状態を人為的に引き起こすためには、神聖調合物「キュケオーン」が摂取されることもあった。光に出会った者はそれぞれの啓示を受け取った。中でも最も重要な教訓の一つと思われるのが、「知覚する」ことの本来の意味についてだ。通常、我々は自分たちの五感を通して世界を感じ取っていると思っている。それについては議論も証明もする余地もないはずだ。

ところが、古代の秘教徒たちが視たこの世界は、我々が思っているものと全く違っていたのだ。

他者（自我、光との対面！）

エレウシスの浅浮き彫りに描かれる円筒形の壺（柱）は、「有機光」を表している。宇宙雨と言うべき流体光のどしゃ降り豪雨が円柱に入って流れ込んでくるということだ。秘教徒が光に対面するための聖域「エレウシスの聖室」には、沢山の「柱」が建てられていた。変性意識状態になった秘教徒は、まるでスローモーションで流れるナイアガラの滝や、溶けた大理石の中を「踊り抜いて」いくような超常感覚に陥る。あるいは不動の滝を観る場合もあり、そこには完全清廉潔白な静寂《オーム》がある。その完璧な風景のどこか一点に焦点を当てた途端、静寂は破られ、豊かな曲調の合奏《オーケストラ》が聴こえてくる。テレスタイはそれまでに「透聴」の超能力を開発してきたので、まるで貴重な鉱石鉱脈をたどるように、特定の音のリズムを聴き分けて追っていくことができた。したがって、浅浮き彫りに描かれた「円筒壺」は、底に流れる静寂と、特定の音を鳴らすに適した楽器の形状の両方を表していることが分かる。有機光は波状のうねりであり、音の流れであると同時に、光沢のある淡い白い光の可視波でもあった。[ccxviii]

ナグ・ハマディ文書ではこの神秘光のことを、巨大な河が優しく溢れ出てできたような「水源」に喩えられている。『第八と第九に関する談話』では、秘教徒による次のような言葉が書かれている。

私は私という心である。だが私は、他者の心があるのを見ている。私の魂を活気づけてくれる。自我を純粋に忘れさせてくれる他者が見える。始まりがない至高の力の水源を見つけてしまった。生命力が溢れ出る源泉を見ている（58 諸所）。

有機光を感知しやすい者は、円花の内側8弁で構成される「第八の集」に参加できた。『ヨハネのアポクリュフォン』や『イエス・キリストのソフィア』も、神秘光の奔流について描写している。光の「ダウンロード」が様式化して物質的に表したのが、浅浮き彫りの円筒柱なのである。影なき有機光は白色の可視光で、至る所にある。だがそれは、普段は意識しても一瞥することすらできない。なぜなら、この世界が実際には光で満ちているのを、人間の通常の五感で感受できないからだ。

聖なる教えを守り伝えるため、テレスタイは厳格な入信指導を確立した。質量を持たない有機光は、自我に縛られた意識の一般人には見えないことも分かっていた。同時に、自我とはなかなか解消されない頑固な性格で、消えてもすぐに戻ってくる執拗性も兼ねていることもよく理解していた。よって密儀の前準備として、膨大な時間が無我の境地に至るための修行やカウンセリングにあてられた。試練を乗り越え、自我のレベルが最小にまで抑えられた生徒だけが、本番となる密儀へと足を進められた。自我を一定水準にまで下げるための準備期間は長く、実に21年かかるとされる。儀式はたったの数日で完了するにもかかわらずだ。

エレウシスなどの聖域で執り行われていた儀式では、まず自我を融解させ、通常以上の知覚を引き起こすために、「聖餐」も供されることがあった。「白い麦穂」から調合した秘薬「キュケオーン」である。エレウシスの浅浮き彫りの中の、刈り取られた「一束の麦穂」の絵はこれを意味していた。自然界の直観を得るには、自然界から供された聖餐を口にすればいいという、単純な理由からだ。他にも、無我の境地は自由意志の力だけでは達成が難しいなどの理由もあり、外界から聖餐の助けが必要な場合があった。そこでテレスタイが有機光を直接知覚するのを遮断する働きを持つ「認知フィルター」を一時的に解除するために使ったのが、人の精神を変性意識に誘導する植物の抽出液だったのである。世界中の先住民たちは、このように古の教えに従い、光に出会う儀式を取り行ってきた。心理療法士アンディー・フィッシャーは著書『過激派生態心理学（原題 *Radical Ecopsychology*）』で次のように述べている。

我々個人の生活は、社会という「絶え間なく続く精神交流」の流れの一つであると言える。社会においてはさまざまな接触があり、自然界のあらゆる「意味」は、力となって伝達されてゆく。個人はそれを食して体内に取り込むことで、動植物の力を得て、その意図を知る。アメリカ先住民たちも、人間は人間以外の生き物から力を与えられるまでは、「未完成で抑制の効かない」野生動物のままであるという信念を共有している。ccxix

人間とは何なのか。それを知るには、人間以外の動植物から教えてもらわなければならない霊的指導を軽視すべきではない。秘教徒たちは、高慢な自我を捨て、自然界の指導を乞う謙虚さを持ち合わせた者にしか、女神は啓示を示さないということにも気付いていた。

聖餐には副作用として統合失調症になるリスクや、自己中心的な世界観に逆に飲まれる可能性もある。これは秘密結社イルミナティやその秘密実験の被験者などが典型例である。古代異教世界のテレスタイは、副作用に細心の注意を払いつつ、植物界からの自然な指導に頼った。イルミナティの洗脳プログラムの場合、植物、花、菌類などの天然物の精神作用物質を使った実験を禁止し、人工化学物質を投与する。聖書を例にとると、唯一神ヤハウェ（アルコン長のデミウルゴス）は、アダムとイブに知恵の木の実を食べることを禁じた。一方でグノーシス神話では、蛇が人間に知恵を与えた善良な存在として描かれ、禁断の果実を天啓の源泉であるとしている。この違いから分かるのは、教会は聖なる「教師植物」を媒介とする自然界との交流と、その中で人類に神秘体験がもたらされることを嫌がり、これをタブーとしてきたということだ（全ての植物は神聖であるが、現代薬理学において幻覚薬とされるものは、分かっているだけでも２００種ほどある）。アマチュア民族菌類学者ロバート・ゴードン・ワッソンの論文には、向精神性キノコなどの聖なる植物を摂取する儀式は旧石器時代にまでその起源を遡り、当時からシャーマン技法の中心にあり、これこそが人類の全ての宗教の根源であると述べられている。ccxx

エレウシスの秘教徒の場合、異種間コミュニケーションが可能になるまでに自我を低下させる術として、キュケオーンの摂取を実践していた。ccxxi このような幻覚薬は世界中のシャーマン儀式に見られ、珍しいことではない。古代異教世界では神聖植物が人間とソフィアの間の主な媒介となっていたのである。植物界の意識は人間を謙虚にしてくれる。そうして人は、文化と自然の間の境界線を適切に観察、そして保存することができるようになる。

大地の女神ガイアを知覚する（惑星の心をダウンロード）

デイヴィッド・アブラム著の１９８５年のエコロジスト誌に載った記事『ガイアを知覚することで分かること』は、認知科学やノエティックスの観点からガイア理論を論じた、特に優れた論文である。秘儀の全貌を暴くという趣旨はなくとも、儀式の究極的秘密に触れている。アブラムの主張はこうだ。「知覚とは、自分だけでなく周囲の世界によっても作られる、相互現象である」つまり、我々はただの世界の傍観者ではなく、世界と知覚的相互作用を起こしているということだ。生態心理学が認知されるようになる数十年前からこれに気付いていたアブラムはさらに「我々の精神は生態系全体の共有物である」と述べた。これが意味するのは、「自分という存在は、この見えている肉体に限らない」という確信を超えて、さらに先を哲学するように読者に暗示しているということだ。ccxxii

アブラムの言葉は光からの啓示とも深く関係している。エレウシスの秘儀では、儀式が最高潮に達するときに司祭長が刈り取られた一束の麦穂を提示するという、謎めいた行動をする。だがこの麦穂は、例の浅浮き彫りだけでなく、エレウシスの聖域の守り神である蛇の尾を持つ半人半獣のケクロプスを知ることで理解がしやすくなる。ccxxiii　ケクロプスは刈り取られた麦穂を胸に抱き、唇に指を当てる仕草をしている姿で描かれる。

ヒッポリュトスに秘儀の実体験はなかった。ただ、儀式の中で司祭長が秘教徒に「沈黙のうちに刈り取られた麦穂」を見せるとだけ証言を残していた。この提示する仕草によって「偉大で驚異的で、最も完全な秘密が、その際の最高の神秘的真理へと誘われた秘教徒へと明かされた」としている（全異端反駁 5・3）。その最高の秘密についてだが、こればっかりは本人が光から直接学ぶしか知る術はない。だが、この世界の知覚が外界から与えられるものであると同時に、内界にも起因していることが分かるようになる経験であることは、間違いない。

祭司長が見せた麦穂を見てその意味を理解できるように、秘教徒たちはそれまで入念な準備を重ねてきた。穂先に繁殖のための種子がある麦の束を見て、キュケオーンの効果で変性意識にある間も、それが「自分自身」を意味しているのだと気付いた。その麦穂のように、束になって佇む秘教徒たちの心が、ついに実を結び、収穫の時を迎えたということだ。そしてその智慧の種子が、次の世代へと受け継がれていく。麦穂は「生殖力」を表しているが、穂先には「麦角菌」もついている。これには、「天の啓示の力」の意味が込められている。生き物のシンボルを通して、秘教徒は生物性と神秘性を同一視できたのだ。これこそ真っ当な「超遺伝的継《エピジェネティック》承式」と言える。身体と精神を通して、次世代へと智慧を継承していく（現代生物学にとってエピジェネティク学は最新の概念であり、ＤＮＡの分子構造を改変する逆転写酵素を扱う学問である。昨今の新型コロナウイルスへの対抗策の「オペレーション・システム」としてのｍＲＮＡワクチンは、人間の設計図を書き換えようとするアルコンが、この学問を歪曲した結果である）。

「刈り取られた」麦穂という表現は、自らの認知活動が普段どのようにして行われているかを暗示している。すなわち、人間の精神は故郷の大地から刈り取られ、自然の源から切り離されたということだ。精神は自然の意思とは別に、独立して活動しているように見える。知覚できる世界は、あくまで自分の内側だけで完結しているように思えてくる。祭司長の真意は、儀式を終えた秘教徒たちが地下の聖域から外に出るときに目の当たりにする光景で、初めて伝わるようになっている。外に出た瞬間、そこには、見渡す限りのライ麦畑が広がっていた（大儀式は収穫直前の秋期に行われていた）。祭司長の手には一束の刈り取られた麦穂。目の前には風で波打つ豊かに実った麦畑。どの麦穂も、同じ大地から生えている。あの光から教わったことの智慧が、ここでついに完成する。女神デメテルより賜りし麦穂のように、我々の智慧も自然界から生じたものであったのだ。有機光との合体の後、秘教徒らは自らの世界の認知は自分の主観だけで出来上がったものではなく、大地の女神ガイアの力を通して外界からも作り上げられているのだと、ここで初めて理解した。

「彼女の心」が分かったその時、初めて自分がどこから生じたのかを知る。

自分の脳が世界を知覚するための処理を行なっていると思っていたら、外部からも世界の知覚が与えられていることが分かった。地球生物はいついかなる時も、支え合って生きているのだ。それを確信することは、まさに至高体験《ピークエクスペリエンス》である。これが秘儀参入者の絶頂意識の陶酔の正体だ。アブラムの先駆的な随筆で説明された「ガイアを知覚して初めて分かること」とは、このことであった。自分だけでなく外界によっても組織される相互現象としての世界という認識は、この密儀で得られる認識と同じであるのだ。相互的というのは、億万長者の個人では使いきれないほど莫大な財産を他の皆にも分配し、皆んなで一緒に贅沢に使おうという、相互賦与的な概念である。人間や全ての感覚を持つ生き物の世界の認知は、外側の勢力によっても設定され、支えられているのである。それをしている外生物とは誰なのか？　この大地そのもの、巨大な知的生命体である。アブラムの言葉を借りれば、「我々の心も生態系全体の一部」なのだ。

彼女の心に触れ、心身ともに自然の一部であることを悟った秘教徒は、風に揺られる黄金の麦畑のように、私心は皆無になった。自分の心は目に見える身体それだけではないという確信を得て、もはやそれは彼らにとってただの概念ではなく、「現実」となったのである。確立した新しい現実は実に生き生きとしていて、直接的で、反論の余地のない自然な世界観であった。覚知《グノーシス》とは単なる内的な悟りではなく、全身を伴う心身相関の天啓を得ることを言う。有機光もただ目で見るだけでなく、頭部で、心の目で、いやハートで感じられるものなのだ。光とは、ただこちらから見るだけでなく、立ったまま全身で「出会う」ものなのだ。預言者たちは有機光にいつでも立ったまま出会っていた。幻覚でも内省でもなく、実際の合体であった。そしてガイアの智慧をダウンロードしていた。「惑星の心」の直流をその身に受けることで。

エレウシスの密儀でガイアを感じると、「愛」を思い出せるようになるという。なぜなら、自分の心が自分だけのものではないということを悟る時、言い知れぬ深い他者への愛が呼び起こされるからだ。異なる種族間の永遠の絆。これを認めない限り、人類はこの先この惑星上で生き残れないだろう。人間として、多種族の動物や植物、昆虫も空気までも愛することで、初めて私たちは人間としての本当の力を与えられる。ガイアを愛すること、それは人類の最高の使命である。ガイアとの共進化を悟ることこそが、最も真っ直ぐで安全確実で、一番健全な方法なのだ。そして秘教学は生物としての人間にとっての、我々の母直伝の悟りの道である。

エレウシスの地下聖室から外の実りの秋の光景に出くわした時、ライ麦畑の黄金の波に刮目する時、そして周囲の小高い丘を見て、ポプラやサイプレスの木々が生い茂っていて、彼らは自然から与えられた「視る」能力を通して自然界を観察した。この力は何者にも汚すことができない、我々が持つ神聖不可侵の霊力である。

著者について

【著者　ジョン・ラム・ラッシュ】

比較神話学者・作家・教師。現代の人生観や歴史観の方向性を正し、神話研究者の第一人者として活躍する。ジョセフ・キャンベルの真の後継者と評されるジョンは、世界中の神話やグノーシス主義、キリスト教が普及する以前にあった秘教学、そして錬金術、デンデラ星座学、占星術を駆使した「世界時代」の読み取り、神聖植物を使ったシャーマニズムなど、独特ながらも多岐にわたる分野で専門知識を披露する。旅行家でもあり、イギリス、ギリシャ、ノルウェー、フランス、スペイン、ベルギー、そして日本に滞在経験がある。

1981年にはニューメキシコ州サンタフェに「創作神話研究所（ICM）」を設立、グノーシス主義、トルバドゥール風な性的心理学、メソアメリカの暦、自然のサイクル、女神儀式などを教え、錬金術の「大いなる業」の学習プログラムを作成した。グノーシス主義的、異教徒的な視点からガイア・ソフィアとの再接続と共同未来創世を目指す metahistory.org の設立者でもある。過去の著書にThe Seeker's Handbook: The Complete Guide to Spiritual Pathfinding (Crown, 1991)、Twins and the Double (Thames & Hudson, 1993)、The Hero - Manhood and Power (Thames & Hudson, 1995)、Quest for the Zodiac (Starhenge Books, 1999)、Not in His Image: Gnostic Vision, Sacred Ecology, and the Future of Belief (Chelsea Green Publishing, November 2006) がある。本書は２０２１年9月発売のNot in His Image 15周年記念版の翻訳書である。

研究や、著述家オルダス・ハクスリーの考察を参考にしていたという。ハクスリーは。プラトンが非物質的な地球外存在を過度に持ち上げたことで西洋の知的伝統全体が誤った道へと導かれているという説を主張していた。それと、メスカリンの実験によって精神作用性の化学物質が普遍的意識、すなわち「大いなる心との一体感」を味わえると言う発言を残していたが、残念ながらこれが惑星知性とまでは言及していなかった。ワッソンやハクスリーの後継者と目されたのがテレンス・マッケナであった。彼はエンセオジェン理論と哲学者ホワイトヘッドの有機体の哲学、それとガイア仮説を見事に融合させた。グノーシス主義者の宇宙飛行士と呼ばれた新星マッケナは、「ミナミシビレダケ」などの菌類は胞子をパンスペルミア理論に沿って宇宙空間に飛ばして分布していると提唱した。神聖植物はそうして人間に精神的・脳的な活力を与え、高度な言語化能力まで与えたというマッケナの斬新な考え方は、ワッソン説を確かに受け継いでいると言える。エンセオジェン・リバイバルの概念について全体的に知りたい方はラルフ・メッツナーの『Sacred Mushroom of Visions: Teonanacatl (Rochester, VT: Park Street Press, 2005)』の序文を参照されたし。

ccxxi ホメロスのデメテル賛歌によると、穀物の女神デメテルが女王メタネイラに「水に大麦とペニーロイヤルミントを入れて酒を作る」ように言い渡したという。LSDを発見したスイスの化学者アルバート・ホフマンは、エレウシスの秘儀で供されるキュケオーンには精神作用物質「麦角」が含まれていたことを発見した。後にホフマンはワッソン、カール・ラックと共に『The Road to Eleusis』を1978年に共同出版した。

ccxxii David Abram, “The Perceptual Implications of Gaia,” in Dharma Gaia, 75-92.

ccxxiii 麦穂を持つケクロプスについて、Jane Allen Harrison, *Themis* (Gloucester, MA: Peter Smith, 1974), 263, fig. 63 を参照されたし。

うに、有機光らしき光に出会ったという体験談が見られる。この本の読者のうち多くは初期の読者が、「自分もこれと同じ生きた光を見た」と証言を残している。因みに本書の著者はアヤワスカ未体験であるので、何とも言えない。

ccxix Fisher, *Radical Ecopsychology,* 111. Citing Calvin Martin, *In the Spirit.*

ccxx 「ワッソン説」より。キノコ研究家のゴードン・ワッソンは1950年代にメキシコ中央部の山岳地帯ワウトラ・デ・ヒメネスに行き、そこに住むマサテコ族のクランデロ（治癒者）のマリア・サビーナに出会い、夜にだけ行われるマジックマッシュルームを使用した神聖儀式に参加した。元々はJ・P・モルガンで銀行家をしていたワッソン（1898–1986）だったが、ロシア人の妻ヴァレンティーナに教えてもらったキノコの神秘に魅了されていた。1952年、イギリス人の詩人で神秘主義者のロバート・グレーヴスがある記事をワッソンに見せる。それがハーバード大の科学者リチャード・エバンス・シュルツが記した、メキシコに古くから伝わるという「キノコ信仰」の記事であった。二人はそこから生涯にわたる友情と協力関係を築いた。1968年、ワッソンは『Soma: The Divine Mushroom of Immortality』を個人出版した。この本の目的は二つあり、一つはインドのヴェーダに登場する「ソーマ」はシベリアなどでシャーマンの伝統儀式に使用される「ベニテングダケ」であることを具体的に証明すること、もう一つは神秘体験や宗教的体験は、神聖植物の儀式的摂取に由来するという宗教植物儀式由来説（ワッソン説と呼ばれる理論）を提唱することであった。しかしワッソンの考え方を理解するためにも、宗教体験と宗教は別物であることを理解しておかねばならない。前者は、人間を人間たらしめる体験であり、後者は人工の文化的創作物である。原初神秘体験はシャーマニズムであり、宗教は制度と教義で道徳規範を形作るものであり、シャーマニズム体験から逸脱して構築された教えである。

シュルツなどワッソンに協力した神聖植物研究家は、脳内に神経化学的作用する200種の植物を特定した。1960年代には、心因性植物と同じ性質を持つ、LSDに代表される実験室産の化学物質は「サイケデリック（精神の具現化の意）」と呼ばれるようになった。一方、この言葉にまとわりつくネガティブな社会からのイメージに反対したワッソンらは、「エンセオジェン（内なる神の意）」と言う言葉を生み出した。このことからワッソン説のことを「宗教的エンセオジェン理論」と呼ぶ声もある。

ゴードン・ワッソンは、リトアニア人考古学者マリヤ・ギンブタスのは、第七挿話と第八挿話についての完全な描写はないが、まばらな言及ならばある。神話の復元には、エイレナイオスの著作が鍵になっている。本書で書かれたことには私の想像は一切含まれていない。ただ一つ、人類の原型であるアントローポスがオリオン大星雲に元々いたという部分だけは私自身の発見である。天体観測を生涯にわたる趣味にしている私が、古代天文学や神話を研究した過程で発見したことであった。

ccx 「智慧の娼婦」については *Images of the Feminine in Gnosticism,* ed. Karen King (Harrisburg, PA: Trinity International Press, 1998), 47-66 の、Anne Pasquier による『Prouneikos – A Colorful Expression to Designate Wisdom in Gnostic Texts』を参照。

ccxi Woodroffe, *Shakti and Shakta,* 51.

ccxii Edward Conze, "Buddhism and Gnosis," in *The Allure of Gnosticism,* ed. Robert A. Segal (Chicago and La Salle: Open Court, 1997), 172-89 を参照。トゥッチの言葉も同書から引用した。仏教とグノーシス主義の類似性について幅広く探求した仏教学者ジョン・マーディン・レイノルズは、あまり知られていないが仏教の創造神話を分析し、傲慢なデミウルジと同じような存在がいたことを明らかにしている。こちらは *Self-Liberation through Seeing with Naked Awareness* (Ithaca, NY: Snow Lion, 2000), 96ff を参照。

第十六章

ccxiii Homeric "Hymn to Demeter," trans. Charles Boer (Dallas, TX: Spring Publications, 1970), 130ff.

ccxiv Eleusis pediment: plate 57, George E. Mylonas, *Eleusis and the Eleusinian Mysteries* (Princeton, NJ: Princeton University Press, 1969).

ccxv オルフェウス教の鉢とピエトロアーサの鉢については *The Mysteries,* 245ff を参照。

ccxvi ジョン・ラッシュ著の未発表の原稿『デンデラの真実』より抜粋。未発見であった「第五の軸」の発見など、デンデラ黄道帯に関する私の研究の概要は Colin Wilson, *The Atlantis Blueprint* (New York: Delta, 2002) を参照されたし。

ccxvii Mullin, *Female Buddhas,* 101.

ccxviii 秘教徒の光と音の神秘体験は、アヤワスカ摂取者の超常体験談を思わせる。大抵は白い光ではなく紫色あるいは玉虫色の光を見るという。だがその中には、ラルフ・メッツナーの証言集『Sacred Vine of Spirits: Ayahuasca (Rochester, VT: Park Street Press, 2005) にあるよ

展したということはご存じだろうか。数年前、私はパサデナにあるジェット推進研究所のマイルズ・スタンディッシュ博士に相談する機会に恵まれ、そこでの対談を通じてこのことを知った。カオス、フラクタル、複雑性、発散、全ての現代宇宙論の最先端に、ポアンカレの「三体問題」解決への取り組みがあったということを。ソフィア宇宙論では、有機生命体や意識が発生したのはガイア単体だけでなく、月と太陽との三体系のお陰であったと説明している。ガイア理論はまだまだ発展途上の説だ。故に。いつかは太陽と月を主役として採り入れるだろう。

第十三章

cciii 2018年7月にイギリスのバースで開催された電気的宇宙論の会合で、生物学者ルパート・シェルドレイクが「太陽は意識を持つ存在である」と語った。本書で述べてきたように、電気的宇宙論、すなわちプラズマ物理学は、ソフィア宇宙論と非常に共通点が多い。そして近年、ますます共通点が見つかってきているのだ。だが科学界の「サンダーボルト」団たちが本格的なアニミズム啓示に到達するのは、まだ当分先の話のように思う。LSDを1、2回ほど使えば近道になるかもしれないが。

cciv ここで用いた用語は私の造語であるが、ヨアン・ペテル・クリアーノなどのグノーシス研究の第一人者も「天の二元論」の解釈問題についてを綿密に解剖している。Yamauchi, Pre-Christian Gnosticism, 200を参照。

ccv ここでは精神と物質が別物であるという表現を避けるために、ソフィアを「純粋な精神」、カオス領域を「純粋な物質」と呼称しないようにした。東洋の精神論では昔から「身心一如」と言って、意識と物質は共存共栄の関係にあると説かれてきた。意識が物質を作るのではなく、物質を構成し、形を整え、解体もする。逆に物質は意識の動きを反映し、具現化する。このように別個の存在でありながらお互いに作用しあって変化させ合っている。両者を区別しながらも相互変換する方法を発見できたのなら、究極の物理学マスターになれるだろう。これが古代のヨーガの修行の極意であり、西洋錬金術の「大いなる業」の最大の目的であった。

第十五章

ccvi Sir John Woodroffe, *Introduction to Tantra Shastra* (Madras: Ganesh & Co, 1997), 59ff.

ccvii Fromm, *The Anatomy of Human Destructiveness,* 143-44.

ccviii Cited in Woodroffe, *Shakti and Shakta,* 55.

ccix ソフィアがアントローポスを呼び出す場面。現存するグノーシス文書に文明が原始的、あるいは半原始的であるほど、神々や半神が多数登場する宇宙発生論を語っていた傾向があるとしていた。日本の宇宙発生論としては、天空神（グノーシス主義でいう初源者）が神々の元締めとなっている。その天空神からは、二柱の下位神（アイオーン）が遣わされ、漂う地球を固めて創るように言い渡された。二柱は天の霧の中で、柄が珊瑚でできた天の宝槍を下界に向けて降ろしていった。フォン・フランツなどはグノーシス神話が原始文明のものと近いと気づき、特に日本神話に多くの共通点を見出した。天の宝槍は、アイオーンがプレローマの中心から伸ばした巨大な茎のように想像できる。因みにフォン・フランツはヴァレンティノス版のソフィア神話を扱い、これを日本神話と比較した。Marie-Louise von Franz, Creation Myths (Zurich: Spring Publications, 1978), 195ff. を参照

cxcvi ナグ・ハマディ写本が発見された場所の対岸にあるプトレマイオス朝時代のデンデラ神殿には、女神ヌトの絵が残されている。どうやら本当に、デンデラ神殿はキリスト教徒からの迫害を逃れてきたグノーシス派や秘教学校の教員生徒たちの、最後の砦であったようだ。

cxcvii R. B. Onions, *The Origins of European Thought* (Cambridge University Press, 1951), 40 passim.

第十二章

cxcviii Didymus the Blind (ca. 313-398), De Trinitate III, 42, cited in *From Poimandres to Jacob Boehme: Gnosis, Hermetism, and the Christian Tradition* (Amsterdam, In Der Pelikan, 2000) 81 を参照。このテーマについて、私は Nemeta.org に『The True Lucifer is Sophia』という題名の論文を発表している。目的はルシファーがサタンと混合されている誤った現代の概念を覆すことだ。

cxcix Charles H. Long, *Alpha: Myths of Creation,* 36-37.

cc Richard Smith, afterword to NHLE, 1990.

cci Jim Yorke, cited in John Briggs, *Fractals: The Patterns of Chaos* (New York: Simon & Schuster, 1992), 12.

ccii ガイアは月と太陽があって初めてガイアであるという「三体宇宙論」、これと三体のプローテンノイアの神学表現を結びつけようという私の試みを無謀と思う宗教学者や科学者はいるだろうが、ソフィアが当初夢見た「三体系」をそう簡単に否定することはできない。「カオス理論」（現在は複雑性理論や発散理論とも呼ばれる）が元々、19世紀の科学者アンリ・ポアンカレが「三体問題」を解決しようとして失敗したことから発

を見ると仏教心理学の「縁起」を思わせる。相互依存的起源、相互発生、因縁法、此縁性といった具合に、共通点が多いことが分かる。詳しくはLama Anagarika Govinda, *Foundations of Tibetan Myticism* (Newburyport, MA, and San Francisco: Weiser Books, 1969), Part V, Chapter 6に概要があるので参照されたし。相互発生についてだが、これについては仏教書の方が参考になるだろうと思われる。この共通点について私に気づかせてくれたキャノン・ラブリ氏にこの場を借りて感謝の意を述べたい。

clxxxix Lacarriere, ibid., 18.

cxc 著名なディープエコロジストであるドロレス・ラシャベル著『*Sacred Land, Sacred Sex, Rapture of the Deep* (Durango, CO: Kivaki Press, 1988)』では、自然界を従来のように固体として見るのではなく、過程、つまり「移りゆくもの」として見直すことが重要だと説かれている。

cxci ラシャベルはニーチェの『偶像の黄昏』を引用し、「爆発的歓喜」について語っている。「それは見るものの主観そのものを爆発させるほどの激しい歓喜である」(『Future Primitive』331)。アイオーンとの接触にはそれほどの歓喜が伴うということだ。ニーチェより上手くこれについて記述できた者はまだ現れていない。

cxcii Danielou, ibid., 12.

cxciii 定常プラズマ宇宙論についてはTheodore Roszak, "Nature and Nature's God: Modern Cosmology and the Rebirth of Natural Cosmology," in *Alexandria* 5, ed. David Fideler (Grand Rapids, MI: Phanes Press, 2000), 103–138を参照。ここでAnthony L. Peratt, Paul Marmet, and Eric J. Lernerの共同研究の成果について引用がされている。

cxciv 「パンスペルミア」という言葉は、ラッザロ・スパッランツァーニ(1729-99)というイタリアの博物学者が初めて使い、当時は空気中に散布される細菌を言い表していたようだ。「現在では生命が宇宙に広く分布するという意味で使われる用語として有名になったが、最初は地球上のあらゆる場所に分布するバイ菌を表すために使われた言葉だった」(Fred Hoyle and Chandra Wickramasinghe, Our Place in the Cosmos (London: Phoenix, 1993), 64より)

cxcv アイオーンがアントローポスの種を植えたというグノーシス派の神話は、異国の神話との類似点を見つけるまでは、とても想像できないような突飛な考えのように印象付けられるものだ(グノーシス派学者でさえ他の神話との類比を避ける傾向にある)。ユング派心理学者マリー＝ルイーズ・フォン・フランツは世界各地の創造神話を比較研究し、

clxxv Cited Taylor, *The Eleusinian and Bacchic Mysteries,* 3.

clxxvi Heinrich Zimmer, "The Indian World Mother," in *The Mystic Vision,* Papers from the Eranos Yearbooks, ed. Joseph Campbell, Bollingen Series XXX-6, (Princeton, NJ: Princeton University Press, 1982), 70-102.

clxxvii 以下2021年の追記である。女神につけられたソフィアという名は、ギリシャ神話には全く登場しない。手がかりらしきものといえば、叙事詩人ヘシオドスが大地の女神ガイアについて語っているくらいだ。ソフィア神話は元々、ペルシャのアーリア系コーカサス人に伝わる民話で、アヴェスタン語での名前は「アナヒータ」であった。それとギリシャ神話ではおそらく、説得の女神ペイトーにソフィアの性質の痕跡が僅かに見られる。

clxxviii ［クリストスを通して］と私が挿入したのは、まず十四章と二十三章での記述と整合性をもたせるためであるのと、セト派グノーシス主義と一致させる意図のためである。ヴァレンティノス派のようにキリストを持ち上げる意図は無い。クリストスとキリストの同一視は、ソフィア神話を救済主義ウイルスに感染させ、キリストの欺瞞を是認する忌まわしい行為であったと考えている。

clxxix Graves, *The White Goddess,* 388.

clxxx On termas, see Tulku Thondup, *Hidden Teachings of Tibet* (London: Wisdom Publications, 1986), 60ff.

clxxxi Ibid., 69.

clxxxii セイリスの白い聖山とセトの息子については、ジャン・ドレッセの『*The Secret Books of the Egyptian Gnostics,* Chapter VI』を参照されたし。セトの息子らの実態を著作から読み解く試みについては、Metahistory.org にある私の記事『The Magian Order』を参考にされたし。

clxxxiii Lacarriere, *The Gnostics,* 33.

clxxxiv Dan Russell, *Shamanism, Patriarchy and the Drug War* (Camden, NY: Kalyx.com, 1998), 296.

clxxxv Beatrice Caseau, "Sacred Landscapes," in *Late Antiquity,* 21-59.

clxxxvi Ibid., 33.

第十一章

clxxxvii Daniélou, *While the Gods Play,* 80.

clxxxviii 創発理論はまだ若く未知数な部分も多いが、定式化された最新理論

代の天文学でも流れ星のことを指してこう比喩することがあった。ユダヤ教では「母乳で煮た子を食べるべからず」という謎の戒律があるが、これは父権主義が密儀を禁止するために作ったタブーが元となっている。十字架礫の刑が、実は木に吊るされたシャーマン儀式を刑罰に転用したものであったり、聖書の創世記に登場する「禁じられた果実」など、聖書には土着信仰のパロディが随所に見られる。

clxi Sir John Woodroffe, *The Garland of Letters* (Madras: Ganesh & Co., 1969), 41.

clxii Sir John Woodroffe, *Shakti and Shakta* (Madras: Ganesh & Co., 1969), 87.

clxiii Woodroffe, *The Garland of Letters,* 111.

clxiv Ibid., 191より。続く「初元の力」は192、「自然界そのもの」は88より。

clxv Woodroffe, *Shakti and Shakta,* 180.

clxvi 古代宗教で「刷り込み」の性質が利用されていたことは、薔薇十字団や神智学の自称オカルティストが言及していることで知られている。例えば、マンリー・パーマー・ホールやルドルフ・シュタイナーは、「神殿で三日間の休眠」について言及していた。これは先に入力したプログラミングをやり直すために、入信者がトランス状態のとなって意識を停止する密儀を指す。

clxvii Mary Settegast, *Plato Prehistorian* (Cambridge MA: The Rotenberg Press, 1987), 211.

clxviii Ibid., 215.

clxix Morton Smith, "The History of the Term Gnostikos," in *Studies in the Cult of Yahweh,* ed. J. D. Cohen (Leiden: E. J. Brill, 1996), 2: 34.

第十章

clxx Bernal, *Black Athena* 1: 69ff.

clxxi Ellis, *Celts,* 55ff.

clxxii Robert Graves, *The White Goddess* (New York: Noonday Press, 1969), 227ff.

clxxiii ヒンドゥー教徒シヴァ派タントラ伝統における「九のシッディ」については Alain Daniélou, *While the Gods Play,* trans. Barbara Bailey, Michael Baker, and Deborah Lawlor (Rochester, VT: Inner Traditions, 1987), 94ff を参照。

clxxiv Mircea Eliade, *Patañjali and Yoga* (New York: Schocken Books, 1979), 100.

cl Ibid., 67ff.

cli H. P. Blavatsky, *Occultism of the Secret Doctrine* (Kessenger Publishing, n.d.), 46.

clii Robert Turcan, *The Cults of the Roman Empire* (Oxford: Blackwell Publishers, 2000), 278.

第九章

cliii Thomas Taylor, *The Eleusinian and Bacchic Mysteries* (San Diego: Wizards' Bookshelf, 1980), xi を参照。タイラーが引用した古文書とは、恐らくポルピュリオスの著作と思われる。

cliv ウッドロフ卿は「甘露の海」というシャクティ派の教えについて、有機光と関連して興味深い証言をしている。「これはタントラ海を探し回った者が発見できる真珠である。貝殻の内側には真珠層、外側の表面は自然にゴツゴツして荒れ、藻や寄生虫などの存在海（輪廻）にあるものが付着する。聖典はそれら付着物を取り除くように導く。そして最後に、真珠の母を追い求めるように、その次に真珠そのものを見るように導く。真珠のさらにまた内側には、輝かしくも柔らかな光があり、これが月光（シッチャンドラ）そのものである」(*Shakti and Shakta,* 215.)

clv こうした学院についての描写は *Temples and Sanctuaries of Ancient Greece,* ed. Evi Melas (London: Thames & Hudson, 1973) が詳しい。オリンピア（111）やエレウシス（85）、デルフォイ（69）の神殿は必見。

clvi See Michael Allen Williams, *Rethinking 'Gnosticism'* (Princeton, NJ: Princeton University Press, 1996), table 1, p. 34.

clvii Edwin H. Yamauchi, *Pre-Christian Gnosticism* (Eugene, Oregon: Wipf and Stock Publishers, 1973) 166.

clviii この議論について最も問題の全体像を明らかにしたのが *Toward a Transpersonal Ecology* by Warwick Fox (Albany, NY: SUNY Press, 1995)、重要な論点を提示したのが *Radical Ecopsychology* by Andy Fisher (Albany, NY: SUNY Press, 2002) の２冊である。

clix *The Golden Ass* translated by Robert Graves.

clx Robert Graves, *The White Goddess* (New York: Farrar, Straus, and Giroux, 1983) 219 を参照。グレイブスによると、エレウシスの秘儀は実際には神聖植物での幻覚作用を利用したものであったという。実際、R・ゴードン・ワッソンにメキシコのマリア・サビーナのキノコ信仰を紹介したのは、グレイブスであった。そして、これが後のエンテオジェニック復興運動のきっかけとなる出来事であった。「乳の海に落ちる」という表現は、古

cxxxviii *Angus, The Mystery-religions,* 96, and Burkert, *Ancient Mystery Cults,* 162から大まかな引用。元となる情報は、プルタルコスの著作から取ってきたもののようだ。

cxxxix 明白な死後の光との出会いの体験談を読みたくば *bardos,* see Francesca Freemantle, *Luminous Emptiness* (Boston & London: Shambhala, 2001) を参照されたし。

cxl Angus, *The Mystery-religions,* 136ff. やはり「眩い」という言葉には語弊があると思われる。有機光は全く眩しい光ではない。

cxli Naess, cited in Warwick Fox, *Toward a Transpersonal Ecology* (Totnes, Devon: Resurgence Books, 1995), 230.

cxlii Ibid., 98.

cxliii ジェレミー・ネイドラーの著書『*Shamanic Wisdom in the Pyramid Texts,* (Rochester, VT: Inner Traditions, 2005)』では、エジプト密儀宗教のシャーマニズム的な側面について論じられている。グノーシス儀式や古代異教の密儀は洗練されたシャーマニズム儀礼であったという私の主張の根拠となっている。古代密儀とシャーマニズムの同一視については、過去に試みがいくつもあったが、例えばネイドラーが「体外離脱体験」を過大評価しているなど、どちらか片方の伝統を重視する姿勢が多く、未だに実現には至っていない。ティモシー・フレックとピーター・ガンディの著書『*The Jesus Mysteries*』や『*Jesus and the Goddess*』の論調と同じく、ネイドラーも王権譲渡の儀式と本物の密儀を混合してしまっている。私の見解では、秘教徒の儀式は王権や神権政治に関するものではなく、それはテレスタイ式の求道法儀式ではなく、イルミナティ式の儀式の元となったものである。

cxliv John Myrdhin Reynolds, *The Golden Letters* (Ithaca, NY: Snow Lion, 1996), 144. ゾクチェンの大成段階についての説明はロンチェン・ラブジャムパ著の『*The Practice of Dzogchen*』を参照されたし。

cxlv Ibid., 98.

cxlvi Richard Reitzenstein, *Hellenistic Mystery Religions,* 2: 136-37. (Emphasis added.)

cxlvii Clement of Alexandria, cited in Kurt Rudolf, *Gnosis* (New York: Harper & Row, 1997), 16.

cxlviii *The Gospel of Thomas, Annotated and Explained,* Stevan Davies (Woodstock, VT: Skylight Paths Publishing, 2002), xiii-xvii.

cxlix Elaine Pagels, *The Origins of Satan* (New York: Vintage Books, 1996), 167-98.

第八章

cxxiii Mead, *Fragments,* 46.

cxxiv Mead, *Gospels,* 210.

cxxv 本書の初版を執筆した時点では『*Pre-Christian Gnosticism* by Edwin M. Yamauchi (Eugene, Oregon: Wipf and Stock Publishers, 1973)』を未読であった。この本ではグノーシス主義に対する歴史観を正そうという実験的な試みがされているが、まだまだ課題が多いように感じた。

cxxvi Mircea Eliade, *Shamanism: Archaic Techniques of Ecstasy* (Princeton, NJ: Princeton University Press, 1974), 10, 77ff.

cxxvii NHC II, 23. 20-28. グノーシス主義とカルロス・カスタネダのネオ・シャーマニズムとの類似については http://www.metahistory.org/CCGnosis.php を参照。

cxxviii Introduction, *The Nag Hammadi Library in English* (San Francisco: HarperSanFrancisco, 1990), 6.

cxxix Aristides, cited in Angus, *The Mystery-religions,* 135.

cxxx Walter Burkert, *Ancient Mystery Cults* (Cambridge, MA, and London: Harvard University Press, 1987), 11.

cxxxi Luther H. Martin, *Hellenistic Religions: An Introduction* (Oxford: Oxford University Press, 1987), 12.

cxxxii *The Golden Ass,* translated by Robert Graves (New York: Farrar, Strauss & Giroux, 1983), 264.

cxxxiii 秘儀における心理状態の描写については『*The Origin of Consciousness in the Breakdown of the Bicameral Mind*』が参考になる図書と思われる。しかし著者のジェインズは、これらの「幻覚」効果を大脳の働きに起因するものとしており、大地と一体になった時の共感力によって、地球生命圏の知的な神力との、本物の生きたコミュニケーションを取れるということについては、懐疑的な姿勢を見せている。

cxxxiv Heinrich Zimmer, “The Indian World Mother,” in *The Mystic Vision,* Papers from the Eranos Notebooks, ed. Joseph Campbell, Bollingen Series XXX (Princeton, NJ: Princeton University Press, 1982), 79.

cxxxv Glenn H. Mullin, *Female Buddhas* (Santa Fe, NM: Clear Light Publishers, 2003), 101.

cxxxvi Joan Halifax, *Shaman: The Wounded Healer* (London: Thames and Hudson, 1994), 21.

cxxxvii *The Zen Teaching of Huang Po,* translated by John Blofeld (New York: Grove Press, 1959), 93.

cviii アイゼンマンの説についての概要はMichael Baigent and Richard Leigh, *The Dead Sea Scrolls Deception* (New York: Simon & Schuster, 1991), chapters 12-16を参照。

cix Ibid., 21.

cx Ibid., 239ff. パウロやダマスカスにいた隠れ教団に関するショーンフィールドの研究は、非常に優れている。

cxi Robert Eisenman, *James, the Brother of Jesus* (London: Penguin Books, 1997), 67.

cxii Theodor H. Gaster, *The Scriptures of the Dead Sea Sect* (London: Secker & Warburg, 1957), 22.

cxiii Ian Wilson, Jesus: *The Evidence* (London and Sydney: Pan Books, 1985), 39.

cxiv Herschel Shanks, *The Mystery and Meaning of the Dead Sea Scrolls* (New York: Vintage Books, 1998), xvii, 64.

cxv ハバクク書の「ペシャー（注釈)」を参照。「神の憐れみによる救済」というパウロ的な救世思想は、元々ゼデク派教団のアイデアであったものの流用である。つまり本当はキリスト教教義でもなく、単なるカルト教団の考えであった。

第二部

第七章

cxvi Jean Doresse, *The Secret Books of the Egyptian Gnostics* (Rochester, VT: Inner Traditions International, 1986), 116-17.

cxvii Edwin M. Yamauchi, *Pre-Christian Gnosticism,* 181ff.

cxviii Karl-Wolfgang Troger, "The Attitude of the Gnostic Religion towards Judaism as Viewed in a Variety of Perspectives," *Colloque International sur Les Textes de Nag Hammadi,* October 1978, Québec. (Leuven: Editions Peeters, 1981, 86-120.)

cxix *The Seeker's Handbook* (New York: Crown/Random House, 1991), 134.

cxx Roger S. Gottlieb and Barnell, David Landis, eds, *Deep Ecology and World Religions* (Albany, NY: State University of New York Press, 2001), 17.

cxxi Ibid., 154.

cxxii Rosemary Radford Reuther, *Gaia and God* (New York: Harper Collins, 1994), 206.

海写本の断片4Q285や「共同体の規則」に登場する。ダビデ王の後継者で、イスラエルを勝利に導き、独立政治体制を確立させる者という意味合いがある。「今ではナーシーという言葉はユダヤ国家の頭領を指す言葉として使われている」(Eisenman and Wise, Dead Sea Scrolls Uncovered, 24ff より)。ユダヤ終末論研究の第一人者ジョン・J・コリンズは、メルキゼデクは一度もメシアであると言及されたことがなく、メルキゼデクの役割は終末論の預言者であり、天の裁判官であり、つまりは超自然的な存在であると述べている(Apocalypticism in the Dead Sea Scrolls (London and New York: Routledge, 1997), 72を参照。

xciii Hugh Schonfield, *The Essene Odyssey* (Element Books, 1998), Ch. 1.

xciv Josephus, *The Jewish Wars*.

xcv Schonfield, *The Passover Plot* (Element Books, 1996), 30.

xcvi Neil Asher Silberman, *The Hidden Scrolls* (London: Mandarin, 1995), 26.

xcvii *Cryptica Scriptura in Valis* (London: Orion Publishing Group, 1981), item 6 を参照。ここで私が述べた対比はディックの解釈通りではなくとも、それに近いものと考えて欲しい。『ヴァリス』、『聖なる侵入』、『ティモシー・アーチャーの転生』の三部作ではグノーシス神話の女神についてを広範囲に渡ってカバーしている。なお、3作目では死海文書が発見されたクムラン洞窟についても言及している。

xcviii D. H. Lawrence, *Apocalypse*, 31.

xcix Erich Fromm, *The Dogma of Christ* (Greenwich, CT: Fawcett Publications, 1973), 49.

c Collins, *Apocalypticism in the Dead Sea Scrolls*, 56.

ci Ibid., 5.

cii Werner Keller, *The Bible as History* (New York: William Morrow and Company, 1981), 274.

第六章

ciii Baigent and Leigh, *The Dead Sea Scrolls Deception* (London: Corgi Books, 1991), 44.

civ 十字架磔の処刑法について、Philip R. Davies, George J. Brooke, and Phillip R. Callaway, *The Complete Guide to the Dead Sea Scrolls* (London: Thames & Hudson, 2002), 96ff. を参照。

cv Shepard, *Nature and Madness*, 58.

cvi Lawrence, *Apocalypse*, 31.

cvii Schonfield, *The Passover Plot*, 224.

第四章

lxxx　マリヤ・ギンブタスは紀元前4200年頃に東方の草原から数回に分けて出現した、戦車を駆る男性の戦士社会を「クルガン」と呼んだ。ギンブタスは1974年出版の『古ヨーロッパの神々』からクルガン侵略の様子を描くようになった。この説にはいまだに議論はあるものの、父権制の地理的・歴史的起源を示す最良の説として広く知られている。

lxxxi　Mircea Eliade, *A History of Religious Ideas* (Chicago: University of Chicago Press, 1978), 1:335.

lxxxii　See Gershom Scholem, *Sabbatai Sevi: The Mysterical Messiah, 1626-1676* (Bollingen Series XCII, Princeton University Press, 1973).

lxxxiii　Geza Vermes, *The Changing Faces of Jesus* (London: Allen Lane, Penguin Press, 2000), 3.

lxxxiv　Leo Deuel, *Testaments of Time* (New York: Alfred A. Knopf, 1966), 252-53.

lxxxv　Shepard, *Nature and Madness,* 62.

lxxxvi　ユダヤ教にはメルキゼデクがノアの親族であり、大洪水以前の人物であるとするさまざまな説がある。４世紀の教会史家エウセビウスは、アブラハムとメルキゼデクの出会いはゲリジム山の近く、現代パレスチナで最も問題の多い場所の一つであるナーブルスの東にあるサリムという場所の近くで行われたという伝承を紹介している。詳しくはJohn Allegro, The Dead Sea Scrolls and the Christian Myth (London: Prometheus Books, 1992), 71ff. を参照。

lxxxvii　W. N. Ewer, cited in John Allegro, *The Mystery of the Dead Sea Scrolls Revealed* (New York: Gramercy Publishing Company, 1981), 19-20.

lxxxviii　Wilhelm Reich, *The Mass Psychology of Fascism* (New York: Farrar, Strauss & Giroux, 1980), 148 and passim.

lxxxix　Allegro, *The Mystery of the Dead Sea Scrolls Revealed,* 106.

第五章

xc　Cited in Neil Asher Silberman, *The Hidden Scrolls* (London: Mandarin, 1995), 123.

xci　Robert Eisenman and Michael Wise, *Dead Sea Scrolls Uncovered* (London: Penguin, 1992), 8-10を参照。※これは死海文書専門家の総意ではなく、キリスト教の起源をクムラン文書から遠ざけるための努力のうちの一意見に過ぎない。

xcii　「ナーシー」という言葉が「指導者」、「団長」、「大師」という意味で死ス・レックスフォースの意見に通じるものがある。エリアーデの名著『Shamanism: Archaic Techniques of Ecstasy (French 1961, English 1964)』が出版されて以来、シャーマニズムの定義は如実に充実していったことが分かる。それ以前はシャーマニズムといえばモンゴルやシベリアの限定的な文化を指すのみであった。それにグノーシス主義などの神秘主義との関連性についてはまだまだ世間の認識は浅い。

lxvi Ellis (n. 62), 144.

lxvii 幾何学哲学者キース・クリッチローは巨石建造遺跡のデザインをもとに異文化比較を行った。『In Time Stands Still (New York: St. Martin's Press, 1982)』では、東洋のシャーマン的宇宙論が新石器時代のイギリスのドルイドや、アメリカ先住民の儀式様式に示される宇宙論と共通していることが示されている。

lxviii Ellis, 174.

lxix Ibid., 56.

lxx Erich Fromm, *The Anatomy of Human Destructiveness* (London: Penguin Books, 1973), 143.

lxxi Peter Matyszak, *Chronicle of the Roman Republic* (London: Thames & Hudson, 2003), 206.

lxxii Mead, *Fragments,* 106.

lxxiii Lloyd M. Graham, *Deceptions and Myths of the Bible* (Secaucus, NJ: Citadel Press, 1997), 444.

lxxiv Eunapius cited in Karl Kerenyi, *Eleusis,* Bollingen Series LXV: 4 (Princeton, NJ: Princeton University Press, 1967), 17.

lxxv Procopius cited in C.W. King, *Gnostics and Their Remains* (London: David Nutt, 1887), 340.

lxxvi James W. Mavor, Jr., and Byron E. Dix, *Manitou* (Rochester, VT: Inner Traditions 1989), 191.

lxxvii Ibid., 193より。同書ではヨーロッパの土着伝統（特に儀式用の建築物や巨石建造物）とアメリカ先住民のシャーマニズムとの間に多くの類似点を提示している。さらに、ヨーロッパ人のアメリカ先住民に対する虐殺行為と関連づけている点は特筆すべきである。

lxxviii Pierre Chuvin, *A Chronicle of the Last Pagans* (Cambridge, MA: Harvard University Press, 1990), cited in Gregory Shaw, *Theurgy of the Soul* (University Park, PA: Pennsylvania State University, 1995), 1.

lxxix Eunapius of Sardis, *Lives of the Sophists,* 472; in Lamberton, Plutarch, 3.

1987), 69.

lii Rosemary Radford Reuther, *New Woman/New Earth.*

liii Andy Fisher, *Radical Ecopsychology* (Albany, NY: State University of New York Press, 2002), 19.

liv Riane Eisler, *The Chalice and the Blade* (London: Pandora, 1990), xvii を参照。アイスラーが提示した平和な男女関係のある社会は、まさに地球の神聖さを見ることができる文化像である。これにワッソンの神聖植物を通じた神域との交流理論を組み合わせれば理想により近くなる。

lv Dolores LaChapelle, *Future Primitive* (North Denton, TX: University of Texas Press, 1996), 49.

lvi Jacques Lacarriere, *The Gnostics* (London: Peter Owen, 1978), 94.

lvii オルペウス教の鉢については *The Mysteries,* Papers from the Eranos Yearbooks, Bollingen Series XXX, 2 (Princeton, NJ: Princeton University Press, 1978) の Hans Leisegang 著の『The Mystery of the Serpent』を参照。ピエトロアザーレの鉢についても言及されている .

lviii Terence McKenna, *The Archaic Revival* (San Francisco: HarperSanFrancisco, 1991), 149.

lix T. W. Rolleston, *Myths and Legends of the Celtic Race* (New York: Schocken Books, 1986), 19-20.

lx よく勘違いされるのだが、ケルト人がインド・ヨーロッパ語族であることから、「クルガン侵攻」を行った主犯たちと混合されることがある。しかし、いわゆる「ケルト人の地」がドナウ川源流、つまり古代ヨーロッパの中心地であったことからクルガン侵略者と同じコーカサス人種ではなかったと反論する学者もいる。例えばギンブタスやアイスラーがそうだが、ここで長々と引用するのも脱線の元になりそうなので、ここは私自身の見解である「古代エウロパ文化の担い手としてのケルト人観」について各自で精査いただければ幸いである。

lxi *The Times Atlas of World History,* ed. Goeffrey Barraclough (Maplewood, NJ: Hammond Inc., 1978), 85.

lxii Joseph Campbell, *Creative Mythology* (London: Penguin Books, 1982), 564.

lxiii Cited in Peter Berresford Ellis, *A Brief History of the Celts* (London: Robinson, 2003), 57.

lxiv Geoffrey Ashe, *Avalonian Quest* (London: Fontana, 1982) 172, 212.

lxv Ibid., 213, citing Anne Ross in *Pagan Celtic Britain,* and 214, citing Stuart Piggot を参照。後者の引用は、秘儀が新石器時代に由来するというケネ

de Santillana and Hertha von Dechend in *Hamlet's Mill* (Boston: David R. Godine, 1977), 275ff.

xl *The Oxford Dictionary of English Etymology,* 1982.

xli Marcus Aurelius, *Meditations* IX, 1, trans. C. B. Baines, modified by author (Cambridge, MA: Loeb Classical Library).

xlii Pliny the Younger, letter to the Emperor Trajan (Pliny's *Letters,* 10.96), written in C.E. 110-111.

xliii 古代ギリシャ文化で親しまれていた作風の一つ「悲劇」は、一般人には起きない出来事として見られていた。つまり、人としてできる社会的責任の範囲を越えて、神々に反抗する運命を強いられた男女にのみ起きる超常的現象として、悲劇を鑑賞していたのである。詳しくは拙著『The Hero』(London: Thames & Hudson, 1995) の21ffを参照。

xliv Jaynes, *The Origin of Consciousness,* 258.

xlv Alexander Lowen, *The Betrayal of the Body* (New York: Collier Books, 1972), 179.

xlvi Gail Hawkes, *Sex and Pleasure in Western Culture* (Cambridge, MA: Polity Press, 2004), 31-32.

xlvii Arthur Koestler, *The Act of Creation* (New York: Dell, 1964), 260.

xlviii ピタゴラス学派のセクストスの言葉とされる。Thomas Taylor 翻訳のイアンブリコス. *Iamblichus on the Mysteries* (Kessenger Publishing), 373を参照。

xlix 人類が前脳回路の成熟により紀元前600年ごろに急激な変化を遂げたという説はルドルフ・シュタイナーの著書を通して初めて目にしたのだが、不思議なことにカルロス・カスタネダの著作『時の輪－古代メキシコのシャーマンたちの生と死と宇宙への思索』でも、全体への共感から個人へのナルシシズムという社会的雰囲気の移行が過去にあったことが論じられている。(ただし後者では年代は特定されていない) しかしこのような突然の脳機能の発達は、乳幼児の精神と感覚能力の発達に類比できる自然現象であり、私はこれを超自然的干渉（アルコンなど）によるものでは無いと考える。干渉があったとすれば、自然の発達過程に侵入し、これを利用したということになる。

l Marjorie Malvern, *Venus in Sackcloth* (Carbondale and Edwardsville, IL: Southern Illinois University Press, 1975), 164, citing Huizinga, *Homo Ludens.*

第三章

li Jaroslav Pelikan, *Jesus Through the Centuries* (New York: Harper & Row,

xxii Girard, *Violence and the Sacred* 30-31.
xxiii Samuel D. Marble, *Before Columbus* (New York: A.S. Barnes & Co., 1980), 49.

第二章

xxiv Dee Brown, *Bury My Heart at Wounded Knee* (London: Vintage/Random House, 1991), xvii.
xxv Martin Bernal, *Black Athena,* 2 vols. (New Brunswick, NJ: Rutgers University Press, 1987), 1:106.
xxvi Ellen Ellerbe, *The Dark Side of Christian History* (Orlando, FL: Morningstar and Lark, 1998), 137.
xxvii Julian Jaynes, *The Origin of Consciousness in the Breakdown of the Bicameral Mind* (London: Penguin Books, 1990), 149, 154-55
xxviii Garth Fowden, "Religious Communities," in *Late Antiquity,* ed. Bowerstock et al. (Cambridge, MA: The Belknap Press of Harvard University Press, 1999), 82-106.
xxix LaChapelle, "Educating for Deep Ecology," www.talkingleaves.org, Spring/Summer 1998.
xxx "The Sign of Socrates," 591d-e, in Robert Lamberton, *Plutarch* (New Haven and London: Yale University Press, 2001), 30.
xxxi Paul Shepard, *Nature and Madness* (Athens: University of Georgia Press, 1998), 62.
xxxii アメリカ先住民の文化に自らの起源を見出した西欧人が全くいなかったわけでもない。『*Manitou* (Rochester, VT: Inner Traditions, 1989)』では、ニューイングランドの入植者たちが現地の巨石遺跡を見て、地元の田園地帯に昔からあった石垣や石積みを思い出し、故郷に因んでその地をニューイングランドと呼んだという逸話が紹介されている（ただし歴史的記録としては残っていない）。
xxxiii De las Casas, cited in James DeMeo, *Saharasia* (Greensprings, OR: Orgone Biophysical Research Lab, 1998), 384.
xxxiv Partridge, 462.
xxxv Jane Ellen Harrison, *Themis* (Gloucester, MA: Peter Smith, 1974), 439.
xxxvi Gordon Rattray Taylor, *The Sexual History of the Human Race.*
xxxvii D. H. Lawrence, *Apocalypse* (London: Penguin Books, 1980), xv.
xxxviii Ibid., 65, 43.
xxxix Plutarch, "On why the oracles came to fail," 419 B-E, cited by Giorgio

という言説に影響を受けたものであったと紹介している。

viii Gilbert Highet, *The Classical Tradition* (New York: Oxford University Press, 1957), 3 and 566, note 1.

ix G. R. S. Mead, *The Gospels and the Gospel* (London and Benares: Theosophical Publishing House, 1902), 210.

x Interview with Dan Burstein, in *Secrets of the Da Vinci Code* (New York: CDS Books, 2004), 100-105.

xi G. R. S. Mead, *Fragments of a Faith Forgotten* (New Hyde Park, NY: University Books, 1960), 46.

xii S. Angus, *The Mystery-religions* (New York: Dover Publications, 1975), 243.

xiii Barbara Walker, *The Woman's Dictionary of Symbols and Sacred Objects* (San Francisco: HarperSanFrancisco, 1988).

xiv Mead, *Fragments,* xiii.

xv これに近い見解を述べているラルフ・エイブラハムの論文で、仏教は「新石器時代に信仰されていた太母信仰」に由来すると述べられている。Orphism: The Ancient Roots of Green Buddhism," in *Dharma Gaia,* ed. Allan Hunt Badiner (Berkeley, CA: Parallax Press, 1990) と Abraham's *Chaos Gaia Eros* (San Francisco: HarperSanFrancisco, 1994) を参考。

xvi アルネ・ネスが最初に「ディープエコロジー」の用語を使用したのは "The Shallow and the Deep, Long-range Ecology Movement," published in *Inquiry* 16 (1973)。

xvii Naess, "The Deep Ecological Movement," 26.

xviii James Lovelock, "The Evolving Gaia Theory," 1992年9月25日の東京での講演会にて。

xix Diorthosis: The Coptic Gnostic Library, paperback edition (Leiden: E. J. Brill, 2000), vol. 5, book 2, pp. 93ff を参照。ヴァレンティノスの教えでは、アイオーン・クリストスによる介入でソフィアの修正が起きるとしていた。対して他のグノーシス派の中には、クリストスよりも人類の力を発揮することが大事だとするところもあった。第十四章で示したように、この辺は解釈の仕方が大きく分かれる点である。現存する資料からは判断できないので、実験的に解決点を見出していくしかない。

xx Rene Girard, *Violence and the Sacred* (Baltimore: The Johns Hopkins University Press, 1989), 30-31.

xxi Derrick Jensen, *Listening to the Land* (San Francisco: Sierra Club Books, 1995), 273-74. Emphasis added.

注

第一部

第一章

i Socrates Scholasticus, *History of the Church* (London: Henry G. Bohn, 1903), 348-49.

ii John, bishop of Nikui, Chronicle 84.87-103. In *Alexandria: A Journal of the Western Cosmological Traditions* 2, ed. David Fideler (Grand Rapids, MI: Phanes Press, 1993).

iii Manley Palmer Hall, *The Secret Teachings of All Ages* (Los Angeles: Philosophical Research Foundation, n.d.), 197, "The Mysteries and Their Emissaries."

iv Michael Wood, *In the Footsteps of Alexander the Great* (London: BBC Books, 2004), 74-75.

v Werner Keller, *The Bible as History* (New York: William Morrow & Co, 1981), 322.

vi 著者注：異教徒の学問は証拠を見るにグノーシス思想とは相容れない学問であったという意見に対し、私は反論する。ヘシオドスやアイスキュロスの作品などの異教文学にはグノーシス的な要素が大量に見られ、見極める方法が知られていないというだけのことだ。プルタルコスは秘教徒の一員として膨大な数の著作を残したが、秘教学校がどれだけ広範な文学作品を残していたかが窺える。通常、難解なグノーシス教義は秘教団の中でのみ議論されるものであり、世俗的な文章に置き換えることは容易ではなかった。しかし、キリスト教教義に抗議するためにテレスタイたちが世に出てきたことで、グノーシス要素が書物や言説に表れるようになっていった。その中で最も完全で明確な文書は、ヒュパティアなどの新プラトン学派の創始者であるイアンブリコスの『De mysteriis』である。現代人には非常に難解な形而上学的な表現が用いているが、その内容は直接的で整合性がある。第二・第三手によるナグ・ハマディ写本とは対照的だ。

vii Thomas Dalton, *Eternal Strangers: Critical Views of Jews and Judaism through the Ages*, 27ff.　著者のダルトンは、アレクサンドリアのフィロンの『フラクタス反駁』を引用して、紀元38年の事件はユダヤ人たちが自分たちの存続に障害となることに対して反乱を起こさなければならない

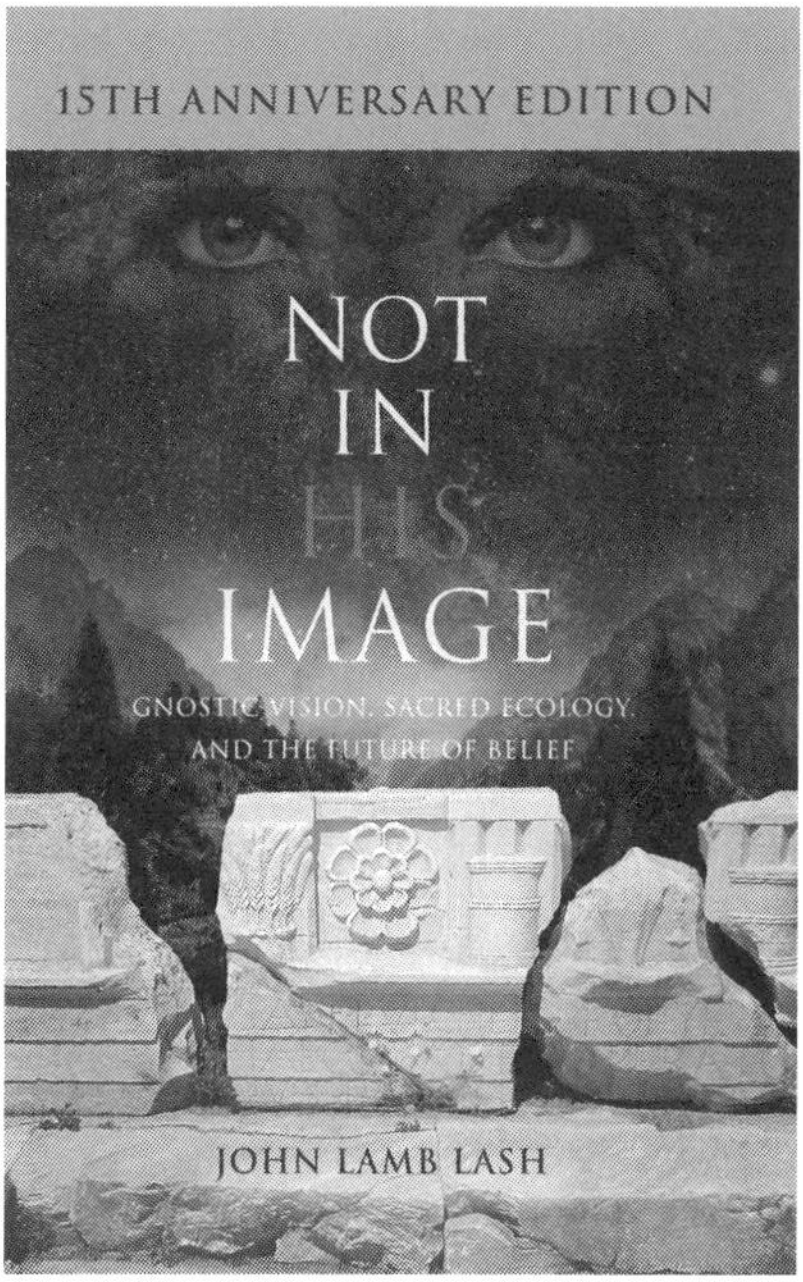
15TH ANNIVERSARY EDITION
NOT
IN
HIS
IMAGE
GNOSTIC VISION, SACRED ECOLOGY,
AND THE FUTURE OF BELIEF
JOHN LAMB LASH
原書画像

ジョン・ラム・ラッシュ
著者プロフィールは447Pより記載。

翻訳者　Nogi
日本生まれ、現在マダガスカル在住。父親。真実の探求家。女神司祭。人間として正しい生き方を追求するうち、翻訳や夢見を通して現代人に自分のメッセージを訴えかける方法に気づき、活動中。
ブログ nogi1111.blogspot.com
ツイッター @NOGI1111_

本作品は、1冊の原書を日本語版では上・下2冊で構成しております。

創造の模倣者
偽の神との訣別［上］
地球に受胎した【女神ソフィア】はこうして消された！

第一刷　2022年6月30日

著者　ジョン・ラム・ラッシュ
訳者　Nogi

発行人　石井健資
発行所　株式会社ヒカルランド
〒162-0821　東京都新宿区津久戸町3-11　TH1ビル6F
電話　03-6265-0852　ファックス　03-6265-0853
http://www.hikaruland.co.jp　info@hikaruland.co.jp
振替　00180-8-496587

本文・カバー・製本　中央精版印刷株式会社
DTP　株式会社キャップス
編集担当　伊藤愛子

ISBN978-4-86742-096-6

自然の中にいるような心地よさと開放感が あなたにキセキを起こします

神楽坂ヒカルランドみらくるの1階は、自然の生命活性エネルギーと肉体との交流を目的に創られた、奇跡の杉の空間です。私たちの生活の周りには多くの木材が使われていますが、そのどれもが高温乾燥・薬剤塗布により微生物がいなくなった、本来もっているはずの薬効を封じられているものばかりです。神楽坂ヒカルランドみらくるの床、壁などの内装に使用しているのは、すべて45℃のほどよい環境でやさしくじっくり乾燥させた日本の杉材。しかもこの乾燥室さえも木材で作られた特別なものです。水分だけがなくなった杉材の中では、微生物や酵素が生きています。さらに、室内の冷暖房には従来のエアコンとはまったく異なるコンセプトで作られた特製の光冷暖房機を採用しています。この光冷暖は部屋全体に施された漆喰との共鳴反応によって、自然そのもののような心地よさを再現。森林浴をしているような開放感に包まれます。

みらくるな変化を起こす施術やイベントが 自由なあなたへと解放します

ヒカルランドで出版された著者の先生方やご縁のあった先生方のセッションが受けられる、お話が聞けるイベントを不定期開催しています。カラダとココロ、そして魂と向き合い、解放される、かけがえのない時間です。詳細はホームページ、またはメールマガジン、SNSなどでお知らせします。

偽の神との訣別（下）
著者：ジョン・ラム・ラッシュ
訳者：Nogi
四六ソフト　予価3,000円+税